탐험적 테스팅

EXPLORE IT

REDUCE RISK AND INCREASE CONFIDENCE WITH EXPLORATORY TESTING

Explore It: Reduce Risk and Increase Confidence with Exploratory Testing
By Elisabeth Hendrickson

Copyright ⓒ 2013 The Pragmatic Programmers, LLC.
All rights reserved.
Korean Translation Copyright ⓒ 2014 by Insight Press.

The Korean language edition published by arrangement with The Pragmatic Programmers, LLC.
through Agency-One, Seoul.
이 책의 한국어판 저작권은 에이전시 원을 통해 저작권자와의 독점 계약으로 인사이트에 있습니다.
신저작권법에 의해 한국 내에서 보호를 받는 저작물이므로 무단전재와 무단복제를 금합니다.

탐험적 테스팅: 배우고 통찰하며 개선하는 소프트웨어 테스트

초판 1쇄 발행 2014년 10월 15일 **지은이** 엘리자베스 헨드릭슨 **옮긴이** 오광신 **펴낸이** 한기성 **펴낸곳** 인사이트 **편집** 송우일 **본문 디자인** 윤영준 **제작·관리** 이지연·박미경 **표지출력** 소다그래픽스 **본문출력** 현문인쇄 **종이** 월드페이퍼 **인쇄** 현문인쇄 **제본** 자현 제책 **등록번호** 제10-2313호 **등록일자** 2002년 2월 19일 **주소** 서울시 마포구 잔다리로 119 석우빌딩 3층 **전화** 02-322-5143 **팩스** 02-3143-5579 **블로그** http://blog.insightbook.co.kr **이메일** insight@insightbook.co.kr **ISBN** 978-89-6626-117-8 책값은 뒤표지에 있습니다. 잘못 만들어진 책은 바꾸어 드립니다. 이 책의 정오표는 http://www.insightbook.co.kr/97683에서 확인하실 수 있습니다. 이 도서의 국립중앙도서관 출판예정도서목록(CIP)은 서지정보유통지원시스템 홈페이지(http://seoji.nl.go.kr)와 국가자료공동목록시스템(http://www.nl.go.kr/kolisnet)에서 이용하실 수 있습니다.(CIP제어번호: CIP2014027917)

 agile

탐험적 테스팅
EXPLORE IT

엘리자베스 헨드릭슨 지음 | 오광신 옮김

차례

한국어판 지은이의 글 ix

옮긴이의 글 xii

추천의 글 xv

감사의 글 xvii

머리말 xx

1부 기초 확립하기   1

1장 테스팅과 탐험에 대하여   3
1.1 테스트 수행의 양면성   5
1.2 탐험적 테스팅을 위한 필수 요소들   8
1.3 정해진 시간 안에 탐험하기   12
1.4 실제 적용을 위한 조언   13

2장 탐험을 위한 차터 작성   17
2.1 탐험을 위한 차터 작성의 시초   18
2.2 간단한 차터 양식   20

	2.3 좋은 차터란?	23
	2.4 차터 작성하기	25
	2.5 악몽의 머리기사 게임	33
	2.6 차터 미리 계획하기	38
	2.7 실제 적용을 위한 조언	39
3장	**세심하게 관찰하기**	**41**
	3.1 그런데 문워크하는 곰을 보셨나요?	42
	3.2 더 깊게 파고 들어가기	45
	3.3 테스트 용이성과 보이지 않는 것 보이게 만들기	50
	3.4 콘솔과 로그	52
	3.5 실제 적용을 위한 조언	54
4장	**눈여겨볼 변수 찾아내기**	**57**
	4.1 변하는 것들을 담고 있는 변수	59
	4.2 교묘하게 숨어 있는 변수와 대참사	62
	4.3 변수 찾아내기	66
	4.4 언제, 어디서나 나타나는 변수들!	77
	4.5 실제 적용을 위한 조언	78
5장	**결과를 가지고 판단하기**	**81**
	5.1 결코 발생하지 않거나 항상 발생하거나...	82
	5.2 사용 가능한 다른 자원들	87
	5.3 추정	91
	5.4 실제 적용을 위한 조언	95

2부 더 깊게 들어가기　　　　　　　　　　　　　　97

6장 순서와 상호 작용 다양하게 바꿔보기　　　　　　99

　6.1 명사와 동사　　　　　　　　　　　　　　　100

　6.2 무작위로 사용하기　　　　　　　　　　　　104

　6.3 퍼소나　　　　　　　　　　　　　　　　　105

　6.4 실제 적용을 위한 조언　　　　　　　　　　109

7장 개체와 개체들 사이의 관계 탐험하기　　　　　111

　7.1 개체, 속성 그리고 의존성 찾기　　　　　　112

　7.2 CRUD: 생성하기, 읽기, 변경하기, 삭제하기　　116

　7.3 데이터 따라가기　　　　　　　　　　　　　121

　7.4 실제 적용을 위한 조언　　　　　　　　　　122

8장 상태와 전이 발견하기　　　　　　　　　　　125

　8.1 상태와 이벤트 구분하기　　　　　　　　　　126

　8.2 상태 모델 다이어그램 그리기　　　　　　　130

　8.3 상태 모델 가지고 탐험하기　　　　　　　　133

　8.4 다른 형태로 표현하기: 상태 테이블　　　　　137

　8.5 실제 적용을 위한 조언　　　　　　　　　　141

9장 소프트웨어 생태계 탐험하기　　　　　　　　143

　9.1 생태계 다이어그램 그리기　　　　　　　　　144

　9.2 신뢰 경계　　　　　　　　　　　　　　　　151

　9.3 만약 ~한다면?　　　　　　　　　　　　　　152

9.4 데이터 따라가기	156
9.5 실제 적용을 위한 조언	157

3부 상황에 맞게 판단하기   159

10장 사용자 화면이 없는 곳 탐험하기   161

10.1 API 탐험하기	162
10.2 프로그래밍 언어 탐험하기	167
10.3 웹 서비스 탐험하기	170
10.4 버그 찾아내기	173
10.5 실제 적용을 위한 조언	175

11장 기존 시스템 탐험하기   177

11.1 정찰 세션으로 시작하기	178
11.2 관찰 결과 공유	182
11.3 이해관계자들을 인터뷰해서 궁금증 찾아내기	185
11.4 테스트 기법 선택하기	189
11.5 찾아낸 것들 기록하기	190
11.6 재현 불가능한 끔찍한 버그?	191
11.7 실제 적용을 위한 조언	196

12장 요구 사항 탐험하기   199

12.1 요구 사항 분석 회의에 참여하기	201
12.2 요구 사항 회의에서 해야 하는 것들	206

		12.3 요구 사항 논의하면서 차터 작성하기	212
		12.4 능동적 읽기	215
		12.5 실제 적용을 위한 조언	217

13장	처음부터 끝까지 탐험 적용하기	219
	13.1 테스트 전략의 일부분으로서의 탐험	219
	13.2 짝 탐험	227
	13.3 시스템적인 문제 찾아내기	229
	13.4 탐험 추정하기	231
	13.5 언제쯤 충분히 탐험했다고 이야기할 수 있을까?	233
	13.6 이해관계자들에게 보고하기	235
	13.7 유용한 지식들을 정리해서 공유하기	240
	13.8 실제 적용을 위한 조언	241

부록1	탐험적 테스팅 기법 면접하기	243
	A1.1 면접에서 '짝 탐험적 테스팅' 진행하기	244
	A1.2 지원자 평가하기	248

부록2	테스트 휴리스틱 치트 시트	251
	A2.1 일반적인 휴리스틱	251
	A2.2 웹 휴리스틱	260

참고 문헌	262
찾아보기	264

한국어판 지은이의 글

이 책의 첫 장을 넘기는 한국에 있는 모든 독자에게 감사의 마음을 전합니다. 이 책이 한국에서 빛을 볼 수 있도록 번역해 준 오광신 님과 출판을 맡아준 도서출판 인사이트, 그리고 지금 이 책을 읽고 있는 독자들에게 진심으로 감사드립니다.

한국 독자들이 궁금해 할 것 같은 몇 가지 질문에 대해 내 생각을 함께 나눔으로써 감사의 마음을 대신하려고 합니다.

Q. 이 책은 '탐험적 테스팅'에 관한 이야기들을 담고 있습니다. 그렇다면 '탐험적 테스팅'이 무엇인지 간단 명료하게 설명한다면?
탐험적 테스팅exploratory testing은 시스템을 알아가기 위해 지난 테스트를 통해 얻은 통찰력insight을 계속되는 테스트에서 충분히 활용하면서 테스트를 설계하고 동시에 테스트를 실행하는 것을 의미합니다.

탐험적 테스팅이 완전히 새로운 테스팅 방법론이 아니라 지금까지도 많은 테스터들에게 사랑을 받고 있는 테스트 분석 기법들(테스트 플랜 작성, 테스트 시나리오 작성 등)을 포함하고 있음을 기억하는 것이 매우 중요합니다. 하지만 테스팅을 시작하기 전에 단번에 모든 테스트를 설계하는 대신에, 테스트를 설계하면서 동시에 설계한 테스트를 바로 실행에 옮기는 것입니다. 또한 다음 테스트를 설계할 때, 지난 테스트에서 얻은 정보를 바로 사용해야 합니다. 이렇게 하면 현재 상황에서 더 중요한 위험 요소를 향해 나아갈 수 있도록 필요할 때 즉시 방향을 바꾸면서 탐험을 진행할 수 있습니다.

Q. 때로는 탐험적 테스팅이 문서를 작성하지 않아도 되는 테스팅 방법으로 오해를 받기도 합니다. 이러한 오해들에 대한 조언을 한다면?

사실 이런 오해를 하는 개발자와 테스터들이 어떤 상황에 처해 있는지 제대로 알지 못하는 상황에서 그들에게 무엇인가 조언을 하는 것은 매우 어려운 일입니다. 그래서 어쩔 수 없이 나는 지금 어떻게 하고 있는지 공유하는 것으로 답변을 대신하겠습니다.

내가 탐험을 할 때 지속적으로 만들고 관리하는 문서에는 두 가지가 있습니다. 차터charter와 버그 리포트입니다. 첫 번째, 차터에는 내가 탐험하려고 하는 것이 무엇인지, 그리고 탐험을 통해 찾고자 하는 정보가 무엇인지 자세하게 이야기합니다. 두 번째, 버그 리포트에는 내가 찾아낸 버그를 재현하는 데 꼭 필요한 단계들만을 설명합니다.

아주 거창한 테스트 플랜이나 아주 자세한 테스트 시나리오를 작성하지 않습니다. 대신 이렇게 자세한 설명이 필요한 테스트들은 모두 자동화하려고 노력합니다(현재 일하는 팀에서는 개발자들이 이런 자동화된 테스트들을 작성합니다).

때로는 이해관계자stakeholder들이 내가 탐험한 것들에 대한 좀 더 자세한 로그 기록 같이 구체적이고 상세한 자료들을 요청하기도 합니다. 이런 경우에는 필요한 추가 문서들이 무엇이든지 상관없이 필요한 문서들을 만들어서 이해관계자들에게 전달합니다. 하지만 너무 많은 문서를 요청할 경우에는 그들이 원하는 것들을 모두 작성해 주는 것보다는, 이해관계자들이 정말 필요한 것이 무엇인지 이해하기 위해 5 Whys 기법(특정 문제에 대한 원인과 결과 사이의 관계를 찾아내기 위해 "왜?"라고 다섯 번 물어보는 기법)을 사용합니다.

Q. 이 책이 2013년 2월에 처음 세상에 알려지고 난 후, 1년하고도 6개월이라는 시간이 흘렀습니다. 이 책을 수정하거나 무엇인가 새로 추가할 수 있는

기회가 온다면?

무엇인가 더 추가할 수 있는 기회가 온다면, 지금 일하는 팀에서 탐험적 테스팅을 어떻게 실제로 활용하고 있는지를 소개하고 싶습니다.

지난 18개월 동안, 적어도 제가 테스팅에 가치를 두는 만큼 테스팅을 중요하게 생각하고 공감해주는 아주 훌륭한 팀과 함께 클라우드 파운드리Cloud Foundry라는 회사에서 일했습니다. 때로는 개발자나 제품 관리자product manager가 나보다 더 테스팅에 사로잡혀 있다고 느낄 정도입니다.

클라우드 파운드리는 독립된 테스트 팀을 가지고 있지 않습니다. 그 대신 개발자들이 소프트웨어를 개발하면서 동시에 회귀 테스트(단위 테스트, 통합 테스트, 시스템 테스트)를 위한 자동화된 테스트 코드들도 작성합니다. 그리고 프로젝트 백로그backlog에 차터를 포함시켜서, 탐험적 테스팅이 우리 하루 일과에 자연스럽게 흡수되고 융화되도록 만듭니다.

제품 관리자가 개발 중인 소프트웨어나 시스템에 대한 위험 요소나 제약 사항들에 대해 좀 더 자세하게 알고 싶다면, 자신이 직접 차터를 작성해서 백로그에 추가하면 됩니다. 클라우드 파운드리에서는 모든 개발자가 짝으로 개발을 하고 있고, 그들 중 한 팀이 백로그에 추가된 차터를 선택하고 그 차터를 가지고 탐험을 떠나게 됩니다. 탐험을 마치고 돌아온 개발자들은 프로젝트의 방향성을 결정하는 제품 관리자들이 아주 유용하게 사용할 수 있도록, 자신들이 찾아낸 정보를 제품 관리자들에게 보고하는 것으로 탐험을 마무리합니다.

마지막으로 이 책이 모든 독자들의 테스팅에, 더 큰 힘을 불어 넣어줄 수 있기를 간절히 소망합니다. 행복한 탐험이 되시기를…

엘리자베스 핸드릭슨
캘리포니아, 플레즌턴
2014년 8월 9일

옮긴이의 글

우리는 소프트웨어 개발뿐 아니라 우리의 하루하루 삶 속에서 수많은 테스팅을 하면서 살아갑니다. 예를 들어 저녁으로 김치찌개를 끓인다고 하면, 김치찌개에 들어갈 재료를 준비한 후에 김치찌개를 완성해서 저녁 밥상에 내놓기까지 맛을 한 번도 확인하지 않는 사람은 없을 것입니다. 김치찌개를 끓이면서 국물 한 숟가락을 떠서 맛을 확인해 보는 것도 테스팅이라고 할 수 있습니다.

이런 테스팅을 수행하기 위해 가장 많이 사용되는 방법은 테스팅을 시작하기 전에 모든 테스트 시나리오와 테스트 케이스를 준비하는 것이었습니다. 즉, 김치찌개를 끓이기 전에 테스트할 모든 시나리오를 미리 작성해 두는 것입니다. 하지만 간단할 것 같은 '김치찌개 끓이기'와 같은 경우에도, 모든 경우를 미리 작성할 수 없을 정도로 수없이 많은 테스트 시나리오와 테스트 케이스가 있습니다. 또한 테스트를 진행하면서 새롭게 배우는 것들이 기존 테스트 설계에는 포함되어 있지 않아서 위험 요소나 예외 상황들에 적절하게 대처하지 못하는 경우가 발생할 가능성도 높습니다.

일반적인 테스팅 방법론에서 발생할 수 있는 이러한 약점들을 보완하기 위해, 1988년 켐 카너$^{Cem\ Kaner}$는 그의 책 『Testing Computer Software』에서 테스트를 통한 학습, 테스트 설계, 테스트 실행을 동시에 수행하는 새로운 소프트웨어 테스팅 접근 방법을 탐험적 테스팅$^{exploratory\ testing}$이라고 명명했습니다.

이러한 테스팅 방법론이 아주 복잡하고 전문적인 지식을 필요로 하는 소프트웨어 개발에서는 어색하다고 느낄 수도 있겠지만, 더 전문적인 지식을 필요로 하는 과학 수사대를 생각해 보면 다른 측면에서 바라볼 수도 있습니다. 인기리에 방영 중인 미국 드라마 'CSI: 과학수사대'를 보는데 수사관들이 시나리오나 일련의 작업 순서가 적힌 두꺼운 책을 가지고 책에 적혀 있는 대로만 수사를 진행한다고 가정해 보면 어떨까요? 현재 드라마에서 수사관들이 진행하는 수사 방식과 비교해 봤을 때 어떤 방식이 제대로 된 수사를 할 수 있을까요?

사실 탐험적 테스팅은 이미 오래전에 테스팅 업계에서 탐험적 테스팅이 아닌 탐색적 테스팅으로 우리나라에 소개되었고, 여러 온/오프라인 강좌들도 이미 진행 중입니다. 테스팅 업계에서는 모르는 미지의 영역을 탐험한다기보다는 명확하지 않은 것에 대해 추론과 검증을 통해 명확하게 하는 과정이라는 의미에서 탐색이라는 용어를 더 선호하고 탐색적 테스팅이라고 부르고 있습니다.

하지만 이 책에서 지은이는 'exploratory'를 탐색보다는 탐험으로 간주하고 여러 가지 개념을 정리하고 예를 들어 설명하고 있습니다. 그래서 이 책에서는 탐색적 테스팅이 아닌 탐험적 테스팅이라는 용어를 사용하였습니다. 다만 현재 테스팅 업계에서 통용되는 용어는 탐색적 테스팅이라는 사실을 다시 한 번 밝혀둡니다. 동일한 exploratory testing이 탐험적 테스팅과 탐색적 테스팅, 이렇게 두 가지 용어 때문에 혼란이 발생하지 않기를 바랍니다. 그 이외에 테스팅과 관련된 용어들은 현재 테스팅 업계에서 사용되는 용어를 최대한 반영하였습니다.

번역을 진행하는 1년이 넘는 시간 동안 이해하고 기다려준 도서출판 인사이트 한기성 대표님과 번역과 관련된 모든 일정뿐 아니라 번역을 하나하나 신경 써서 검수해준 편집 팀에 다시 한 번 감사의 말씀을 드립니다. 또한 덜 다듬어진 번역들을 일일이 확인하고 리뷰해 주신, 소프트웨어 테스터이자 탐색적 테스팅을 가르치고 계시는 송홍진 님과 일본에서 소프트웨어 엔지니어로 일하고 계신 배중진 님에게도 진심으로 감사드립니다. 마지막으로 주중, 주말 할 것 없이 번역해야 한다고 함께 시간을 많이 보내지 못해도 이해하고 지원을 아끼지 않은 유신이에게도 감사의 말을 전합니다.

추천의 글

세상에는 프로그램이라고 부르는 논리적인 산출물을 활용하여 의사 결정을 함으로써 많은 사람에게 영향력을 발휘할 수 있는 소수의 사람이 있다. 이러한 영향력의 본질은 연역적인 평가*a priori assessment*, 즉 원인과 결과가 명확한 평가로는 설명할 수 없다. 이로 인해 그들은 한 가지 의문을 품게 된다. 과연 우리가 바꾸고 싶어 하는 것이 더 남아 있는 것인가?

이쯤에서 철학적인 질문을 하나 던져본다. 우리가 아는 것을 어떻게 아는가?

경제학적인 질문도 있다. 언제쯤 우리는 자신 있게 일을 추진해도 된다고 알 수 있을까?

심리학적인 질문도 있다. 변화가 한 번 더 필요한지 아닌지 서로 어떻게 확신시킬 수 있을까?

엘리자베스 헨드릭슨은 탐험적 테스팅이라고 부르는 체계적 질문을 통해 이와 같은 질문에 대답하는 법을 알려준다. 성공한 현업 전문가이자 노련한 선생님인 그녀의 설명이 아주 설득력 있게 다가온다. 그녀는 애자일 개발 방법론이 주류로 올라서는 과정에서 탐험적 테스팅을 애자일 개발 방법론에 적용하는 데 선구자적 역할을 해왔다. 또한 인본주의자로서, 협업의 즐거움과 타인이 인정해 주는 발견을 했을 때의 기쁨을 이 책을 통해 성공적으로 전달하고 있다.

탐험적 테스팅은 큰 영향력을 발휘한다

사실 이런 접근법은 개발 방법론에 구애받지 않지만, 개발 주기가 빠르고 갑작스러운 변화가 많은 애자일 환경이라면 특히 안성맞춤이다. 소프트웨어 개발 방법론과 테스팅 방법론은 공통점이 많다. 두 방법론 모두 장인 정신craftsmanship을 중요하게 여기고, 현업에 있는 개발자나 테스터는 기민함, 동기 부여 및 현명한 판단력을 요구받는다. 또한 매우 기술적이고 심지어 애매모호한 경우라 할지라도, 모든 결정은 비즈니스 환경에 바탕을 둔다는 점을 인정하고 있다.

탐험적 테스팅은 학습될 수 있다

탐험적 테스팅은 고전적인 문제에 대한 새로운 접근을 가능케 한다. 이 책의 지은이 엘리자베스는 오래된 싸움을 살짝 비켜가면서 변하지 않는 두 가지, 즉 위험 및 위험 억제에서 나오는 자신감을 분명히 하고 있다. 그리고는 이야기꾼으로서, 효과적인 여러 조언을 활용하여 원칙부터 각 실천 방법에 대한 명확하고 자세한 설명까지 곁들이고 있다. 모든 장은 각 환경에서 바로 활용할 수 있는 조언과 함께 마무리된다.

탐험적 테스팅은 만족을 준다

탐험적 테스팅은 전문화된 타 테스팅 방법론의 가치를 부정하지 않으면서도, 팀 산출물 및 이를 사용자가 어떻게 경험할지에 대한 통찰력을 얻기 위해 팀원들이 사용할 수 있는 가장 보편적이고 확실한 협업 프로세스로서 위치를 굳히고 있다. 탐험적 테스팅은 호기심에 대한 보답으로, 엄청난 비즈니스적 가치를 가져올 뿐 아니라 그 자체로도 큰 의의를 지닐 수 있는 정보를 제공한다.

오리건 포틀랜드Oregon Portland에서

워드 커닝햄Ward Cunningham

감사의 글

직업으로 글을 쓰는 사람을 상상하면, 등을 구부린 채로 의자에 앉아 홀로 키보드를 두드리는 장면을 떠올릴 것이다. 하지만 실제로는 약간 다르다. 책 한 권이 완성되기까지는 함께하는 커뮤니티의 역할이 너무나도 중요하고 꼭 필요하다.

가장 먼저, 편집자 재키 카터Jackie Carter에게 진심 어린 감사를 전한다. 재키는 책을 쓰기 시작한 처음부터 마지막 순간까지 나를 지도해줬다. 책을 쓰는 것을 포기하고 싶을 때가 여러 번 있었는데, 그때마다 그녀는 내가 다시 펜을 들 수 있도록 나를 인도해줬다. 더군다나, 재키는 내 머릿속에만 있던 아주 구체적이고 상세한 것들을 끄집어내서 글로 쓸 수 있도록 다시 한 번 상기시켜 주는 아주 날카로운 질문을 하는 재주가 있었다. 결과적으로 독자가 읽기도 쉬울 뿐 아니라 폭넓은 지식을 다루는, 훨씬 더 완벽한 책이 나올 수 있었다. 책이 전체적으로 하나의 주제를 담고 있으면서 모순되는 내용이 없다는 것을 느낄 수 있다면, 재키에게 감사해야 한다(그런 느낌을 받지 못했다면 그건 순전히 내 책임이다).

또한 이 책을 세상에 내놓을 수 있도록 나를 새로운 지은이 중 한 명으로 받아준, 프래그머틱 북셸프Pragmatic Bookshelf 출판사와 발행인 앤디 헌트Andy Hunt, 데이브 토마스Dave Thomas에게 정말 감사드린다. 게다가 출판 업계에 진정한 기쁨을 주는 소프트웨어 상태계를 만들어준 그들에게 큰 고마움을 전하고 싶다. 광고 문안을 작성하는 데 있어 세세한 부분까지 신경 써준 몰리 맥베스Molly McBeath에게도 감사의 말씀을 드린다.

책을 검토하는 데 참여해 준 모든 사람과 베타 기간 동안 책의 오류를 찾아내 준 모든 사람에게 특별히 더욱 큰 감사를 전하고 싶다. 많이 부족한 내 원고에 쏟아준 시간과 노력에 깊이 감사드린다. 그분들의 지식과 통찰력이 없었다면 이 책은 그냥 뜬구름을 잡는 듯한 책에 지나지 않았을 것이다. 안나 백Anna Baik, 매튜 바콤Matthew Barcomb, 데이비드 크리스텐슨David Christiansen, 시몬 크러칠리Simon Crutchley, 이안 디스Ian Dees, 조지 딘위디George Dinwiddie, 스베인 하버드 듀빅Svein Håvard Djupvik, 이브 하눌루Yves Hanoulle, 패디 힐리Paddy Healy, 해리 헤켈Harry Heckel, 글렌 아이베이Glen Ivey, 에이미 라이트홀더Amy Lightholder, 리카드 린드버그Rickard Lindberg, 에릭 피터슨Erik Petersen, 데이브 루니Dave Rooney, 크레이그 스미스Craig Smith, 프라딥 손다라라잔Pradeep Soundararajan, 존 스티븐슨John Stevenson, 조 스트라제레Joe Strazzere, 빌 웨이크Bill Wake, 조 웨브Jo Webb, 아담 유렛Adam Yuret에게 감사 말씀을 드린다.

갤럭틱 모델링 언어를 소개해준 에릭 G. H. 미하드Erik G. H. Meade에게 진심으로 감사드린다. 덕분에 이 책에 나오는 많은 다이어그램이 아주 단순해졌다.

내 사고방식과 지식에 큰 영향력을 끼친 사람이 많이 있다. 데일 에미리Dale Emery는 변수 같이 내가 이전에 당연한 것으로 여겼던 개념의 의미를 다시 한 번 이해하는 데 큰 도움을 줬다. 제임스 린제이James Lyndsay는 과거의 전통적인 테스트 설계 방법을 다시 한 번 살펴보고, 연구 가치가 있는 설계 방법을 살펴보라고 내 등을 떠밀었다. 제임스 바크James Bach는 내가 더 발전할 수 있도록 북돋아 줬고, 결과적으로 내 사고 능력이 더 날카로워졌다. 존 바크Jon Bach는 색다른 방법으로 나에게 질문을 던졌고, 내 사고 능력을 훨씬 더 넓혀줬다. 또한, 켐 카너Cem Kaner로부터 엄청나게 많은 것을 배울 수 있었다. 게다가 카너는 경험과 아이디어를 함께 나눌 수 있도록 짝을 기반으로 진행되는 포럼인 로스 알토스 소프트웨어 테스팅

워크숍LAWST: Los Altos Workshop on Software Testing을 처음으로 시작했다. 실천 방법들에 대한 정보를 함께 나눌 커뮤니티가 정말로 필요할 때, LAWST에 참가할 수 있는 기회를 얻은 것에 대해 아직도 감사하고 있다. 모든 LAWST 커뮤니티 멤버가 여러 가지 방법으로 내 사고 능력을 다듬어주었다. 마지막으로 제럴드 와인버그는 항상 내 멘토이자 친구가 되어 주었고, 테스팅과 스토리텔링storytelling에 대해 아주 많은 것을 가르쳐주었다.

책을 쓰는 것은 수많은 시간과 끊임없는 노력을 필요로 한다. 긴 시간 동안 사랑과 지원을 아끼지 않은 남편, 커크 헨드릭슨Kirk Hendrickson과 나를 참고 기다려준 내 아이들, 에밀리Emily와 안나Anna에게도 말로 할 수 없는 고마움을 전하고 싶다.

마지막으로 내가 아주 큰 감명과 영향을 받은, 탐험가로서 자신들의 경험을 이야기해주고, 글로 작성해서 공유해준 커뮤니티의 모든 멤버에게 감사의 말을 전한다.

머리말

어떤 것을 진정으로 이해하려면 그것을 탐험해 보아야 한다.

이 이야기를 도시의 경우에도 적용할 수 있다. 새로운 도시를 여행할 때, 난 항상 짧은 시간일지라도 도시의 뒷거리를 정처 없이 돌아다니며 숨겨진 보석을 찾기 위한 시간을 따로 잡아 둔다. 현지에서 살고 있는 사람들만 이용하는 레스토랑이나 일상생활에서 필요한 것들을 파는 상점들을 찾기 위해 여행자들이 많이 찾아가는 곳을 피하곤 한다. 이것이 내가 현지 문화를 이해하고 그 도시의 실제 분위기를 제대로 느끼고 싶을 때 사용하는 방법이다.

또한 소프트웨어의 경우에도 동일하게 적용된다. 소프트웨어가 실제로 할 수 있는 것들이 무엇이고 어떤 한계가 있는지 알고 싶다면, 잘 알려지지 않은 곳들을 돌아다녀 보아야 한다.

하지만 제시카 헤이지 Jessica Hagy가 자신의 블로그 Indexed(http://thisisindexed.com/)에 올린 글인 '삶에서의 노트(Field notes, http://thisisindexed.com/2011/10/field-notes/)'에서 그림으로 아주 잘 표현한 것처럼, 무작정 돌아다니는 것과 실제 탐험하는 것에는 큰 차이가 있다.[1]

---

1 이 카툰은 제시카 헤이지에게 저작물에 대한 사용 허가를 받고 사용하였다(http://thisisindexed.com/2011/10/field-notes/).

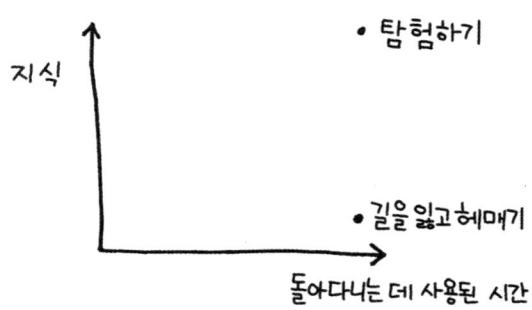

제시카의 이 그림은 아주 중요한 사실을 보여준다. 가야 할 방향이나 목적이 없이 정처 없이 돌아다닌다면, 꼭 필요한 지식을 얻기 위해 아주 많은 시간을 투자하지만 아주 적은 양의 지식밖에 얻지 못한다. 즉, 시간을 헛되이 보내게 된다.

이 책은 어떻게 하면 탐험을 더 잘할 수 있을까에 대한 책이다. 이 책을 통해 진정한 탐험가가 되는 데 꼭 필요한 기술과 기법들을 발견할 수 있을 것이다.

누가 이 책을 읽어야 하는가?

이 책은 소프트웨어 테스팅에 관한 책이기 때문에, 아마도 테스터를 위한 책이라고 생각하기 쉽다. 맞다. 테스터를 위한 책이다. 하지만 테스터만을 위한 책은 아니다. 나는 신뢰할 만하고 견고한 소프트웨어를 만드는 데 관심이 있는 모든 사람을 위해 이 책을 썼다. 거기에는 프로그래머, 비즈니스 분석가, 제품 관리자가 포함될 뿐 아니라, 심지어 보통 소프트웨어가 거의 다 완성된 후에야 소프트웨어를 사용해볼 수 있는 고객 지원 담당자도 포함된다.

만약 상태 분석 state analysis 같은 테스트 설계 기법을 확실하게 이해하고 있는 테스터라면, 탐험을 진행하면서 테스트 설계가 필요한 바로 그 순간 테스트를 설계하기 위해 자신이 알고 있는 기술들을 활용하는 방법을 배울 수 있다.

사용되는 기반 기술들을 이미 충분하게 이해하고 있는 프로그래머라면, 여러 다른 관점을 통해 소프트웨어를 분석할 수 있도록, 또 다른 새로운 시선으로 소프트웨어를 바라보는 방법을 배울 수 있다.

비즈니스 분석가나 제품 관리자라면, 좀 더 다양한 환경에서도 소프트웨어가 의도한 대로 동작하는지 확신하기 위해 소프트웨어 사용에 변화를 주는 방법을 배울 수 있다.

고객 지원 부서에서 일하고 있다면, 지원을 맡고 있는 소프트웨어를 더 깊게 이해할 수 있는 방법을 배울 수 있다. 또한 상황을 다시 재현하기 어려운 고객의 이슈들을 동일하게 만들어 낼 수 있는 몇 가지 요령도 터득하게 될 것이다.

간단히 말해, 소프트웨어를 만들거나, 소프트웨어 명세서를 작성하거나, 직접 프로그래밍을 하거나, 소프트웨어를 검증하거나, 소프트웨어를 지원하는 일에 관련되어 있다면, 이 책은 여러분을 위한 책이다.

또한 어떤 종류의 소프트웨어를 개발 중이든지 전혀 상관이 없다. 이 책에서 소개하는 기법들은 웹 애플리케이션부터, 데스크톱 애플리케이션, 모바일 애플리케이션, 임베디드 실시간 소프트웨어, API와 웹 서비스까지, 광범위하고 다양한 기술 분야에 적용할 수 있다.

이 책의 구성

이 책은 다음과 같이 세 부분으로 구성되어 있다.

- 「1부 기초 확립하기」에서는 탐험하는 기술을 익히기 위해 필요한 핵심 구성 요소들을 소개한다. 탐험을 안내해주는 차터를 정교하게 만드는 방법, 실제로 무슨 일이 일어나는지 관찰하는 방법(힌트: 관찰하는

것이 생각보다 정말 어렵다), 흥미로운 변화들을 찾아내는 방법, 이전에 아무도 생각하지 못했던 방법으로 소프트웨어가 동작할 때 그다음이 어떻게 될지 예측하는 방법들을 배울 수 있다.
- 「2부 더 깊게 들어가기」에서 1부에서 확립한 기초를 발판으로 삼아 더 나아가보자. 여기에서는 사용하는 방법, 순서, 데이터, 타이밍, 환경 설정들을 바꾸어 가면서 탐험하는 방법을 배울 수 있다. 또한 그 과정에서 상태 모델링과 데이터 모델링 같은 분석 기법들이 어떻게 탐험을 지원해 줄 수 있는지 배우게 될 것이다.
- 「3부 상황에 맞게 판단하기」에서는 지금까지 배운 기법들을 소프트웨어 프로젝트라는 상황 속으로 가지고 들어간다. 이미 만들어진 레거시 애플리케이션 탐험하기와 사용자 인터페이스가 없는 소프트웨어 탐험하기를 포함하여, 여러 다양한 상황 속에서 1부와 2부에서 소개한 아이디어를 적용하는 방법을 배울 수 있다. 또한 탐험을 통해 찾아낸 것들을 공유하는 방법뿐 아니라 개발 주기의 아주 초기부터 탐험을 통합하는 방법도 배우게 될 것이다.

정해진 순서를 따르지 않고 읽을 수도 있지만, 앞서 나오는 부분에서 소개한 개념을 먼저 완벽하게 이해하고 난 후에 다음에 나오는 부분들을 읽어야 최고의 효과를 얻을 수 있다.

탐험하는 기술을 향상시키기 위해, 없어서는 안 되는 가장 중요한 것은 바로 연습이다. 독자들이 연습하는 것을 도와주기 위해, 각 장의 마지막에 '실제 적용을 위한 조언'이라는 절을 제공하는데, 여기에서는 각 장에서 배운 개념을 이해하고 내 것으로 만드는 데 도움을 줄 뿐 아니라 각 장에서 배운 개념을 바로 적용해 볼 수 있는 아이디어도 제공한다.

이 책을 통해, 구체적인 기법들 또는 휴리스틱을 배울 수 있다. 각 휴리스틱은 '일부, 없음, 모두' 또는 '처음, 중간, 끝'처럼 이름이 있다. '부록

2 테스트 휴리스틱 치트 시트'에서 정리해 놓은 모든 휴리스틱을 찾을 수 있다.

온라인 자료

프래그머틱 북셸프에서 출판되는 다른 모든 책과 마찬가지로, 이 책도 출판사 웹 페이지가 있다. http://pragprog.com/book/ehxta/explore-it을 방문하면, 지은이인 나뿐 아니라 다른 독자들과도 활발하게 토론할 수 있다. 책에서 발견한 문제에 대해서도 글을 남길 수 있다(문제를 찾았을 때, 잠깐만 시간을 내서 나에게도 알려주기를 부탁한다).

    즐거운 탐험이 되기를!

엘리자베스 헨드릭슨

elisabeth@testobsessed.com

2013년 2월

EXPLORE IT

1부

기초 확립하기

1
테스팅과 탐험에 대하여

우리가 무슨 일을 하고 있든지 상관없이, 매일매일의 삶에서 테스팅을 하고 있는 자신을 발견하는 것은 어려운 일이 아니다. 테스팅은 어떤 새로운 것을 만드는 데 없어서는 안 될 가장 중요한 요소 중 하나다. 소프트웨어나 시스템을 직접 사용해 본 후에, 어떻게 동작하는지, 내가 기대했던 대로 동작하는지 확인하는 테스트를 완료하기 전까지는, 우리가 생각했던 그리고 알고 있던 모든 것은 단순한 추측에 불과할 뿐이다.

『Portraits in Silicon』[Sla89]이라는 책에서, 로버트 슬레이터Robert Slater는 가장 초기 컴퓨터 중 하나인 에니악ENIAC을 만들었던 팀에 대한 이야기를 소개한다. 초기 컴퓨터들은 그 크기가 매우 커서 방 하나를 모두 차지할 정도였다. 이 컴퓨터들의 내부를 점검해야 할 일이 생겨서 컴퓨터 안에 들어가게 되면, 컴퓨터의 수많은 구성 요소가 올려져 있는 많은 선반과 그 구성 요소들을 연결하기 위해 수많은 전선이 묶여 있음을 볼 수 있었을 것이다. 따라서 어떤 종류의 전선을 사용할지 선택하는 것은 컴퓨터 설계에서 매우 중요한 부분이었다. 슬레이터는 다음과 같이 말했다.

"사실 쥐들이 컴퓨터 안으로 들어가서 전선을 갉아먹을 수도 있다는 문제가 있었다. 그래서 테스트를 수행하기 위해 쥐들을 우리에 가두고 며칠 동안 굶긴 다음, 서로 다른 여러 종류의 전선을 쥐들이 갇혀 있는 우리에 넣어 보았다. 그 결과 우리가 에니악 컴퓨터에 사용하려던 전선을 쥐들이 너무나 좋아해서 그 전선을 갉아먹는다는 사실을 발견했다. 그래서 실제 에니악 컴퓨터에는 쥐들이 싫어하는, 즉 테스트를 통과한 전선을 사용하였다."

여기에서 팀원들이 위험 요소를 인식했고 그 위험 요소를 그들이 대답할 수 있는 질문으로 바꾸었다는 사실에 주목해야 한다. 그들은 지금까지 알려진 쥐와 같은 설치류들의 식습관을 기반으로 쥐들이 기피할 만한 전선들을 추측하지 않고, 그 대신 실제 굶주린 쥐들에게 여러 종류의 전선을 직접 주고 그 결과를 살펴보았다. 그들은 직접 실험한 결과를 그들의 다음 행동을 결정하는 데 사용하였다. 이것이 바로 테스팅의 핵심이고, 다시 말해 위험 요소에 대한 질문에 답변을 줄 수 있는, 경험을 통해 나오는 근거들을 모으기 위한 실험들을 설계하는 것이 테스팅이다.

서로 다른 종류의 질문에 답변을 주려면 서로 다른 종류의 테스팅이 필요하다. 어떤 시스템이 처리할 수 있는 용량의 한계에 달했을 때 얼마나 잘 처리할 수 있는지 알기 위해서는, 아마도 성능 테스트를 수행해야 할 것이다. 어떤 코드의 작은 일부분이 프로그래머가 의도한 대로 제대로 동작하는지 확인하고 있다면, 그 일부분의 코드에 단위 테스트를 수행함으로써 확인할 수도 있다. 어떤 소프트웨어 사용자가 외부로부터 어떠한 도움도 없이 그 소프트웨어만 사용해 그들이 하고 싶은 것들을 찾을 수 있는지 확인하려면, 사용성 테스트 usability test를 수행하면 될 것이다.

이 장에서는 탐험적 테스팅이 다른 종류의 테스팅과는 어떻게 다른지, 그리고 탐험적 테스팅이 전체적인 테스트 전략과는 어떻게 어울리는지 알아보자.

1.1 테스트 수행의 양면성

벌써 20년이나 흘렀지만, 그날의 대화는 마치 어제 일어났던 일처럼 기억에 선명하다. 내 팀 동료였던 마르셸Marchell이 그녀의 책상 위에 있던, 우리가 테스트 중이던 소프트웨어의 아주 세세한 기능 테스트를 위한 테스트 케이스들이 정리되어 있는, 두께가 3센티미터쯤 되어 보이는 서류뭉치를 가리키며 이야기를 이어나갔다.

"이건 정말 해도 해도 끝이 없는 정말 힘든 일이야. 우리가 얼마나 많은 테스트를 작성하고, 그 많은 테스트 케이스를 하나하나 실행해본다 하더라도, 심각한 버그는 대부분 테스트가 완료되어 통과시킨 이후에 발견되는 경우가 너무 많아"라고 이야기하며 한숨을 쉬었다.

사실 1988년 켐 카너가 그의 책 『Testing Computer Software』[Kan88]에서 탐험적 테스팅이라는 단어를 처음으로 사용했지만, 그 당시에 나는 탐험적 테스팅이라는 이야기 자체를 들어보지도 못했다. 그 당시에는 그냥 내 동료 마르셸의 이야기에 공감했을 뿐이다. 우리가 아주 자세하게 작성된 수없이 많은 테스트 케이스를 사용하여 테스트를 완료한 후에 고객에게 소프트웨어를 전달한다 할지라도, 소프트웨어에서는 우리를 놀라게 하는 수많은 버그가 발견되곤 했다.

우리가 그 대화를 나눈 이후로 20년이 흘렀지만, 요즘에도 이러한 패턴들이 반복되는 경우를 만나곤 한다. 테스트 팀의 팀원들이 얼마나 많은 테스트 케이스를 미리 작성하고 실행하는지에 상관없이, 모든 팀원이 놀랄 만한 버그들이 여전히 있다.

소프트웨어가 실제 고객들에게 전달된 이후에 테스트 팀의 팀원들이 놀랄 만한 버그를 발견하면, 더 좋지 않은 상황을 야기할 수도 있다.

실제 사용자들은 때로는 정말 말도 안 되는 행동들을 하기도 한다. 심지어 실제 사용자들의 데이터는 테스트 팀이 예상해서 만든 예제 데이터와는 다르게, 악의를 가지고 일부러 만들어 낸 것 같은 경향을 보이기도 한다. 실제로 사용되는 컴퓨터나 소프트웨어의 설정들 또한, 테스트 환경에서 사용되는 컴퓨터나 소프트웨어의 설정처럼 깔끔하게 정돈되어 있고 제어가 가능한 것도 아니다.

실제 세상은 너무나 엉망이어서 혼란을 일으키기 쉬운 그런 곳이다.

너무나 실망스럽겠지만 부정할 수 없는 사실은 모든 조건을 다 포함하는 테스트를 미리 계획하기는 불가능한 일이라는 것이다. 데이터, 설정, 상호 작용, 순서, 시기 등 변수가 너무 많다. 가능성이 있는 모든 상황을 포함하는 광범위한 테스트 세트를 만들려고 시도한다면, 아마도 테스트를 작성하는 데 모든 시간을 사용해서 그 테스트를 실행해볼 시간이 부족할 것이다.

우리가 필요한 것은 광범위한 테스트 케이스를 포함하는 완벽한 테스트 문서가 아니다. 그 대신 다음에 나오는 두 가지 핵심 질문에 대답할 수 있는 테스트 전략이 필요하다.

1. 소프트웨어가 주어진 환경과 조건에서, 의도한 대로 동작하는가?
2. 다른 위험 요소들이 있는가?

확인하기

첫 번째 질문의 경우에는 주어진 환경과 조건에서 의도한 대로 동작하는지 확인하는 테스트를 미리 설계해서 진행함으로써 답변을 얻을 수 있다.

이렇게 확인하는 과정을 소프트웨어가 의도한 대로 동작하지 않을 때 그물에 걸리게 되는 것으로 생각하면 다음 그림과 같이 나타낼 수 있다. 더 많은 조건을 가지고 확인하는 과정을 수행하는 것은 그물망이 점점 더 촘촘해지는 것과 같다.

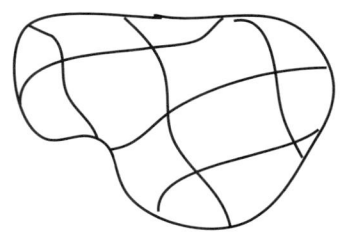
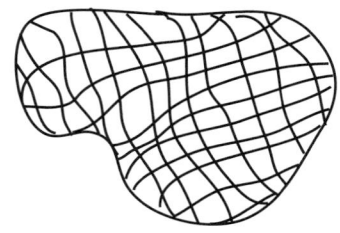

느슨하게 짜인 그물망   촘촘하게 짜인 그물망

하지만 아무리 그물망을 촘촘하게 만든다 할지라도, 여전히 두 번째 질문에 대한 답을 얻을 수는 없다. 두 번째 질문이 바로 탐험이 필요한 부분이다.

탐험하기

탐험적 테스팅은 그물망을 아무리 촘촘하게 만들어도 잡아내지 못하는 부분들을 조사하는 것을 포함하고 있다. 실제 소프트웨어를 직접 사용해 보면서, 테스트를 위한 작은 실험들을 설계해서 실행해 보고, 그 결과를 반영해서 다음 실험을 설계하고 실행하는 연속적인 작업을 신속하게, 그리고 계속 진행해야 한다.

잠재적 위험 요소가 있다고 생각되면 더 철저하게 조사해야 한다. 그리고 이렇게 조사해서 나온 정보를 바로바로 적용하려면 더 세심하게 관찰하고 분석하는 능력이 필요하다. 이러한 실험들을 통해 소프트웨어가 할 수 있는 것들과 하지 못하는 것들에 대해 실제 경험을 통한 근거들을 얻을 수 있다. 선택했던 질문에 대한 답변을 실제 경험을 통한 근거를 가지고 답할 수 있게 되면, 이제는 답변이 필요한 새로운 질문을 선택해서 그 질문에 알맞은 유형의 테스트를 선택해 진행해 나가면 된다.

끊임없이 변화되는 상황 속에서 내가 찾고 있는 그 위험 요소로 향하는 길을, 기존에 미리 정해진 테스트만을 수행하는 방법으로는 알기가 어렵지만, 탐험적 테스팅을 통하면 알 수가 있다. 그저 반복만 하는 것은 절대 도움이 안 되지만, 변화를 주면서 반복하게 되면 무엇인가 놀랄 만한 새로운 것들을 얻을 수 있다.

앞서 소개한 두 가지 질문은 테스팅의 양면을 나타낸다. 한 면은 소프트웨어가 의도한 대로 동작하는지 확인하는 것이고, 다른 한 면은 위험 요소를 찾아 탐험을 떠나는 것이다. 확인하는 것과 탐험을 떠나는 것, 둘 중에서 어느 하나만 있어서는 충분하지 않다.

테스트 완료 = 모든 기능의 동작 확인하기 + 모든 위험 요소 탐험하고 돌아오기
소프트웨어의 모든 기능이 의도한 대로 동작하는지 확인하고 발견된 모든 위험 요소에 대한 탐험을 마치기 전까지는 테스팅을 완료했다고 말할 수 없다. 이 두 가지 접근 방법을 모두 포함해서 통합할 수 있어야 제대로 된 테스트 전략이다.

이 책의 나머지 부분을 읽어가면서 꼭 기억해야 할 것은, 이 책은 앞서 말한 두 가지 접근 방법 중에서 두 번째인 위험 요소를 탐험하는 방법에 대한 내용만을 포함하고 있다는 것이다. 이 책은 소프트웨어 테스팅의 모든 분야에 대한 내용을 포괄적으로 다루는 것이 아니라, 탐험을 통해 생각하지 못했던 문제들을 발견하도록 도와주는 기술들을 다루고 있다는 점을 명심하길 바란다.

1.2 탐험적 테스팅을 위한 필수 요소들

탐험적 테스팅이라는 용어에 대한 정의 중에서 가장 많이 사용되는 것은 2003년 발표된 제임스 바크의 논문 「Exploratory Testing Explained」에서 사용된 것이다. 이 논문에서 제임스는 "탐험적 테스팅은 학습, 테스트 설계, 테스트 실행, 이 세 가지가 동시에 일어나는 테스팅 방법이다"라고 이야기한다.

이런 방법의 테스팅을 수행하려면 테스팅을 진행하는 동안에는 다른 간섭을 받지 않고 완전하게 테스팅에만 집중해야 한다. 다음과 같은 켐 카너의 탐험적 소프트웨어 테스팅이라는 용어의 정의에서 그 근거를 찾을 수 있다.

> "탐험적 소프트웨어 테스팅은, (1)테스트를 통해 얻게 되는 학습, (2)테스트 설계, (3)테스트 수행, (4)테스트 결과 해석, 이 네 가지 모두를 상호 간에 도움을 주면서 동시에 실행될 수 있는 활동들로 간주하고, 가치 있는 테스팅 결과를 가장 효과적으로 끊임없이 얻기 위해, 테스터 개개인의 자유 의지와 책임감을 강조하는 소프트웨어 테스팅의 한 방법이다."[1]

내게 탐험적 테스팅이라는 용어를 정의하라고 한다면, 제임스의 정의에 테스팅을 실천하는 방법에 대해 좀 더 자세하게 설명하는 부분을 추가하고 싶다. 내가 생각하는 탐험적 테스팅이란 다음과 같다.

> "시스템을 완벽하게 테스트하기 위해, 테스트 도중에 지난 테스트로부터 배운 것들을 다음 테스트를 위해 사용하면서, 테스트 설계와 테스트 수행을 동시에 진행하는 테스팅 방법이다."

이 정의에서 나오는 네 가지 (1)테스트 설계하기, (2)테스트 수행하기, (3)테스트를 통해 학습하기, (4)학습을 바탕으로 테스트 방향 조정하기는 어느 것 하나 빼놓을 수 없이 모두 중요하다. 여기에서 언급한 네 가지 요

---

[1] http://kaner.com/?p=46

소를 좀 더 자세하게 알아보자.

테스트 설계하기

테스트를 설계한다는 것은 우리가 관심 있는 것들의 변화와 그러한 변화들이 어떻게, 왜 일어났는지 찾아내는 것을 포함한다. 이 주제와 관련된 수많은 연구가 이미 책과 논문으로 발표되었다. 고전으로는 1979년에 발표된 글렌포드 마이어스Glenford Myers의 『The Art of Software Testing』[Mye79]과 1990년에 발표된 보리스 바이저Boris Beizer의 『Software Testing Techniques』[Bei90]가 있고, 2004년에 나온 리 코플랜드Lee Copeland의 『A Practitioner's Guide to Software Test Design』[Cop04]은 광범위한 주제를 다루고 있다. 이 책들은 테스트 설계를 위한 경곗값 분석boundary value analysis, 결정 테이블decision table, 원인-결과 그래프cause-effect graphing 같은 기술들을 다루고 있다. 또한 상태 다이어그램state diagram, 순차 다이어그램sequence diagram, 순서도flow chart 같이 설계 모델에서 파생된 테스트도 다루고 있다.

앞서 언급한 모든 테스트 설계 기법은 탐험적 테스팅 기법과 관련이 있다. 테스트 설계에 더 익숙해지면 질수록, 주어진 상황에서 테스트를 위한 더 나은 실험을 즉시 설계하는 데 큰 도움이 된다.

테스트 수행하기

탐험을 하는 도중에, 테스트에 대한 아이디어가 떠오르면 그 즉시 바로 테스트를 수행하는 것이 좋다. 이것이 바로 탐험적 테스팅을 스크립트로 이루어진 기존 테스팅과 구별해 주는 중요한 특징 한 가지다. 즉, 탐험적 테스팅을 다른 테스팅 방법들과 쉽게 구분할 수 있도록 해 주는 것이, 탐험적 테스팅에서는 바로바로 실행에 옮긴다는 사실이다. 탐험적 테스팅에서는 테스트 수행을 시작하기도 전에 모든 테스트를 설계하지 않고, 테스트를 설계한 후에 곧바로 수행한다. 여기에서 매우 중요한 것은, 테스트 수행을 시작하기 전까지는, 테스트를 계속 진행하기 위해 다음에는 어떤 질문들이 필요할지 미리 알 필요가 없다는 것이다. 주어진 상황에 따라서 그 즉시 테스트를 설계하고 수행하면, 그 상황에서 가장 흥미로운 정보에 따라서 테스트 방향을 변경하면서 테스트를 수행할 수 있다.

테스트를 통해 학습하기

탐험을 계속하다 보면, 소프트웨어가 어떻게 동작하는지 알 수 있게 된다. 소프트웨어에 적용된 기발한 아이디어들을 발견하기도 하고 개발자의 별난 습관들을 만나기도 한다. 버그가 숨어 있을 가능성이 있는 부분에 대한 포착하기 어려운 단서를 찾아내려면 신중하고 꼼꼼하게 살펴봐야 한다. 빈틈없이 관찰하는 것이 가장 중요하다. 즉, 더 잘 관찰하면 할수록 더 많은 것을 배우게 된다. 물론 말처럼 쉽지는 않다. 어떤 상황이 발생할 것이라고 예상했는지 그 이전 상태를 찾아봐야 할 수도 있고, 실제로 무슨 일이 발생하는지 보기 위해 그 일이 꼭 일어나기만을 기대해야 하는 경우도 발생한다('3장 세심하게 관찰하기'에서 관찰 능력을 키우기 위한 기술들을 어떻게 발전시킬 수 있는지에 대한 조언들을 볼 수 있다).

학습을 바탕으로 테스트 방향 조정하기

각 테스트를 수행해서 소프트웨어가 어떻게 동작하는지에 대해 더 나은 통찰력을 얻을 수 있다. 소프트웨어가 어떤 조건들에서 제대로 동작하지 않는지 알아낼 수 있고, 이렇게 알아낸 정보들을 더 어려운 테스트를 위해 사용할 수도 있다. 지금까지 알아낸 것들을 기반으로 나오는 호기심을 이용하여, 다음 단계에서 알아내야 할 가장 흥미로운 정보는 어느 것인지 찾아낼 수 있다. 찾아야 할 가장 중요한 정보에 집중하면서 동시에 방향을 전환하는 것은 탐험적 테스팅의 전문가가 지녀야 할 핵심 기술 중 하나다.

1.3 정해진 시간 안에 탐험하기

탐험을 하다 보면 때로는 밑도 끝도 없이 계속 시도를 할 때가 있다. 우리가 쏟아붓는 시간과 노력을 구조화해서 체계화하는 아무 방법도 없이 탐험을 진행하게 되면, 목적 없이 헤매다가 몇 시간이나 며칠을 허비하고도 팀에 공유할 만한 흥미롭고 유용한 정보를 하나도 얻지 못하고 끝내야 하는 경우도 있다.

    존 바크와 제임스 바크는 이런 경우에 대비한 해결책으로 세션 기반 테스트 관리SBTM: Session-Based Test Management2를 지키고 실천하라고 이야기한다. 즉, 주어진 시간을 시간이 정해져 있는 세션들로 나눠 구성하는 것이다. 또한 각 세션에서 어디에 초점을 맞추어야 하는지도 미리 정해놓을 수 있다(어디에 그리고 어떻게 초점을 맞추어야 하는지에 대해서는 '2장 탐험을 위한 차터 작성'에서 더 자세히 다룬다). 한 세션에서는, 테스트를 설계하고 테스트를 위한 실험들을 하나하나 순차적으로 멈춤 없이 진행하여, 테스트를 수행함으로써 탐험을 좀 더 유연하게 즐길 수 있다.

    각 세션을 진행하면서 무엇을 탐험했고, 어떤 정보를 찾았는지 꼼꼼하게 메모를 해 두자. 하지만 이렇게 정리한 메모들은 개인적인 용도임을 잊지 말자. 나중에 이해관계자들에게 설명해야 하는 경우에 이 메모들을 참고할 수 있지만, 이 메모들이 기존에 사용하던 전형적인 테스트 케이스나 테스트 보고서 형식을 취해서는 안 된다. 사실 이런 개인적인 메모들

---

2   http://www.satisfice.com/articles/sbtm.pdf

을 다른 사람들이 직접 본다고 큰 도움이 되지 않는다. 아마도 이 메모에는 테스트 아이디어, 질문, 위험 요소, 새롭게 발견한 것, 추가로 탐험하고 싶은 부분, 버그 같은 것들이 포함되어 있을 것이다.

세션 마지막에는 다른 사람들에게 전달해야 하는 정보들을 정리한다. 세션에서 탐험했던 소프트웨어의 한 부분이 실행할 수 있는 기능들과 실행할 수 없는 기능들에 대한 결과를 기록해 놓을 수도 있고, 또는 발견한 것들을 이해관계자들을 직접 만나서 설명해줄 수도 있다. 꼭 보고해야 할 만한 버그를 발견했다면, 발견한 버그를 보고한다. 해답을 찾지 못한 질문들이 남아 있다면 그 질문에 답변을 줄 수 있는 누군가를 찾아야 한다. 세션을 기반으로 탐험을 진행하면, 각 세션이 끝날 때마다 내가 발견한 것들에 대해 다시 한 번 돌아볼 수 있게 되고, 다음 세션에서 탐험해야 할 최적의 영역을 찾는 데 도움이 된다.

1.4 실제 적용을 위한 조언

이번 장에서 꼭 기억해야 할 것이 두 가지가 있는데, 첫 번째는 소프트웨어 기능을 확인하는 것과 탐험하는 것의 차이점을 분명하게 아는 것이고, 두 번째는 포괄적인 테스트 전략은 이 두 가지를 모두 포함해야 한다는 것이다.

현재 사용 중인 테스트 전략에 대해 다시 한 번 생각해 보는 시간을 가져보자. 먼저 테스트와 관련된 일련의 과정들에 답을 줄 수 있는 질문 목록을 작성하는 것으로 시작하자. 예를 들면 가장 일반적인 것으로 다음과 같은 질문을 할 수 있다.

"사용자들이 원래 의도한 목적 그대로 소프트웨어를 사용할 수 있는가? 가장 기본적인 것들이 올바르게 동작하는가?"

또한 다음과 같이 기능 자체나 기능들의 연동과 관련된 좀 더 자세한 질문을 던질 수도 있다.

"할인 기능은 일괄 판매 기능과 어떻게 연동되어 실행되는가?"

또 다른 예로 무엇보다 중요한 문제나 특징들에 대한 질문들도 있다.

"소프트웨어가 처리할 수 있는 능력 이상의 요청이 들어왔을 때, 추가적인 다른 문제를 일으키지 않고 정상적으로 종료될 수 있는가?"

작성한 질문 목록을 가지고 브레인스토밍brainstorming을 해 보자. 아이디어가 바닥나면 지금까지 나온 목록을 다시 한 번 검토하자. 현재 사용 중인 테스트 전략이 각 질문에 어떻게 답을 줄 수 있을지 고민해 보아야 한다. 각 질문이 (1)미리 만들어진 테스트 케이스를 사용(소프트웨어 기능을 확인하는 과정)할 때, (2)탐험을 통해 테스트할 때, (3)두 가지 방법을 함께 사용할 때 같은 세 가지 중에서 어떤 방법을 사용할 때 더 나은 해답을 얻을 수 있는지 스스로에게 질문을 던져보자.

질문 목록에 있는 모든 질문에 대해 테스팅의 두 가지 방법인 확인하기와 탐험하기 중에서 하나만을 사용해 해답을 얻으려 한다면, 사용하고 있는 테스팅 방법이 아닌 다른 방법으로만 답을 얻을 수 있는 질문들을 만났을 때 해답을 찾는 것이 어려워진다.

예를 들어, 지금까지 찾은 모든 질문에 대해 탐험을 통하여 테스트하는 한 가지 방법만을 사용하여 답을 구하기로 결정한다면, 항상 정상으로 동작하는 아주 기본적인 기능들과 관련된 질문들에 대해서는 해답을 찾는 것이 어려워진다.

다른 한편으로, 모든 질문을 '확인하기' 방법(미리 만들어진 테스트 케이스를 사용하여 소프트웨어를 확인하는 테스트 방법)만을 사용하여 답을 구하려고 하면 의도하지 않았던 결과, 부작용, 예상하지 못한 연동 관련 문제, 전혀 상상하지 못한 사용 패턴 등 더 깊이 조사해야 답을 찾을 수 있는 위험 요소들에 대해서는 답을 얻는 것이 거의 불가능하다(어떤 경우에 탐험을 적용하여 테스트를 해야 하는지 아직도 잘 이해가 가지 않는다면, 모든 것을 이해하려고 너무 많은 시간을 허비하지 말자. 그보다는 1부에 있는 나머지 장을 마저 읽고 난 후에, 이곳으로 돌아와서 다시 읽어보는 것이 좋다).

2 탐험을 위한 차터 작성

이 장에서는 조금은 다른 종류의 탐험인 '오지 탐험 exploring territory'에 대해 살펴보자. 탐험가이자 항해가였던 콜럼버스는 극동 아시아로 가는 새로운 항로를 찾으려고 동쪽이 아니라 서쪽으로 항해를 시작했다는 사실을 생각해 보자. 또는 에베레스트 산을 최초로 정복한 에드먼드 힐러리 Edmund Hillary나 북극점을 찾으러 떠난 첫 탐험대를 이끈 로버트 에드윈 피어리 Robert Edwin Peary 같은 모험가를 떠올려 보자.

소프트웨어를 탐험하는 것과 오지를 탐험하는 것은 다음과 같은 공통점이 있다.

- 수많은 모험과 버그를 비롯한 예상하지 못한 상황들이 우리를 기다리고 있다.
- 탐험에 도움이 되는 도구를 사용할 수도 있지만, 우리가 가지고 있는 무엇보다도 가장 중요한 도구는 사고 능력이다.
- 때로는 탐험이 아주 재미있는 놀이처럼 다가올 수도 있지만, 때로는 아주 무거운 발걸음으로 나아가거나, 알지 못하는 위험한 길을 걸어가는 것과 같다.
- 탐험 중에 실제로 마주친 오지가 지도에 나온 것과 다르다면, 우리가 현재 마주하고 있는 것들을 믿어야 한다.

더 나아가서 오지를 탐험할 때와 소프트웨어를 탐험할 때 모두 동일하게, 황야로 들어가서 완전히 길을 잃어버리고 같은 곳을 빙빙 돌며 방황하는 경우가 매우 많다. 하지만 경험이 많고 훌륭한 탐험가들은 그렇게 헤매며 방황하지 않는다. 훌륭한 탐험가들이 오지를 탐험할 때는 단순히 새로운 무엇인가를 보고 싶다는 애매모호한 생각으로 출발하지 않는다. 그들은 아주 구체적인 목표를 세우고 이번 탐험에 도움을 줄 수 있는 물품들을 꼼꼼하게 챙긴 후에 탐험을 떠난다.

이 장에서는 차터chater를 사용하여 우리가 계획한 탐험이 올바르게 진행되고 있는지 확인하는 방법을 알아볼 것이다. 차터가 어디에서 시작되었는지, 그리고 차터에 포함시켜야 하는 필수 요소들이 무엇인지도 배우게 된다. 그 이후에는 탐험을 위한 가이드로써 차터를 어떻게 사용하는지도 알아보자.

2.1 탐험을 위한 차터 작성의 시초

미국의 세 번째 대통령 토머스 제퍼슨Thomas Jefferson은 1803년 6월 20일에 작성한 편지에서, 탐험가인 루이스Lewis와 클라크Clark에게 다음과 같은 특별 임무를 맡겼다. 미주리Missouri 주에 있는 세인트 루이스St. Louis에서 시작해 대륙을 가로질러 태평양으로 이어지는 확실한 경로를 찾아라.

제퍼슨의 편지는 몇 쪽에 걸쳐 아주 자세하게 임무를 설명한다. 그 편지에는 다음과 같은 중요한 사항들이 명시되어 있다.

- 어디를 탐험해야 하는가: 미주리 강과 연결되어 있는 수로(물이 흐르는 통로)
- 무엇을 가지고 가야 하는가: 보트, 텐트, 조사 도구, 무기 같은 장비들과 혹시라도 탐험 중에 마주칠 수도 있는 원주민을 위한 선물들

- 어떤 정보를 찾아야 하는가: 무역을 위한 경로. 제퍼슨은 루이스와 클라크에게 "상업적인 용도로 사용이 가능한 대륙을 가로지르는 최단 거리의 수로"[1]를 찾으라고 명확하게 지시했다. 그가 찾고자 했던 것은 소풍하기에 경치가 좋은 장소나 이후에 국립 공원으로 사용 가능한 지역이 아니었다.

3년 3개월 후에, 루이스와 클라크는 국가의 영웅이 되어서 세인트 루이스로 돌아왔다. 그들은 약 1만 1265킬로미터에 이르는 거리를 탐험하였고, 북미 대륙의 내부에서 서쪽 해안에 이르기까지 그들이 탐험했던 모든 곳을 지도로 만들어 가져왔다. 그들의 탐험 경로는 다음 지도와 같다.

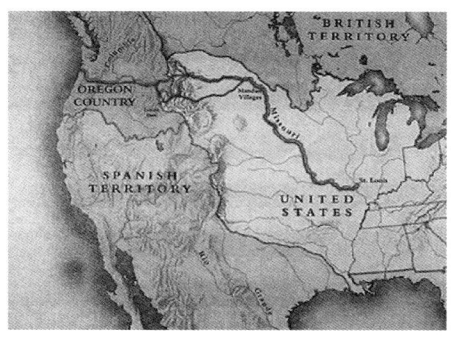

탐험가인 루이스와 클라크의 경우와 동일하게, 소프트웨어 탐험의 궁극적인 목표는 이해관계자들이 관심을 가지고 있고 그들에게 가치가 있는 정보를 찾아내는 것이다. 여기에서 이해관계자들은 같은 팀에 있는 팀원들이 될 수도 있고, 우리가 찾아낸 정보에 관심을 표명한 어떤 다른 사람들이 될 수도 있다. 제퍼슨이 탐험가인 루이스와 클라크에게 준 차터의 가장 중요한 부분들을 유심히 살펴보면 차터를 만들기 위한 간단한 양식을 만들 수 있는데, 다음 절에서 살펴보자.

1   http://www.loc.gov/exhibits/jefferson/168.html

2.2 간단한 차터 양식

제퍼슨이 루이스와 클라크에게 보낸 편지는 몇 쪽 분량이었지만, 이 편지가 포함하고 있는 가장 중요한 정보는 크게 다음과 같이 세 가지로 분류할 수 있다. 탐험해야 하는 장소, 사용 가능한 자원, 찾아야 하는 정보다. 이 분류를 기준으로 세 부분을 포함하는 다음과 같은 간단한 양식을 만들 수 있다.

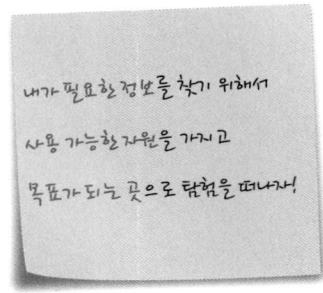

- 목표: 어느 곳을 탐험해야 할까? 어떤 기능이나 요구 사항일 수도 있고, 관련된 특정 모듈일 수도 있다.
- 자원: 어떤 자원들을 가지고 갈 것인가? 도움을 주는 도구, 데이터, 새로운 기술, 환경 설정 또는 상호 의존적인 다른 기능들도 자원이 될 수 있다.
- 정보: 어떤 종류의 정보를 찾고 싶은가? 보안, 성능, 신뢰성, 가용성, 사용성 또는 시스템의 다른 측면에 우선순위를 두고 찾고 있는가? 설계의 일관성이나 표준을 위반하는 부분들을 찾고 있는가?

예를 들어 생각해 보자. 사용자들이 자신의 프로파일에 있는 개인 정보를 수정할 수 있는 소프트웨어가 있다고 가정해 보자. 이 기능과 관련 있는 여러 차터를 만들 수 있을 것이다. 보안에 특별히 더 신경 쓰고 있다면, 아마도 다음과 같은 차터를 작성할 것이다.

> 보안상 취약한 부분을 찾기 위해서
> 인젝션 공격을 가지고
> 프로파일 수정으로 탐험을 떠나자!

이 차터는 특별히 보안에 중점을 두고 작성되었다는 사실을 기억해야 한다. 프로파일에 세계 여러 나라 문자들이 포함되어 있거나 예상치 못한 길이가 아주 긴 이름들이 있을 때도 프로파일을 제대로 보여주는지에 대한 것은 아니다. 당연히 우리가 생각할 수 있는 프로파일 수정과 관련된 수많은 다른 기능에 대한 것도 아니다. 앞서 보여준 차터는 인젝션 공격 injection attack이 가능한 입력값을 사용하여 탐험하는 경우를 위해 작성된 것이다.

웹 기반 인터페이스를 가진 소프트웨어에서 이 차터를 가지고 탐험을 시작한다면, 다음과 같은 자바스크립트 공격을 시도해 볼 수 있다.

```
<script>alert("HAH! Pwn3d!");</script>
```

다음과 같은 SQL 인젝션 공격을 시도해 볼 수도 있다.

```
x'; DROP TABLE CUSTOMERS;
```

동일하게 인증 같은 이미 있는 기능과 연동해서 프로파일을 수정하는 새로운 기능을 탐험하는 차터를 만들 수도 있다.

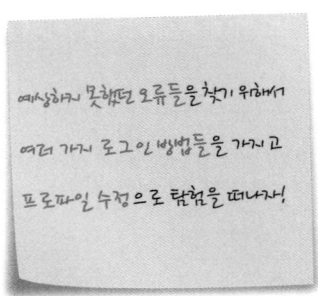

이 차터를 실행할 때는, 인증을 하기 위한 여러 다른 종류의 기술과 방법이 있다는 것을 염두에 두어야 한다. 예를 들어 지금 테스트를 진행하는 소프트웨어가 트위터Twitter나 페이스북Facebook 같은 외부 서비스를 통하여 인증을 할 수도 있고, 또는 직접 만든 로그인 페이지를 통해서만 인증을 해야 하는 경우도 있다.

또는 '로그인 유지하기' 같은 기능을 지원하기도 한다. 그래서 프로파일 수정이라는 기능으로 탐험을 떠날 때는 이처럼 다양한 모든 것을 고려해야 한다.

이제까지 언급한 차터들을 실행에 옮길 때, 취해야 하는 방법들이 서로 다르다는 사실을 잊지 말아야 한다. 어떤 경우에는 직접 해커가 되어야 할 때도 있고, 또는 정상적인 동작 방법에 변화를 주는 것에 초점을 맞추어야 할 때도 있다. 주어진 상황에 따라 여러 단계의 변화가 필요하다는 것을 인지하고 고려해야 한다. 서로 다른 차터들은 서로 다른 종류의 탐험을 필요로 한다. 탐험을 진행할 때 특정한 정보나 위험 요소에 더욱 더 집중할 수 있게 도와주는 것이 차터이고, 이것이 바로 우리가 차터를 만들어야 하는 이유다.

다른 종류의 양식과 마찬가지로, 여기에서 소개하는 차터 양식도 단지 가이드 역할을 해 준다는 사실을 기억해야 한다. 꼭 필요한 모든 정보를 하나하나 확인할 수 있다는 측면에서 양식은 매우 유용하다. 하지만 양식이 모든 상황에 완벽하게 적합할 수는 없다. 그러므로 모든 차터를 양식에 무리하게 끼워 맞추지는 말아야 한다. 무리하게 끼워 맞추다 보면, 풍부한 아이디어를 너무 단순한 형태의 문서로 억지로 밀어 넣어서, 결국은 사고를 제한하는 결과를 초래하게 된다.

차터를 만드는 것에 익숙하지 않을 때는 양식을 사용하는 것이 좋다. 하지만 경험이 많이 쌓여 익숙해지면, 그저 차터 양식의 빈자리를 채우기보다는 현재 작성하고 있는 차터가 이번 탐험의 목적과 이유를 더욱 더 잘 반영하도록 노력해야 한다. "고객이 정상적으로 구매를 완료하지 못하는 시나리오를 찾으라"도 정말 괜찮은 차터다. 또한 "사용자 프로파일을 변경할 때, 유효하지 않은 값으로 테스트하기"도 좋은 차터가 될 수 있다.

그렇다면 어떤 차터가 다른 차터보다 더 좋은 차터라고 말할 수 있을까? 다음 절에서 살펴보자.

2.3 좋은 차터란?

테스트 순서 하나하나를 일일이 구체적으로 명시하지 않으면서도 테스트가 나아가야 할 방향을 알려주는 차터를 좋은 차터라고 말할 수 있다. 예를 들면, 다음과 같은 차터는 차터가 아니라 테스트 케이스라고 하는 것이 더 정확하다.

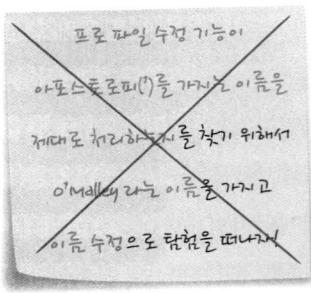

차터를 너무 구체적으로 작성하면, 각 테스트를 다른 방법으로 이상하게 표현하는 것밖에는 되지 않는다. 결국 큰 도움도 되지 않는 테스트 문서에 수많은 시간을 낭비하게 된다.

반면 차터가 너무 광범위하면 어디에 초점을 맞추어야 할지 모르는 위험에 빠질 확률이 높다. 목표가 너무 크면 탐험을 다 마치고서도 어떻게 결과를 이야기해야 할지 알 수 없는 경우가 많아진다.

예를 들어, 다음과 같은 차터를 살펴보자.

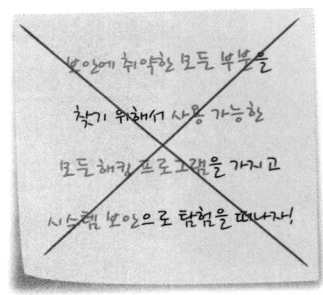

이 차터는 너무 애매모호해서 주어진 임무를 결코 완수할 수 없다. 범위가 너무 넓고 정의되지 않은 자원들을 가지고 전체 시스템을 탐험하라고 이야기한다. 이 차터에서 주어진 임무를 수행하기 위해 몇 주 동안 조사를 진행한다 할지라도, 모든 중요한 보안 위험 요소와 취약점을 발견했다고 확신할 수 없다.

　아주 큰 차터 하나보다는 차터 여러 개로 좀 더 세밀하게 나누는 것이 더 좋은 방법이다. 이 예에서는 한 영역이나 특정 타입의 보안 취약점에 초점을 맞추어 차터를 나눈다면 좋은 차터를 얻을 수 있다.

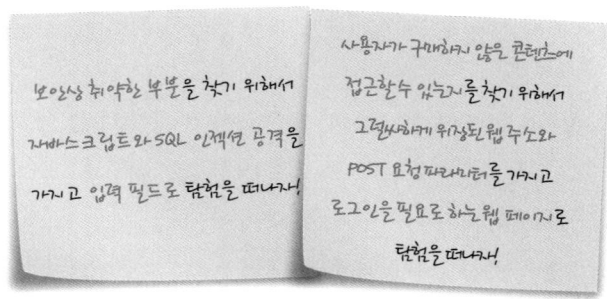

훌륭한 차터는 아주 명확한 행동 지침이나 결과물에 대한 언급 없이도 영감의 원천이 되는 힌트여야 한다.

2.4 차터 작성하기

탐험을 통해 많은 정보를 얻을 수 있다. 하지만 프로젝트 이해관계자들이 이렇게 얻어낸 정보에 가치를 부여하지 않고 프로젝트를 진행하는 데 사용하지도 않는다면, 결국 탐험은 시간 낭비가 된다.

　탐험을 함으로써 찾아내는 정보가 정말 가치가 있는지 확신하기 위해서는, 모든 이해관계자와 긴밀하게 협력해서 소프트웨어에 대한 가장 근본적인 질문들에 답을 줄 수 있는 차터를 만들어야 한다.

　이 절에서는 차터를 작성할 때 도움이 되는 것들을 살펴보자.

요구 사항

요구 사항을 정리하는 시간은 차터 작성하기를 시작할 수 있는 가장 적합한 때다. 그러면 요구 사항을 정리하는 시간에 어떻게 차터 작성을 시작할 수 있는지 테스터인 알렉스, 프로그래머인 팻, 비즈니스 분석가인 빈, 이 세 사람의 대화를 통해 알아보자. 이들은 함께 모여서 사용자들이 프로파일 정보를 수정할 수 있는 기능에 대해 의논하고 있다.

> **팻**: 자, 프로파일 정보 중에 어떤 필드들을 수정할 수 있게 해 주어야 할까?
>
> **빈**: 물론 모든 필드를 수정 가능하게 해 주어야지.
>
> **알렉스**: 사용자 이름도 포함해서? 그러면 'fred728'이라는 사용자가 자기 이름을 'iamfred'로 변경한 후에 변경한 새로운 이름으로 로그인하는 게 가능하다는 거야?
>
> **빈**: 물론!
>
> **알렉스**: 와, 그래도 난 사용자 이름을 변경할 수 있게 해 주면 사용자 이름을 변경하면서 현재 우리가 가지고 있는 사용자 이름에 대한 제약 사항들을 위반하는 경우가 발생하지는 않을지 걱정이 되는데…
>
> **팻**: 그건 전혀 걱정할 필요가 없어. 우리가 가진 사용자 이름 제약 사항들을 체크하는 것과 관련된 모든 소스 코드를 한곳에 모아 놓았거든. 사용자들이 새로운 사용자 이름을 만드는 경우와 완전히 똑같이 동작할 거야.
>
> **알렉스**: 아무래도 내가 탐험을 떠나야 할 곳이 하나 더 추가된 것 같은데~

팻은 아무 문제가 없을 거라고 확신하고 있지만, 알렉스는 소프트웨어가 프로그래머의 의도와는 다르게 동작하는 경우를 수도 없이 보아왔다. 알렉스는 팻이 소프트웨어의 모든 소스 코드를 다 외우고 있다고 믿는 것보다는 자신이 직접 탐험해 보는 것이 더 낫다는 사실을 알고 있다. 알렉스는 다음과 같은 차터를 작성한다.

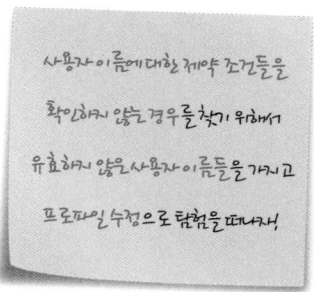

사용자 이름에 대한 제약 조건들을 확인하지 않는 경우를 찾기 위해서 유효하지 않은 사용자 이름들을 가지고 프로파일 수정으로 탐험을 떠나자!

대화가 계속 이어진다. 알렉스와 팻은 지금 논의 중인 프로파일 수정 기능과 이미 구현된 다른 기능들과의 연동에 대해 궁금한 부분이 있다.

> **팻:** 사용자 계정이 사용 정지 상태에 있는 경우에도 사용자 프로파일을 수정할 수 있도록 해 주어야 할까?
> **빈:** 와, 좋은 질문인데. 그 문제를 좀 더 생각해 봐야 할 것 같아.
> **알렉스:** 맞아, 분명히 사용자 프로파일 수정과 계정의 현재 상태 사이에는 더 많은 이슈가 있을 거야. 이 부분도 탐험해 보는 것이 좋겠어.

아하! 물론 이 질문에 대해서는 차후에 빈이 간단한 예/아니오 답변을 가지고 돌아오겠지만, 여기에는 신경 써야 하는 더 중요한 문제들이 있다. 우선 첫째로 빈이 말한 "그 문제에 대해 좀 더 생각해 봐야 할 것 같아"이다. 둘째로는 새로운 기능과 이미 구현된 기능이 서로 연동될 때 이슈가 발생할 수 있는 가능성이다.

회의 중에 나오는 질문이 불확실하거나 애매하거나, 의존성을 가지고 있다면, 소프트웨어 개발과 테스트를 진행하면서 탐험이 필요한 무엇인가 중요한 것이 있다는 말이다. 그래서 알렉스는 다음과 같은 차터를 작성한다.

> 계정의 현재 상태와 프로파일 수정을 연동하면서 발생하는 문제를 찾기 위해서 사용 정지 상태에 있는 계정을 가지고 프로파일 수정으로 탐험을 떠나자!

대화가 계속되면서, 빈이 생각하지 못했던 아이디어를 알렉스가 제시한다.

알렉스: 현재 우리 시스템에서 사용자들은 자기 프로파일 정보를 계정 페이지뿐 아니라 대시보드dashboard에서도 똑같이 볼 수 있어. 지금까지는 계정 페이지에서 사용자 프로파일 정보를 수정하는 시나리오에 대해서만 이야기했는데, 대시보드에서도 사용자 정보를 수정할 수 있도록 해주어야 하는 것이 아닐까?
빈: 좋은 생각이지만 현재로서는 우리 계획에 포함되어 있지 않아. 하지만 내 리스트에 추가해 놓고, 다음 업데이트에 고려해 볼게.

탐험을 통해 위험 요소나 문제점들을 발견할 뿐 아니라 새로운 요구 사항을 추가할 수 있는 기회를 얻기도 한다. 질문을 만들고 탐험할 곳을 정하는 과정에서 만나게 되는 이런 기회들을 놓치지 않고 잡아서 잘 정리해 두면, 다음에 이해관계자들과 만날 때 안건으로 내놓고 의논할 수도 있다.

자기 자신도 모르는 기대치

앞서 예로 들었던 경우에서, 팻과 알렉스는 빈이 기대하고 있는 것들을 직접적으로 물어보고 있다. 하지만 팻과 알렉스가 얼마나 많은 답변을 얻든지 상관없이, 빈은 더 많은 것이 당연히 되어야 한다고 기대한다. 아마도 빈은 이러한 기대들이 너무도 명확해서 언급할 필요도 없다고 생각할 것이다. 다음은 새로운 기능과 이미 구현되어 있는 보안 관련 기능들의 연동에 대해 물어봤을 때, 제품 관리자에게 직접 들은 이야기다. "우리 시스템은 보안 모델을 가지고 있어요. 새로운 기능은 이 보안 모델을 100% 만족시켜야 해요. 내가 일일이 다 말하지 않아도 각자 알아서 책임지고 잘 하리라 믿어요."

자기 자신도 알지 못하는 기대에 관한 또 다른 예로는 신뢰성reliability, 규모 가변성scalability, 성능performance 같은 품질 기준을 들 수 있다. 시스템이 요구 사항 명세서에 나와 있는 기능들을 100% 완벽하게 처리한다 할지라도 응답 시간이 1초 미만에서 1분 이상으로 늘어나면, 응답 시간이 요구 사항의 일부분으로 명확하게 언급되어 있지 않다 할지라도 아주 큰 문제가 된다.

탐험이 꼭 필요할 것 같은 숨겨진 요구 사항을 발견하면, 차터로 꼭 만들어 놓자.

목표를 정해주는 차터

요구 사항을 의논하는 시간은 우리가 가장 중요하게 생각하는 위험 요소에 대한 아이디어가, 다른 이해관계자들이 우선순위를 두고 있는 것들과 일치하는지에 대해 피드백을 얻기에 가장 적절한 시간이다. 어떤 문제를 다루는 차터를 만들까 혼자 고민하지 말고, 이 차터를 통해 얻을 수 있는 정보들에 대해 이해관계자들이 가치를 두고 있는지 물어보는 것이 좋다. 팻, 알렉스, 빈, 이 세 사람 모두 다음과 같은 질문들을 생각해 보았을 것이다.

- "우리 시스템의 최고 성능은 얼마나 되는지 알아봐야 할까?"
- "기존 시스템에서 사용되던 데이터에 문제가 있다면, 무슨 문제인지 자세하게 알아야 할까?"
- "일부 사용자가 자기 계정을 엉망으로 만들어서 사용이 불가능한 상태가 되었다는 것을 알게 된다면, 우리가 직접 수정해서 고쳐주어야 할까?"

이런 질문들을 하는 것은 매우 중요하다. 아무도 관심 없고, 사용하지도 않을 정보를 찾아내느라 많은 시간을 낭비하는 것을 막아주기 때문이다. 예를 들어, 빈이 "만약 사용자가 자기 계정을 엉망으로 만들었다고 하면, 고객 지원 부서에서 해결을 도와줄 수 있도록 하면 될 것 같아. 프로파일 수정은 새로운 계정을 만들 때 사용하는 제약 조건과 동일한 조건을 사용해야만 해. 하지만 그 이상도 그 이하도 아니야"라고 답변했다고 가정해 보자. 이 경우에는 사용자 이름을 수정하는 부분을 탐험해 볼 필요가 있다. 하지만 팻이 이미 구현되어 있다고 이야기한 기본적인 제약 조건들이 아닌 그 이외의 제약 조건들을 탐험하는 데 며칠을 허비할 필요는 없다.

    물론 위험 요소에 대한 이해관계자들의 견해에 동의하지 못하는 경우도 있을 수 있다. 동의하지 못하는 부분에 대해 이야기하고 의견을 나누기에는 이 시간이 최적의 타이밍이고, 그렇게 하면 불필요한 곳을 몇 시간씩 탐험하는 실수를 미연에 방지할 수 있다. 때로는 다른 이해관계자들은 인지하지 못했던 위험 요소에 대한 의견을 제시할 수도 있다. 이렇게 위험 요소에 대해 이해관계자들과 미리 의견을 나누면 조금은 불안했던 마음을 가라앉힐 수 있고, 위험 요소에 대한 이해관계자들의 인식을 높일 수도 있다.

이해관계자들이 던지는 질문

소프트웨어 개발이 진행되는 동안 언제 어디서든지 이해관계자들로부터 질문을 받을 수 있다. 하지만 보통의 경우 그중에서 가장 중요한 질문은, 설계한 대로 구현되었을 경우에 미치는 영향에 대해 심사숙고할 때, 여러 기능을 연동해야 할 때 나온다. 예를 들어, 개인 정보 보호 설정 기능과 메시지 기능이 모두 있는 소프트웨어를 개발하고 있다면, 이해관계자들은 이 두 가지 기능이 어떻게 연동될 수 있는지에 대해 관심을 가질 것이다.

> 우리 소프트웨어가 이미 가지고 있는 개인 정보 보호 설정 기능이 이번에 추가되는 메시지 기능과 어떻게 연동하여 동작하나요?

또한 이해관계자들은 시간이 지나서 다른 조건들이 변했을 때, 소프트웨어가 어떻게 동작할지에 대해서도 매우 궁금해 할 것이다.

> 한 카탈로그에 현재 있는 상품 개수보다 열 배가 넘는 상품들이 추가되면 어떤 일이 일어날까요?

이해관계자들의 궁금증은 여기서 그치지 않고 앞으로 발생할지도 모르는 위험 요소에 대한 걱정까지 늘어놓는 경우가 많다.

> 해커들이 우리 시스템에 있는 이메일 알림 기능을 해킹해 스팸 메시지 spam message를 보내면 어떻게 하죠?
> 우리 고객들이 동일한 요금 청구서를 두 번 받는 경우도 발생할 수 있나요?

이런 질문들도 다음과 같이 차터로 만들어서 탐험에 활용할 수 있다.

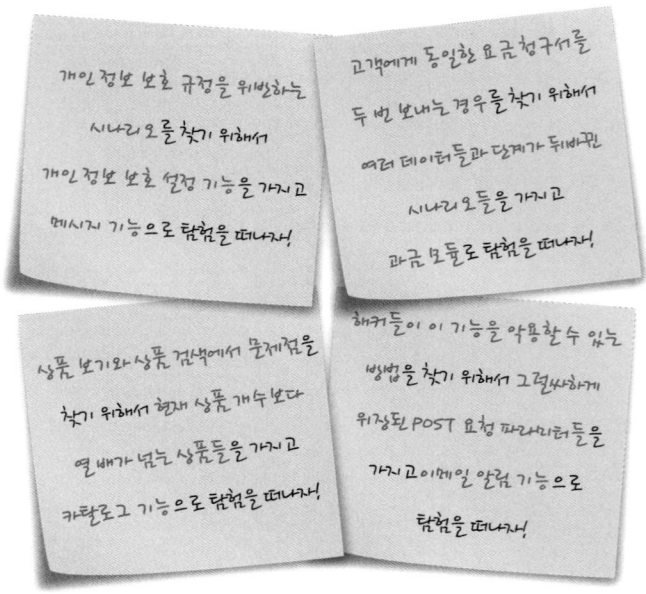

가지고 있는 산출물 활용하기

때로는 우리가 가진 소스 코드에서도 유용한 차터 아이디어를 만날 수 있다. 특히 다음과 비슷한 주석이 있는 소스 코드를 만난다면 확률은 더 높아진다.

```
// 이 소스 코드가 왜 제대로 동작하는지는 모르겠지만,
// 아무튼 현재는 아무 문제없이 잘 동작한다.
// 건드리지 말자!
```

소프트웨어와 관련된 다른 산출물에서도 차터를 작성하는 훌륭한 아이디어를 얻을 수 있다. 버그 데이터베이스도 그동안 위험 요소들이 어디서 발생했고 어떻게 해결되었는지 정보를 제공하기 때문에 그냥 지나칠 수 없는 차터 아이디어의 원천이다. 콜 센터 통화 내역에서도 지난 문제점에 대한 고객들의 생생한 목소리를 직접 듣고 차터를 작성하는 통찰력을 얻을 수 있기 때문에 놓쳐서는 안 된다.

새로운 발견과 깨달음

차터 작성은 계속 진행되어야 한다. 프로젝트가 시작되고 첫 요구 사항 회의가 시작되면 바로 차터 작성을 시작해야 하고, 전체 개발 과정 동안 차터를 발견하고 작성하는 데 힘써야 한다. 탐험을 진행함에 따라, 어떤 차터들은 그 기능에 비하면 수박 겉핥기에 지나지 않는다고 느껴질 때가 있겠지만, 아주 정상적인 반응이니 걱정할 필요는 없다.

앞에서 이야기했듯이, 차터 하나를 가지고 탐험을 시작하면 현재 탐험 중인 차터에서 다루고 있는 것만을 생각해야 하는데, 때로는 이미 이 차터에서 제외한 다른 방향으로 탐험하고 싶은 유혹을 강하게 느끼기도 한다. 지금 떠오른 아이디어가 시간이 지나고 나면 생각나지 않을 것 같아서, 현재 차터가 다루지 않는 다른 곳으로 탐험하고 싶은 유혹을 그냥 무시해도 괜찮을까 하는 고민에 빠지게 된다.

이런 유혹이 느껴지면 새로운 차터를 작성할 때가 왔음을 알려주는 신호로 받아들이면 된다.

2.5 악몽의 머리기사 게임

차터를 작성하는 데 영감을 주는 또 다른 소스는 바로 생각하기도 싫은 최악의 상황이다. 아주 오래전부터 사용된 위험 요소 관리 기술 중에 최악의 실패 상황을 상상한 후에 그 상황을 야기하는 위험 요소를 찾아내서 그 위험 요소를 먼저 해결하는 방법이 있다.

이 방법은 개인보다는 그룹으로 진행할 때 더 효과적이다. 견해가 서로 다른 여러 사람이 모여서 그룹으로 브레인스토밍을 진행하면 개인이 생각할 수 없는 창조적인 아이디어들을 얻을 수 있다. 또한 새로운 소프트웨어를 만드는 것에만 몰두하고 있는 소프트웨어 개발자, 비즈니스 분석가, 제품 관리자가 어떤 잘못된 길로 갈 수 있는지, 그리고 잘못된 길로 가고 있는지를 어떻게 알 수 있는지에 대해 생각하게 함으로써 시야를 넓히는 데 도움을 준다.

모든 참가자들이 종이와 펜을 가지고 한방에 모여서 이 게임을 시작해 보자.

1단계: 상황 설정하기

참가자들이 평일 아침에 어떤 일들을 하는지 시간순으로 상상해 보는 것으로 모임을 시작하자.

> 자, 하루를 시작하는 아침이 되었습니다. 아직 잠에서 덜 깨어 조금은 졸린 상태로 뒤척이며 일어납니다. 일어나서 뉴스를 확인하는데, 아주 끔찍한 사고를 머리기사로 전하고 있습니다. 정말 최악의 사고입니다.
> 모든 뉴스 채널이 이 소식을 전하고 있습니다. 갑자기 잠에서 확 깨면서, 아드레날린adrenaline이 증가하며 흥분을 감출 수 없게 됩니다. 지금 뉴스에 나오는 끔찍한 사고에 바로 여러분이 개발 중인 소프트웨어가 관련되어 있기 때문입니다.

잠시 멈추고 참가자들에게 생각할 시간을 주자. 약간 시간이 흐른 후에 질문을 던지자.

> 자, 머리기사는 무엇에 관한 것인가요?

2단계: 머리기사 모으기

참가자들이 자신의 답변을 준비된 종이에 작성하도록 부탁하자. 모든 참가자가 다 작성하고 나면, 자신이 작성한 머리기사를 모든 참가자와 나눌 수 있도록 한 사람 한 사람 발표하는 시간을 가져보자.

참가자들이 다음과 같은 머리기사를 작성했다고 가정해 보자.

장바구니 소프트웨어가 청구서에 58%의 할증 요금 추가: 연휴를 맞아 쇼핑을 즐겼던 고객들 잘못 청구된 할증 요금에 분노

똑같은 정원 장식물Garden Gnome을 827개 배송받은 고객 망연자실, "분명히 한 개만 주문했는데……"

요금은 빠져나갔지만 배송은 없었다: 소프트웨어 오류로 이미 결제 완료된 물건이 배송되지 않아 고객들의 불만 폭주

해커들이 장바구니 소프트웨어의 보안상 취약점을 악용해 고객들의 신용 카드 정보 모두 빼내가……

참가자들이 모두 작성한 머리기사에 흥미를 느낄 수 있도록 도와주고 머리기사 사건에 대하여 좀 더 자세하게 알아볼 수 있는 시간을 가져보자.

3단계: 더 자세하게 살펴보고 싶은 위험 요소를 고르기

참가자들로부터 나온 악몽의 머리기사 목록을 다시 살펴보고, 그중에서 최악의 머리기사를 골라보자. 아마도 실제로 일어날 가능성이 높고, 팀에서 개발하는 소프트웨어와 관련이 있고, 더 이야기해 보고 싶은 흥미로운 머리기사를 선택하는 것이 도움이 될 것이다.

모든 참가자의 의견을 수렴해서 머리기사 하나를 선택하자. 참가자들이 하나만 선택하는 것을 힘들어 하면 어떤 위험 요소에 가장 관심이 있는지 알아보기 위해 다중 투표(37쪽에 소개된 '다중 투표 사용하기' 참고)를 사용할 수도 있다.

2 탐험을 위한 차터 작성

4단계: 원인으로 꼽을 수 있는 것들 브레인스토밍하기

참가자들이 뽑은 머리기사를 앞에 있는 칠판 윗부분에 크게 써 놓는다. 그런 후에 다음과 같이 질문하자.

> 자, 무엇이 이 문제의 원인이 될 수 있을까요?

참가자들이 큰 인덱스 카드에 가능한 원인들을 적을 수 있도록 진행한다. 예를 들어, 참가자들이 다음과 같은 머리기사를 선택했다고 가정해 보자.

> 동일한 정원 장식물을 827개 배송받은 고객 망연자실, "분명히 한 개만 주문했는데……"

참가자들이 뽑은 머리기사의 원인으로는 다음과 같은 이야기들이 나올 수 있다.

- 유효하지 않은 값을 입력한 경우
- 인터넷 브라우저에서 새로 고침이나 뒤로 가기 버튼을 여러 번 누르는 경우
- 주문 완료 버튼을 여러 번 누르는 경우
- 웹 서버와 데이터 웨어하우스 시스템 연동에 문제가 있는 경우

5단계: 찾아낸 원인을 차터로 다듬기

지금까지 나온 원인들을 모든 사람이 다같이 잘 볼 수 있도록 크게 써서 앞에 붙여놓자.

　모든 참가자를 두세 명의 그룹으로 만들어 앞에 나온 원인들 중에 그룹이 원하는 항목을 선택해서 의견을 나눈 후, 문제를 가장 잘 표현하는

> **다중 투표 사용하기**
>
> 다중 투표multivoting는 여러 항목에 우선순위를 정할 때 간편하게 사용할 수 있는 방법이다.
>
> 　다중 투표에서 모든 참가자는 자신들의 판단과 선택에 따라 주어진 항목들 중에서 선택할 수 있는 투표권을 하나가 아닌 여러 개를 가지게 된다. 자신의 투표권을 여러 항목에 나누어 사용할 수도 있고, 원한다면 모든 투표권을 한 항목에 전부 사용할 수도 있다.
>
> 　다중 투표를 진행하는 방법은 다음과 같다.
>
> 1. 칠판이나 큰 종이에 선택 가능한 항목을 모두 적는다.
> 2. 투표를 시작하기 전에, 선택 가능한 항목들을 완전하게 이해하지 못해서 더 자세한 설명이 필요한 사람이 있는지 확인한다. 투표에 참여하는 모든 사람이 선택 가능한 항목들에 대해 완전하게 이해하는 것이 매우 중요하기 때문이다.
> 3. 모든 참여자에게 한 사람당 투표권을 세 개 부여한다(용이한 투표 진행을 위해 조그맣고 둥근 스티커를 넉넉하게 준비해서 각자에게 스티커를 세 장 나누어줄 수도 있고, 모든 참여자에게 펜을 제공해서 투표하고 싶은 항목에 표시를 하게 하는 방법을 사용할 수도 있다).
> 4. 모든 참여자가 목록에 자신에게 주어진 투표권을 모두 사용할 때까지 기다린다. 참여자가 많은 큰 그룹이라면 투표가 다 끝날 때까지 시간이 좀 걸릴 수도 있으니, 중간 휴식 시간에 다중 투표를 함께 진행하는 것도 좋은 생각이다.

차터를 만들도록 그룹 토의 시간을 갖자. 예를 들어, 4단계에서 예로 들었던 원인들에 대해서는 다음과 같은 아이디어와 비슷한 차터들이 만들어질 것이다.

고객이 원하는 제품 개수보다 고객도 모르는 사이에 더 많이 주문되는 경우를 찾기 위해 여러 가지 입력 데이터들을 가지고 상세 주문 수정 기능으로 탐험을 떠나자!

고객이 원하는 제품 개수보다 고객도 모르는 사이에 더 많이 주문되는 경우를 찾기 위해 새로 고침, 뒤로 가기, 북마크, 주문 전송 같은 브라우저의 동작들을 가지고 일련의 구매 과정으로 탐험을 떠나자!

완료된 주문 내용과 물류 관리 시스템에서 받은 주문 내용이 다른 경우를 찾기 위해 여러 가지 제품 종류와 개수들의 조합 데이터들을 가지고 장바구니와 물류 관리 시스템 사이에 연동 부분으로 탐험을 떠나자!

2.6 차터 미리 계획하기

규모가 큰 프로젝트에서 테스트에 걸리는 시간을 미리 산정하는 일에 익숙해져 있다면, 아마도 차터를 가지고 탐험을 시작하기도 전에 가능한 한 모든 차터를 미리 계획해야만 할 것 같은 생각이 들 것이다.

하지만 문제는 탐험을 실제로 시작해서 진행하기 전까지는 탐험을 통해 어떤 종류의 정보를 알아낼 수 있을지 확실하게 알 수 없다는 것이다. 모든 차터를 미리 계획하면, 매 순간마다 새롭게 만나는 정보를 고려해서 다음 탐험을 조절하기가 매우 어려워진다.

물론 가장 중요하게 생각되는 몇 가지 차터는 미리 작성해 놓는 것도 좋다. 하지만 차터를 작성하는 것은 기존의 테스트 계획을 작성하던 일과는 다르다는 사실을 명심해야 한다. 기존의 테스트 계획을 작성하는 것보다는 차터를 작성하는 것이 훨씬 더 유동적인 과정이다. 전체 소프트웨어 개발 과정에서 우리가 찾고 있는 것이 이해관계자들이 가장 알고 싶어 하는 정보라는 것을 확신하기 위해 차터들을 끊임없이 재확인해야 한다. 또한 탐험을 할 때에는 한 번에 한 임무에만 집중하는 것이 좋다.

2.7 실제 적용을 위한 조언

차터는 꼭 필요한 가장 중요한 정보를 찾기 위한 탐험에 초점을 맞추어야 한다. 차터에 대해 처음 아이디어를 모을 때, (1)어떤 특정 부분을 탐험할 것인지, (2)어떤 정보들이나 부가 기능들을 가지고 탐험을 떠날 것인지, (3)내가 찾아야 할 정보들에 대해 확실하게 알고 있는지 충분히 고민해 보아야 한다.

가장 유용한 차터를 찾아내서 만들려면, 정말 수없이 많은 질문을 해 보고, 발생 가능한 상황과 약한 부분들에 대해 충분히 생각하고, 위험 요소에 대한 아이디어도 많이 얻으려고 노력하고, 답이 없어 보이는 이해관계자들의 질문도 놓치지 말고 하나하나 신중하게 고려해야 한다.

차터를 만드는 기술도 끊임없이 연습해야 한다. 현재 자신이 개발 중이거나 참여 중인 소프트웨어를 탐험하기 위해 필요한 차터를 만든다고 생각하고 초안을 작성해 보자. 탐험이 필요한 특정 영역을 꼭 선택하고, 다음 주제들과 관련 있는 차터 작성부터 시작해 보자.

- 이해관계자들의 질문들
- 여러 기능들 연동과 관련된 이슈
- 상상할 수 있는 최악의 경우
- 현재 진행 중인 차터에서 원하는 곳이 아닌 다른 길로 가게 만든 테스트 아이디어

다음 장부터는 실제 탐험과 관련된 일들에 중점을 두고 진행하겠다. 차터 작성에 대해서는 「2부 더 깊게 들어가기」에서 다시 한번 살펴보겠다.

3
세심하게 관찰하기

소프트웨어 테스팅은 직관적이고 복잡하지 않을 것 같은 간단한 과정처럼 보인다. 테스트값을 입력으로 넣고, 결괏값을 받아서, 기대했던 결괏값과 실제로 얻은 결괏값을 비교, 확인한다. 두 값이 일치한다면 테스트에 성공한 것이고, 일치하지 않는다면 당연히 테스트에 실패한 것이다.

하지만 실제로는 이렇게 단순하지 않다. 기대했던 무엇인가를 봤다고 해서, 시스템이 잘 동작한다고 확신할 수는 없기 때문이다. 확인하지 못했던 부분에서 심각한 문제가 발생할 수도 있다. 소프트웨어는 마치 눈에 보이는 것보다 더 많은 부분이 바닷속에 잠겨 있는 빙산과 같다.

이것이 바로 훌륭한 탐험가가 가져야 하는 가장 중요한 기술 중 하나가 사물을 잘 관찰하는 능력인 이유다. 사물을 잘 관찰하는 능력은 누구나 다 가질 수 있는 정말 간단한 것처럼 보인다. 하지만 사물을 주의 깊게 관찰하는 것은 생각처럼 그렇게 쉬운 일이 아니다. 너무 쉽고 간단하게 생각해서 아주 중요한 정보를 그냥 지나치는 경우가 많다.

훌륭한 관찰자가 되려면 현재 그곳에 무엇이 있는지를 확인하기 전에 내가 기대했던 것이 무엇이고 무엇을 찾기를 원했는지 생각해야 한다. 지금 겉으로 보이는 그대로의 모습만을 받아들이기보다는 커튼 뒤에 숨겨진 것이 무엇인지 면밀하게 살펴보아야 한다. 소프트웨어를 테스트할 때, 보이는 것 뒤에 숨겨진 무엇인가를 찾으려고 콘솔, 로그 기록, 모니터링 애플리케이션 등을 사용할 수 있다. 애플리케이션을 다루는 나만의 특별한 방법이 있는 것도 좋다. 애플리케이션이 기대했던 대로 동작하지 않는 시나리오에 대한 어떤 조그만 힌트라도 얻으려면 항상 집중하고 있어야 한다.

사물을 주의 깊게 관찰하는 것을 배우는 능력은 탐험가가 터득하기 가장 어려운 기술 중 하나다. 이 장에서는 관찰하는 능력을 키울 수 있는 구체적인 방법들을 살펴보자.

3.1 그런데 문워크하는 곰을 보셨나요?

자전거 주행 안전성에 대해 런던 교통 공사Transport for London에서 제작한 매우 잘 알려진 비디오 시리즈가 있다. 그중 하나가 대중에게는 문워크moonwalk하는 곰 광고로 널리 알려진 영상이다.

이 광고는 다음과 같은 나레이터의 목소리로 시작된다.

"이 영상은 인지력을 테스트하려고 만들어졌습니다. 흰색 티셔츠를 입은 팀이 패스를 몇 번 할까요?"

비디오가 시작되면, 각각 네 명으로 구성된 두 개 팀이 화면에 나온다. 한 팀은 흰색 티셔츠를 입고 있고, 다른 팀은 검은색 티셔츠를 입고 있다. 각 팀 선수들은 농구 코트 같은 곳에서 같은 팀 선수들끼리 공을 주고받는 동시에 서로 섞이면서 아주 빠르게 움직인다.

맨 처음 이 비디오를 봤을 때, 내 안에 있던 완벽주의자가 나와서 흰색 티셔츠를 입은 팀이 패스를 몇 번이나 성공하는지 확실하게 세는 데 푹 빠져 버렸다. 두 팀의 선수들과 두 개의 농구공이 매우 빠르게 움직였기 때문에, 검은색 티셔츠를 입은 선수들은 무시하면서 흰색 티셔츠를 입은 선수들의 움직임만을 따라가는 것은 매우 어려운 일이었다. 나는 흰색 티셔츠를 입은 선수들 사이에서 빠르게 오고 가는 농구공을 놓치지 않으려고 온 신경을 그곳에 집중했다. 하지만 이렇게 집중했음에도 불구하고, 영상에서 결과를 물어볼 때 내 대답에 확신이 없었다.

영상은 "정답은 13번입니다"라는 메시지와 함께 계속되었다. 땡! 내가 찾은 결과는 한 번을 더 센 14번이었다. 아니, 어디서 잘못된 거지?

내가 어디서 잘못 셌는지 확인하기도 전에, 나레이터의 목소리는 계속되었다. "그런데 문워크하는 곰을 보셨나요?"

아니, 뭐라고? 무슨 곰? 에이, 농담이겠지. 영상을 계속 봤지만 곰은 없었다고.

비디오 영상이 다시 재생되었다. 내가 다른 마음가짐과 다른 시각으로 비디오를 보니, 그제서야 내 눈에 곰이 보였다. 정말 말도 안 되는 일이 내 눈앞에서 벌어졌다. 곰 의상을 입은 청년이 공을 주고받는 선수들 사이를 뽐내듯이 빠른 템포로 발을 끄는 스텝을 밟으며 지나가고 있었다.

그때까지도 뭔가 속임수가 있을 거라고 생각하고, 비디오 영상을 다시 처음부터 한 순간도 빼놓지 않고 확인했다. 그제서야 곰이 있었다는 사실을 인정할 수 있었다. 영상이 시작되고 얼마 되지 않아서 곰이 나왔고, 그 곰은 영상의 마지막 부분에서 퇴장할 때까지 화면에 계속 있었지만, 나는 그 곰의 존재를 전혀 알아채지 못했다. 곰이 입었던 어두운 색의 털옷은 검은색 티셔츠와 섞여 있었다. 한 번 직접 시도해 보는 것이 좋다. 유튜브에서 'moonwalking bear'로 검색하면 비디오 영상(http://www.youtube.com/watch?v=Ahg6qcgoay4)을 찾을 수 있다.

자전거 주행 안전성에 대한 이 영상의 마지막 대사는 다음과 같다.

주의해서 보지 않는 것들은 놓치기 쉽습니다.

확실히 맞는 이야기다. 이 장에서 소프트웨어에서 춤추는 곰을 찾는 방법을 배우는 것에 대하여 이야기하는 이유이기도 하다.

런던 교통 공사에서 만든 이 영상은 흔히 말하는 무주의 맹시 현상the phenomenon of inattentional blindness에 대해 주목하고 있다. 이 현상은 어떤 한 곳에 집중하고 있는 경우에는, 다른 중요한 것이 내 시야 안에 들어와 있음에도 불구하고 보지 못하는 것을 이야기한다.

켐 카너와 제임스 바크는 무주의 맹시 현상, 그리고 이 현상과 관련된 연구들이 주목을 받을 만한 가치가 있다고 생각한다. 특별히 일리노이 대학교 어배너-샘페인University of Illinois at Urbana-Champaign에서 심리학과 교수로 재직 중인 다니엘 사이먼스Daniel Simons의 연구와 업적에 관심을 가지고 있다. 사이먼스 교수는 런던 교통 공사 광고의 원조라고 할 수 있는 최초의 영상을 만들었다. 그는 이 최초의 영상에서 볼을 주고받는 농구 선수들과 함께 문워크하는 곰이 아닌 걸어가는 고릴라를 사용했다.

Scholarpedia.org라는 사이트에 있는 무주의 맹시에 대한 글에서 사이먼스는 다음과 같이 이야기한다.[1]

> 사람들이 예기치 않은 무엇인가를 발견하려고 하기보다는 그들 눈에 보이는 것들에만 초점을 맞추면 맞출수록, 그러한 예기치 않은 무엇인가를 발견하기는 더욱 더 어려워진다.

테스팅이 주의 깊은 관찰을 필요로 한다고 동의한다면, 소프트웨어를 테스트하는 모든 사람은 앞서 언급한 무주의 맹시 현상에 대해 충분히 이해하고 적용해야 한다. 즉, 소프트웨어의 한쪽 측면에만 집중하면 할수록, 다른 측면에서 나올 수 있는 아주 중요한 것들을 놓치기가 더 쉬워진다.

다시 말하면 탐험가로서 소프트웨어의 예상하지 못했던 문제점을 더

---

[1] http://www.scholarpedia.org/article/Inattentional_Blindness

잘 찾아내려면, 관점을 바꾸어서 보는 연습을 해야 한다. 소프트웨어의 다른 측면도 주의를 집중해서 살펴봐야 한다. 현재 테스트와 상관없어 보이는 스크린의 일부분도 주목하여 살펴보자. 내가 예상하지 못한 상황을 기다리면서, 의도적으로 그 상황들을 찾아나서야 한다.

3.2 더 깊게 파고 들어가기

소프트웨어들이 대부분 CD로 배포되던 지난 시절에, 나는 고객들을 위한 윈도 기반에서 실행되는 애플리케이션의 테스트 매니저로 근무했다. 애플리케이션 설치 프로그램을 만들고 테스트하는 것도 내 업무의 일부분이었다. 소프트웨어를 배포하기 몇 주 전에 가장 중요한 마스터 CD를 만들어야 하는데, 그때까지도 설치 프로그램에서 어떤 버그도 발견하지 못했기에, 그대로 진행하면 순조롭게 마무리할 수 있을 것 같았다.

  우리는 CD의 최초 복사본을 기술 지원 그룹에 전달했고, 그들이 출시 준비를 끝낼 수 있을 것이라고 생각했다. 하지만 얼마 지나지 않아서 기술 지원 그룹으로부터 급한 연락이 왔고, 다급하게 다음과 같은 소식을 전했다. "큰일났습니다! 소프트웨어를 설치했는데, 설치한 소프트웨어가 실행되지 않습니다!"

  나는 믿을 수가 없었다. 막 배송을 하려는 순간이었고, 몇 달에 걸쳐 테스트를 진행해 왔는데, 물론 그동안 소프트웨어를 실행하는 데는 아무 문제가 없었다. 내 생각에는 아마도 기술 지원 그룹에서 뭔가 실수를 한 것 같았다. 그래서 무슨 일이 일어나고 있는지 확실하게 찾아내려고 직접 기술 지원 그룹에 가 보았다. 가서 직접 해 보니, 정말 소프트웨어가 설치에는 문제가 없는데 설치된 소프트웨어가 실행되지 않는 것이었다. 좀 더 자세하게 살펴보고 난 후에 그 이유를 발견할 수 있었다. 설치된 소프트웨어에는 실행에 꼭 필요한 파일들이 빠져 있었다.

어떻게 설치 프로그램에 이렇게 중요한 결함이 있는데도 불구하고 모든 프로세스를 통과할 수 있었을까? 나는 바로 설치 프로그램 테스트를 진행했던 동료와 이 문제에 대해 이야기를 나누었다. 그 당시 우리는 수많은 환경에서 테스트를 진행해야 했기 때문에 조금 서둘러서 테스트를 진행해야 했다고 이야기를 나누었고 설치 테스트를 진행했던 동료는 급한 마음에 설치 마법사가 화면에 나오고 선택 가능한 설정들이 보이는 것까지만 확인하고 테스트를 완료했다고 털어놓았다. 프로그램이 실제로 올바르게 설치되어 확실하게 실행되는지는 확인하지 못했다고 했다.

설치 테스트를 진행했던 동료와 나는 서둘러서 문제를 수습했다. 프로그램 설치가 완료된 후에 프로그램이 올바르게 설치되었는지 확인하기 위한 체크리스트를 함께 만들었다. 체크리스트에는 다음과 같은 항목들이 포함되어 있었다.

- 필요한 파일이 모두 하드 디스크 드라이브의 올바른 위치에 설치되었는지 확인한다.
- 윈도 레지스트리 값들이 올바르게 추가되었는지 확인한다.
- 애플리케이션을 실행해서 몇 가지 기본적인 기능이 올바르게 동작하는지 확인한다.

그런 후에 설치 프로그램을 여러 환경에서 다시 테스트했다. 이렇게 함으로써 소프트웨어가 올바르게 설치되었는지 확인할 수 있는 좀 더 신뢰할 만한 방법을 가지게 되었다. 또한 테스트를 통해 훨씬 더 많은 정보를 얻을 수 있었고, 수정 없이 배포했다면 기술 지원 팀에서 문제를 제기했을 만한 다른 몇 가지 추가적인 문제점도 발견할 수 있었다.

더 깊게 파고들어 질문하기

초기 테스팅에서, 설치 파일을 테스트했던 동료는 겉으로 드러나는 질문만을 고려했다. "설치 마법사를 에러 없이 완료할 수 있는가?" 눈에 보이는 화면에서 발생하는 문제에만 너무 집중한 나머지 아주 중요한 결함을 놓치고 말았다. 더 본질적인 질문은 바로 "내가 방금 설치한 소프트웨어를 사용할 수 있는가?"이다.

테스팅을 진행할 때, 너무 명백하고 겉으로 드러나는 질문들을 뛰어넘어 더 본질적인 질문들을 던져야 한다. 연구 보고서를 테스트한다고 가정해 보면, 보고서가 제대로 보이는지만 확인하는 걸로는 충분하지 않다. 보고서가 가능한 여러 시나리오에서 정확한 정보를 보여주는지 확인하는 것이 필요하다. 로그인 기능을 테스트한다면, 로그인을 하고 "환영합니다!"라는 메시지를 보는 것 이상의 무엇인가를 해야 한다. 즉, 로그인 후에 사용자가 접근 권한을 가진 정보만을 열람할 수 있는지 확인해 보아야 한다.

어떤 기능을 테스트하든지 상관없이, 겉으로 드러나는 질문만을 사용하여 테스트할 수도 있고, 또는 더 깊게 파고드는 질문을 던지면서 테스트를 진행할 수도 있다. 더 가치 있는 더 많은 정보를 얻으려면, 더 나은 정보를 가져다주는 깊게 파고드는 질문을 던져야 한다.

찾아내기 힘든 실마리를 찾기 위해 집중하기

때로는 무엇인가 잘못되어 있다고 알려주는 단서가 시스템 로그 기록에 있는 에러보다 찾아내기 더 어려울 때가 있다. 화면에서는 아주 작아서 찾아보기도 힘든 일부분이 심각한 문제의 전조가 되기도 한다. 때로는 예상치 못했던 작은 부분이 우리가 사소한 것들을 놓쳐서 큰 문제를 만들지 않도록 주의시켜 주기도 한다. 메모리 사용량의 급격한 증가는 메모리 부족out-of-memory 문제를 일으켜서 예기치 않게 프로그램을 종료시키기도 한다.

관찰을 할 때에는, 우리의 모든 감각을 총동원해야 한다. 다음을 살펴보자.

- 시각: 하드 디스크를 사용하고 있지 않은데도 하드 디스크 사용을 알리는 표시등이 깜박이고 있는가? 내가 실행하지 않은 윈도 창을 본 적이 있는가? 백그라운드로 무엇인가 실행되고 있지는 않는가? 사용자 화면을 테스트하는 중이라면, 중요한 순간을 스크린샷으로 남기는 것이 좋다. 그러면 그 순간이 지나가더라도 찍었던 스크린샷을 휙휙 넘기면서 무슨 일이 있었는지 다시 확인할 수 있다. 이렇게 스크린샷을 휙휙 넘기면서 확인하면 각 화면의 차이점을 눈으로 확실하게 볼 수 있다.
- 청각: 하드 디스크를 사용하는 순간이 아닌데도 하드 디스크가 윙윙 소리를 내며 회전하고 있는가?
- 촉각: 계산 작업이 많아서 CPU를 과하게 사용하는 소프트웨어가 아닌데도 컴퓨터가 열 때문에 뜨거워지지는 않는가?

한 번에 쉽게 알아보기 어려운 문제들이 특히 더 많이 발생하는 소프트웨어를 탐험하는 경우에는, 일정 기간 동안 화면을 녹화해서 저장해주는 소프트웨어를 사용하는 것도 생각해볼 수 있다. 녹화된 영상을 여러 번 확인하면서 처음에는 놓쳤던 단서들을 찾을 수도 있다.

예기치 않은 하드 디스크 진동

한때 로우 레벨 시스템 유틸리티 테스트에 너무 오랫동안 몰두한 적이 있었다. 몇 시간 동안 동일한 화면을 바라보고 있으니 눈은 점점 침침해져

갔다. 더군다나 며칠 동안 잠을 제대로 자지 못해서 상황은 더 좋지 않았다. 프로젝트는 죽음의 행진을 하며 나아가고 있었다. 이제는 문제가 내 눈앞에서 나타난다 해도 그 문제를 제대로 인식할 수 있을지 더 이상 확신이 서질 않았다.

시계는 벌써 새벽 1시를 알리고 있었지만, 나는 집에서 계속 테스팅을 하고 있었다. 다른 가족들은 이미 잠자리에 들었고 텔레비전도 꺼져 있었다. 방 안은 쥐 죽은 듯이 고요했다. 나는 다음 날 공개될 소프트웨어의 새 버전을 위한 준비 작업으로 가장 최근에 해결된 버그들을 일일이 확인하면서 등을 구부린 채로 의자에 앉아 노트북을 보고 있었다.

사실 너무 밤늦은 시간이라 근무 시간만큼 집중하는 것이 힘들었지만, 고요함을 깨는 윙윙거리는 소리가 주기적으로 들린다는 사실을 알아차렸다. 하던 일을 잠깐 멈추고 귀 기울여 들어보았다. 시간이 조금 지난 후에 다시 그 소리가 들렸다. "윙윙". 그런 후에 다시 조용해졌다.

노트북 위에 손을 얹어 놓고 조금 기다려보았다. 역시나 잠시 후에 윙윙거리는 소리를 들음과 동시에 손으로는 미세한 진동을 느낄 수 있었다. 이 소리는 바로 노트북에서 나오는 소리였고, 하드 디스크가 돌아가면서 나는 소리였다.

갑자기 흥미진진해졌다. 테스트하고 있던 소프트웨어를 완전하게 종료하고, 관련된 모든 프로세스도 종료시켰다. 그런 후 집중하고 잠시 다시 기다렸다. 윙윙거리는 소리는 들리지 않았다.

다시 소프트웨어를 실행하고 기다렸다. 역시나 다시 윙윙거리는 소리가 들렸다.

아주 작은 단서 하나를 통해 예기치 않게 소프트웨어가 주기적으로 하드 디스크를 사용한다는 매우 중요한 발견을 하게 된 것이다.

테스트를 좀 더 진행하면서, 소프트웨어가 주기적으로 하드 디스크를 사용하는 작업 때문에 노트북이 절전 모드로 전환되지 않는다는 사실을 알게 되었다. 즉, 배터리가 빨리 소모되어 고객들이 불만을 표시할 것이다. 그럴 경우 우리가 가지고 있던 핵심 요구 사항 중 하나를 지키지 못하게 된다. 백그라운드에서 실행되는 로우 레벨 시스템 유틸리티로서, 시스템은 사용자 작업에 지장을 주어서는 안 된다.

새로운 버전의 출시를 며칠 연기해 문제를 해결할 수 있었다.

이 경우에는 참 운이 좋았다. 내가 그 버그를 찾으려고 한 것도 아닌데, 그 버그가 날 찾아왔다. 한밤중에 쥐 죽은 듯 조용한 집에서 테스트를 하지 않았다면, 그 문제를 발견하지 못하고 그냥 지나쳤을 것이다.

3.3 테스트 용이성과 보이지 않는 것 보이게 만들기

켐 카너, 제임스 바크, 브렛 페티코의 『Lessons Learned in Software Testing』[KBP02]에서 137번째 법칙은 "테스트 용이성이란 가시성과 제어성을 의미한다"이다. 즉, 테스트가 쉬운 시스템은 시스템 내부 동작을 볼 수 있게 해 주는 높은 가시성과 보이는 것들을 잘 다룰 수 있게 해주는 충분한 제어 포인트를 모두 지원한다.

가장 큰 걸림돌은 애초부터 모니터링과 제어를 염두에 두지 않고 만들어진 시스템을 모니터링하고 제어하는 방법이다. 시도해 볼 만한 방법이 많은데, 그중 몇 가지를 소개하면 다음과 같다.

- 운영 체제에서 제공하는 모니터링 프로그램을 최대한 활용한다. 이러한 프로그램으로는 맥에는 활성 상태 보기Activity Monitor, 윈도에는 프로세스 모니터Process Monitor가 있는데 각 프로그램이 CPU, 메모리, 라이브러리 같은 시스템 자원들을 어떻게 그리고 얼마나 사용하는지 알려준다.

- 파일을 생성하고, 수정하고, 삭제하는 것 같은 파일 시스템 사용을 모니터링하기 위한 프로그램을 사용하거나 필요하다면 직접 간단한 스크립트를 만들어 사용한다.
- 네트워크 트래픽을 주의 깊게 지켜본다.
- 웹 기반 시스템이라면, HTTP 요청과 서버로부터 받은 HTTP 응답을 상세하게 보여주는 파이어폭스 브라우저의 파이어버그^{Firebug} 확장 기능을 사용한다.
- 시스템이 관계형 데이터베이스를 사용하고 있다면, 데이터베이스에 테스트와 관련된 데이터만을 저장하기 위한 테이블을 만들어 사용한다. 모니터링이 필요한 테이블에 데이터가 추가, 갱신, 삭제되었을 때 자동으로 알려주는 트리거를 만들어 사용할 수 있다.

다시 말해, 지금 테스트 중인 소프트웨어가 특별히 더 테스트하기 힘든 상황에 있다면, 소프트웨어와 관련이 있는 파일 시스템, 네트워크, 관계형 데이터베이스, 운영 체제와 같은 외부 자원들을 모니터링하고 충분히 활용해야 한다. 이렇게 한다면 적어도 시스템 내부 동작들 중 일부분만이라도 볼 수 있어서 소프트웨어를 더 면밀하게 관찰할 수 있다.

  물론 테스트를 위한 무엇인가를 소프트웨어 내부에 추가할 수 있다면 더할 나위 없이 좋은 기회다. 이런 경우라면 내부 상태와 같은 필요한 정보가 변경될 때마다 로그 기록을 남기는 부분을 소프트웨어에 추가하면 된다. 시스템이 현재 무엇을 하고 있으며 어떤 상태에 있는지 더 쉽게 알 수 있도록 시스템 정보를 보여주는, 사용자 화면에는 보이지 않지만 정보를 확인할 수 있는 필드를 추가해 확인할 수도 있다. 심지어는 소프트웨어가 실행 중인 상태에서도 관련 정보를 실시간으로 업데이트해 주는 모니터링이나 진단 유틸리티를 만들 수도 있다(하지만 테스트를 위한 무엇인가를 소프트웨어 내부에 추가했다면, 실제 제품에 그 추가한 부분이 들어가도 안전하다는 확신이 있거나, 확신이 없다면 소프트웨어를 배포하기 전에 그 부분을 삭제해야 한다).

3.4 콘솔과 로그

콘솔과 로그는 시스템 내부 동작에 대한 정보를 알려주는 아주 중요한 자원이다. 아직은 확실하게 에러가 발생하지는 않았지만 에러가 발생 가능한 상황에서 미리 알려주는 조기 경보 시스템 역할도 한다. 또한 콘솔과 로그는 대체적으로 시스템의 중요한 동작들에 대한 정보도 제공하기 때문에, 콘솔과 로그를 통해 애플리케이션 기능도 꿰뚫어 볼 수 있다. 마지막으로 실행 중인 애플리케이션 구석구석까지 다 알고 있지는 못한 상태라 할지라도, 콘솔과 로그는 애플리케이션 구조를 이해하는 데도 도움을 준다.

예를 들어, 웹 애플리케이션을 테스트하는 중이라면 자바스크립트 콘솔, 웹 서버 로그, 애플리케이션 로그, 이 세 가지 모두를 예의 주시해야 한다. 특히 예기치 않은 정보나 적절하지 않은 정보를 조심해야 한다. 유닉스 기반 시스템에서 일할 때는(또는 윈도 시스템이지만 시그윈Cygwin이 설치되어 있어서 유닉스 명령어를 사용 가능한 경우), 다음과 같이 tail 명령어를 -f 옵션과 함께 사용하면 탐험을 진행하는 동시에 로그 파일에 추가되는 정보를 실시간으로 확인할 수 있다.

```
tail -f production.log
```

로그가 쓸데없이 너무 길거나 너무 많은 양의 로그가 순식간에 만들어지면, 정작 내게 필요한 로그 정보를 놓치는 경우가 있다. 이런 경우에는 필터 기능을 사용해 필요한 로그 정보만을 확인할 수 있다. 유닉스 명령어 중에서 grep 명령어를 사용하면 쉽게 필터 기능을 사용할 수 있다. 'ER-

ROR'라는 단어를 포함하고 있는 로그 정보만을 보고 싶다면, 다음과 같이 사용하면 된다.

```
tail -f production.log | grep ERROR
```

로그는 또한 사용자 화면에서 어떤 기능이 실행되었을 때 로우 레벨 시스템에서는 어떤 일들이 일어나는지 이해하는 데 도움을 준다. 새로운 레코드를 생성하는 것과 같은 여러 기능을 사용자 화면에서 실행하면, 로그를 통해 그 순간에 시스템 안에서 어떤 일들이 일어나는지 확인할 수 있다. 그냥 보기에는 간단해 보이는 기능에도 시스템 내부에서는 여러 가지 많은 일을 하고 있음을 알 수 있을 것이다.

내가 루비 온 레일스Ruby on Rails 환경에서 작성해서 실제 서비스에서 얻었던 로그 중 일부분이다. 사이트에서 검색을 했을 때 얻게 되는 로그다.

```
...
Processing by ProfilesController#search as JS
Parameters: {"utf8"=>"\342\234\223", "search"=>{"direct_connections"=>"0",
  "others"=>"1", "search_location"=>"", "indirect_connections"=>"0",
  "search_text"=>""}}
[paperclip] Saving attachments.
[paperclip] Saving attachments.
...
```

이 로그에서 paperclip이라는 단어가 특히 눈에 띄었다. 페이퍼클립paper-clip은 루비에서 이미지를 아주 쉽게 관리할 수 있게 해주는 라이브러리다. 이 웹 사이트에서는 사용자 프로파일에서 사용되는 사진을 위해 이 라이브러리를 사용했다. 즉 여기에서 특이한 점은 사용자가 검색을 할 때마다 페이퍼클립이 첨부 파일을 저장한다Saving attachments는 것이었다. 물론 검색을 할 때 첨부 파일을 저장할 필요도 없고, 저장해서도 안 된다. 사용자는 검색을 할 때 이상한 부분을 전혀 못 느끼겠지만, 그렇다고 할지라도 문제가 될 소지가 충분하다. 결국은 검색을 할 때 불필요한 파일을 저장한 결과로, 이 사이트는 성능 문제가 발생할 가능성이 높다.

3.5 실제 적용을 위한 조언

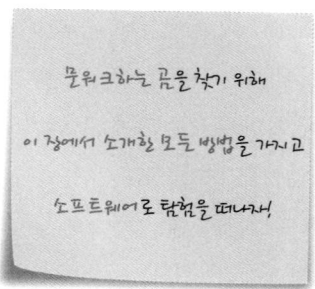

더 효과적으로 관찰하는 방법을 배우기 위한 첫걸음은 이전에 당연하게 보였던 것들을 다시 한 번 살펴볼 수 있는 기회를 찾는 것이다. 다음과 같은 것들을 시도해 볼 수 있다.

- 평상시에 세심하게 살펴보는 부분들은 그냥 놓아두고, 보통 그냥 무시하고 지나쳤던 부분들에 주의를 기울여보자.
- 더 깊게 파고들어갈 수 있는 방법을 찾아보자. 애플리케이션에서 탐험이 필요한 부분을 하나 정해서, 어떻게 하면 겉핥기식 관찰을 넘어서서 찾아내기 매우 어렵지만 찾아낸다면 더 도움이 될 뿐 아니라 더 의미 있는 무엇인가를 찾아낼 수 있을지 자신에게 질문해 보자.
- 탐험을 하면서도 지켜볼 수 있는 적어도 하나 이상의 새로운 모니터링 애플리케이션, 콘솔 또는 로그 파일을 찾아서 사용해 보자.

이런 방법 하나하나가 새로운 시각으로 소프트웨어를 볼 수 있게 한다. 아직 버그가 아니라 할지라도 무엇인가 예기치 않은 이상한 느낌이 있다면 놓치지 말고 주의를 집중해서 살펴보자. 살펴보는 중에 이상한 낌새를 알아차렸다는 것은 바로 무엇인가 새로운 것을 정확하게 보고 있었다는 반증이다.

4
눈여겨볼 변수 찾아내기

아주 오래전에 테스터 면접을 보면서 있었던 일이다. 면접을 위해 만들어 두었던 프로그램 화면을 보여주고, 어떤 것들을 테스트하고 싶은지 물어보았다. 면접을 보던 테스터는 자신이 시도해 보고 싶은 시나리오를 네다섯 가지 찾아냈다. 그리고 나서는 의자에 등을 기대며 스스로 만족하는 듯 고개를 끄덕였다. "예, 이 정도면 충분합니다"라고 이야기했다.

그는 면접을 통과하지 못했다.

그가 찾아낸 네다섯 가지 시나리오가 충분하지 못해서 면접에서 탈락된 것은 아니었다. 그가 찾아낸 시나리오들은 아주 훌륭한 아이디어였다. 가장 큰 문제는 그가 자신이 찾아낸 시나리오들에 너무 완벽하게 만족했다는 것이었다. 그는 질문도 하지 않았다. 그가 생각하지 못한 무엇인가가 있을 수도 있다는 가능성 또한 열어두지 않았다. 자신이 완벽하게 끝냈다는 의사 표현을 한 것이었다.

아무리 작은 시스템이라고 할지라도, 사용자와의 상호 작용, 수행 순서, 타이밍, 데이터, 환경 설정, 그리고 네트워크 트래픽이나 CPU 사용량 같은 외부 요인 등 탐험해야 할 것이 너무나도 많다. 이게 바로 "완벽한 테스팅 exhaustive testing[1]은 테스터가 너무 많은 테스트로 힘을 다 써버려서 exhausted, 더는 테스트를 진행하지 못할 때다"라는 오래된 농담이 전해지

---

[1] 가능한 모든 테스트 케이스를 모두 시험하는 기법. 이론적으로/현실적으로 불가능하다고 알려져 있다.

는 이유다.

탐험을 해야 할 곳이 끝없이 펼쳐져 있는데도, 몇 가지 테스트만으로 100% 만족하는 것은 정말 위험하다. 내가 면접을 진행했던 지원자에게서 걱정했던 것처럼, 단지 겉으로 보이는 곳만 탐험을 하고 모든 것이 문제없이 잘 동작한다고 보고를 한다면, 프로젝트 이해관계자들이 전체 그림의 큰 조각을 놓치고 있다는 사실을 인지하지도 못한 채 프로젝트에 좋지 않은 결정을 내릴 수도 있다.

훌륭한 탐험가들은 상상도 할 수 없을 정도로 많은 경우의 수 때문에, 발생 가능한 모든 문제를 테스트할 수 없다는 사실을 인정한다. 더 나아가 위대한 탐험가들은 수없이 많은 경우의 수 가운데서 내가 놓치지 않고 탐험해야 하는 문제를 어떻게 찾아내는지 알고 있다. 내게 꼭 필요한 문제들을 찾아내는 기발한 방법들을 연마하려면 시스템을 분석하는 기술이 필요하다.

이 장에서는 어떤 것들이 어떻게 바뀌는지 알아차리는 방법을 살펴보자. 사실 테스팅 결과는 소프트웨어를 얼마나 많은 다른 방법으로 살펴보느냐에 달려 있기 때문에, 이 책의 많은 부분이 수많은 방법 중에서 테스트를 위해 꼭 필요한 방법을 찾아내는 것과 관련되어 있다. 하지만 특별히 이 장에서는 변하는 것들을 보고 필요한 것을 잘 찾아내는 기술에 대해 이야기하겠다. 겉으로는 당연해 보이는 것들에서 흔히 간과하기 쉬운 미묘하게 숨겨진 변화들을 찾아내는 방법을 배우게 된다. 놓치지 말아야 하는 변화들을 찾아내는 방법을 체계화하고, 이렇게 찾아낸 변화들을 이후에 나오는 기법들과 연관 지을 수 있게 된다. 무엇보다도 생각의 시야를 넓히고, 소프트웨어 탐험을 새로운 차원에서 바라보고 진행할 수 있게 될 것이다.

4.1 변하는 것들을 담고 있는 변수

이 장은 변하는 것들에 대한 이야기이고 소프트웨어에서 변화를 나타내는 것들 중에서 가장 작은 것이 변수라고 할 수 있다. 변수라는 단어 자체가 여러 의미를 지닐 수 있기 때문에 조금 더 설명이 필요할 것 같다. 프로그래밍 언어를 사용하여 한 줄이라도 코드를 작성해 본 경험이 있다면, 다음과 같은 선언문에서 메모리의 특정 위치에 이름을 붙인 것이 변수라고 생각할 것이다.

```
int foo;
```

변수가 프로그램 내부에서 이런 의미로 사용되기 때문에 확실히 맞는 이야기다. 하지만 소프트웨어를 탐험할 때에는 변수를 다른 방법으로 이해하고 사용해야만 한다.

> 테스팅에서 변수는 내가 직접 변경할 수 있거나 소프트웨어가 실행 중에 간접적으로 변경될 수 있는 모든 것을 의미한다.

특히나 여러 가지 방법으로 시스템이 하는 일에 영향을 미칠 수 있는 변수들을 찾아내야 한다. 주의를 기울여야 하는 세 가지 다른 종류의 변수가 있다. (1)금방 눈에 띄는 너무도 명백한 변수, (2)놓치기 쉬운 교묘하게 숨어 있는 변수, (3)간접적으로만 접근할 수 있는 변수다.

너무도 명백한 변수

어떤 변수들은 너무도 명백하게 바로 변수임을 알 수 있다. 예를 들어, 사용자 화면에 입력 양식이 있고 그 안에 여러 입력 필드가 있다면, 내가 직접 값들을 변경할 수 있기 때문에 이 입력 필드들은 당연히 변수가 된다.

API를 탐험하고 있다면, 이 인터페이스를 통하여 함수를 호출하면서 넘겨주는 값들도 변수다. 사실 이렇게 너무도 명백한 변수들이 중요하기는 하지만, 일반적으로 이렇게 명백한 변수들은 이미 수없이 많이 테스트되었기 때문에 관심을 덜 쓰게 된다.

그냥 단순하게 값만 바꾸어서 테스트하는 것은 큰 도움이 안 될지도 모르지만, 때때로 어떤 값을 선택하여 테스트하는지가 매우 중요할 때가 있다. 값이 달라지면 특징도 달라지기 때문이다.

예를 들어, 0과 1로 이루어진 이진수를 입력으로 받아서 십진수로 변환해주는 소프트웨어가 있다고 가정해 보자. 입력값으로 '101' 또는 '011'을 사용하여 테스트를 한다고 하면, 아마도 입력값 두 개 사이에 큰 차이가 없다고 생각할지도 모른다. 하지만 '101'은 대칭이고 '011'은 대칭이 아니다. 대칭으로 이루어진 입력값인 '101'을 사용하여 테스트를 진행하면, 프로그램이 비트를 반대 방향부터 읽는 문제가 있어도 문제를 알아차리지 못하게 된다. 반면에, 대칭이 아닌 '011'을 사용하여 테스트하면, 프로그램이 비트를 반대 방향부터 읽는 문제가 있는 경우, 즉 이진수 '011'의 비트를 오른쪽부터 읽었을 때 올바른 십진수 값인 3이 아닌 비트를 왼쪽에서부터 읽어서 구한 값인 6으로 변환하기 때문에 문제를 바로 발견할 수 있다.

따라서 변수는 그 자체로 프랙탈 구조라고 할 수 있다. 사용자가 입력하는 값을 저장하는 변수처럼 다양한 값을 가질 수 있는 하나의 변수를 본다면, 앞서 소개한 대칭되는 값처럼 여러 가지 다양한 측면에서 입력되는 값을 예측할 수 있다.

교묘하게 숨어 있는 변수

앞서 소개한 입력값이 대칭인 경우는 아주 찾아내기 어렵게 숨어 있는 변수의 한 예다. 다른 종류의 미묘한 변수들의 예로는, 브라우저의 주소 창에 보이는 웹 사이트 주소의 파라미터처럼, 사용자가 눈으로 볼 수는 있지만 사용자가 직접 변경하도록 해줄 의도는 아닌 경우가 있다. 예를 들어, 지금 웹 사이트를 탐험하고 있고, 브라우저에 있는 현재 페이지의 웹 사이트 주소가 다음과 같다고 가정해 보자.

http://example.com?page=3&user=fred

이와 같은 웹 사이트 주소를 보면 물음표(?) 뒷부분에 페이지 번호를 나타내는 page와 사용자 이름을 의미하는 user, 이렇게 변수가 두 개 있다. 이 변수 두 개가 웹 사이트 주소에 키/값으로 이루어진 쌍으로 포함되어 있다.

 이론상으로는 이런 파라미터 변수들의 값을 직접 변경해서는 안 된다. 이런 변수와 값들은 보통 링크를 클릭했을 때, 웹 애플리케이션이 알아서 자동으로 설정해준다. 하지만 일반 사용자들이 직접 이 파라미터 변수와 값들을 건드려 웹 사이트 주소를 엉망으로 만들어 놓는 경우도 있다. 때로는 사용자들이 좋은 의도로 웹 사이트 주소를 변경하는 경우도 있기는 하다. 리포트에서 다음 페이지로 바로 넘어가고 싶을 때나, 또는 사용자 화면에서 여기저기 옮겨 다닐 필요 없이 이미 알고 있는 웹 페이지로 가고 싶을 때 웹 사이트 주소를 바로 변경하기도 한다. 또는 예전에 저장해둔 즐겨찾기를 통해 오래전에 사용되다가 이제는 사용되지 않는 파라미터를 가진 웹 사이트 주소를 사용하기도 한다. 또 다른 경우로 악의를 품은 사용자가 보안이 취약한 부분을 찾아내려고 웹 사이트 주소의 파라미터를 직접 수정하기도 한다.

 그렇다면 웹 사이트 주소 파라미터에서 사용자가 임의로 수정한 페이지 번호나 사용자 이름이 시스템에 없으면 어떤 일이 발생할까? 어떤 시스템들은 이런 경우에 대비하지 못해서 그냥 그 에러 자체를 있는 그대로 보여준다.

더 나아가서 악의를 가지고 웹 사이트 주소 파라미터를 "user=foo;' drop table customers;" 같이 변경하면 어떻게 될까? 보안이 제대로 되어 있지 않은 시스템의 경우 사용자가 서버로 보내는 파라미터를 수정해서 실제로 매우 심각한 피해를 입히기도 한다. 이렇게 취약해 보이는 부분을 중심으로 탐험하는 것도 아주 좋은 방법이다. 특히 사용자가 임의로 수정했을 때 심각한 문제가 발생할 수 있는 변수들이 있다면 더욱 신경 써서 탐험을 해야 한다.

사용자의 직접적인 수정을 허용하지 않는 또 다른 예로는, 보이지 않는 기본 설정 정보가 있다. 때로는 쿠키나 환경 설정 파일에 사용자를 위해서가 아닌 소프트웨어를 위한 기본 설정 정보를 저장하기도 한다. 사용자가 이 값들을 직접 수정하면, 권한이 없는 시스템이나 정보를 사용하는 것이 가능해질 수도 있다. 그래서 변수를 찾아내려고 탐험을 할 때는 보이지 않는 설정 정보도 고려해야 한다.

간접적으로만 접근이 가능한 변수

대부분의 경우 가장 중요한 변수들은 깊이 숨겨져 있다. 어떤 시점에 로그인하고 있는 사용자 수, 검색 결과 개수, 내가 원하는 조건에 충족하는 경우 아니면 충족하지 못하는 경우 등과 같이 보통 간접적으로만 얻을 수 있는 것들이 대부분이다.

이런 변수들은 알아차리기가 어려워서 놓치기 아주 쉽지만 찾아내서 잘 활용하면, 다음 절에 나오는 예들에서 볼 수 있듯이 시스템에서 아주 결정적이고 중요한 정보를 알아내는 데 큰 도움이 된다.

4.2 교묘하게 숨어 있는 변수와 대참사

교묘하게 숨어 있는 변수를 찾아내는 것이 얼마나 어렵고, 얼마나 중요한

지 보여주는 몇 가지 잘 알려진 소프트웨어 실패에 대해 알아보자.

방사선 치료기 세락-25

1980년대 후반, 세락-25$^{Therac-25}$라는 방사선 치료기로 방사선 치료를 받은 몇몇 암 환자의 병이 이상하게도 더 악화되었다. 결국 그들 중 몇 명은 죽음에 이르렀다. 그들을 죽음으로 이끈 이유는 방사선 과다 피폭$^{radiation\ poisoning}$이었다.

특별 조사 팀의 조사로 방사선 치료기인 세락-25가 어떤 특정 상황에서 의사가 지시한 의학적으로 안전한 방사선량보다 훨씬 더 많은 방사선을 환자에게 투사했다는 것이 밝혀졌다. 조사 팀은 근본 원인을 하나가 아닌 상호 작용하는 여러 가지 변수의 복합적인 문제로 결론 내렸다. 하드웨어 안전성에서의 결함도 세락-25의 오동작에 일조했지만, 소프트웨어도 더 자세하게 조사해볼 만한 심각한 오류가 있었다.

낸시 레버슨$^{Nancy\ Leveson}$은 『Safeware』[Lev95]라는 책에서 방사선 치료기인 세락-25를 다루는 기술자가 환자에게 쬘 방사선량 데이터를 입력하고 8초 이내에서 입력한 데이터를 재빠르게 수정하는 경우에 적어도 문제가 하나 이상 발생했다고 이야기한다. 또한 8초라는 시간은 자기^{magnetic}를 이용한 잠금 장치가 매우 짧지만 시스템의 취약한 부분이 외부로 공개되는 아주 위험한 순간을 허용하는 것과 관련이 있었다고 한다.

사실 입력 속도는 다루기가 매우 까다로운 변수 중 하나다. 물론 사용자가 시스템을 사용하는 일련의 방법이 모두 변수이기는 하지만 입력 속도, 거기에다가 8초라는 매우 중요한 기준점을 찾아내는 것은 정말 어려운 일이다.

하지만 이런 상황이 생기는 것이 매우 어렵지는 않다. 일반적으로 숙련된 사용자는 시스템을 깜짝 놀랄 정도로 능수능란하게 조작해서 사용한다. 키보드 단축키를 다 외우고 있고 타자 속도도 매우 빠르다면, 시스템 처리 속도보다 더 빨리 데이터를 입력하는 것도 가능한 일이다. 이렇게 전혀 예상하지 못한 일이 발생하면, 시스템이 미처 생각하지도 못한 문제를 야기하거나, 이 경우처럼 아주 비극적인 결말로 이어지기도 한다.

낸시 레버슨은 더 나아가서 시스템 시작 시 초기화 과정이 256번째로 실행될 때마다 아주 중요한 안전 확인 부분을 실행하지 않고 뛰어넘어 진행한다는 사실을 알아냈다. 몇 번이나 시스템을 시작했는지도 그냥 무시해서는 안 되는 중요한 요인이 된 것이다. 사실 시스템들은 처음 실행되었을 때와 두 번째 이후로 실행되었을 때에 서로 다르게 동작하는 경우가 많다. 이 경우에 시스템 초기화 과정이 256번째, 512번째, 이렇게 256의 배수가 되는 경우의 시작 시에는 다르게 진행되었다. 시스템이 다르게 동작한다는 것은 이 시스템이 잠재적으로 치명적일 수 있는 오동작을 일으키기 쉬운 상태에 있다는 것을 의미했다.

아리안 5호

1996년 아리안 5호^{The Ariane 5} 로켓의 최초 비행은 너무나 안타깝게도 발사 후 얼마 되지 않아 폭발해 실패로 끝났다. 특별 조사 팀은 최댓값이 8,589,934,592인 64비트 부동 소수점^{floating-point} 수를 최댓값이 32768인 16비트 부호 있는 정수^{signed integer}로 변환하는 과정이 문제의 원인이었다고 밝혀냈다. 이 변환이 오버플로^{overflow} 오류를 야기했다. 더군다나 이 문제뿐 아니라, 시스템이 결괏값으로 받은 오류 코드를 데이터로 인식해 마치 올바른 결괏값을 받은 것처럼 계속 실행되었다. 결과적으로 로켓이 정해진 진로를 이탈하는 결과를 초래했다. 아리안 5호 로켓은 예정된 경로에 따른 비행에 실패했다는 것을 알아차렸고, 미리 설계된 대로 자동 폭발 장치를 작동시켰다.

변환 문제는 아리안 5호 로켓과 그 이전 로켓인 아리안 4호의 차이에서 생겼다. 통제 소프트웨어는 처음 개발 당시 아리안 4호를 기반으로 개발되었다. 하지만 아리안 5호 로켓은 아리안 4호보다 현저하게 빨랐고, 로켓에 달린 센서가 측정한 너무 빠른 수직 속도horizontal velocity를 처리할 수 없었다.

    이 경우 속도가 가장 중요한 변수다. 사실 로켓 시스템에 있어서는 너무나도 당연한 아주 중요한 변수다. 애매하고 조금은 덜 중요해 보이는 정보는 아리안 4호와 아리안 5호의 수직 속도가 매우 달랐다는 것이다. 따라서 소프트웨어가 실행되는 플랫폼도 또 다른 중요한 변수가 될 수 있다. 소프트웨어 호환성 테스팅을 여러 브라우저와 여러 운영 체제에서 수행한 경험이 있다면, 소프트웨어가 실행되는 플랫폼이 얼마나 중요한지 알고 있을 것이다.

화성 탐사선

2004년, 미국 항공우주국The National Aeronautics and Space Administration, NASA과 화성 탐사선 스피릿Spirit의 연락이 끊어졌다. 나사는 스피릿이 심각한 예외 상황에 부딪혔고, 계속 재부팅하고 있었다는 것을 알아냈다. 잠시 동안이었지만 사실 실제로는 시작도 안 되었던 탐사선의 임무가 이미 끝난 것 같았다.

    미국의 항공우주 과학 전문 사이트인 스페이스플라이트 나우Spaceflight Now에 발표된 기사에 따르면 문제가 발생한 원인은 플래시 메모리flash memory에 있는 파일 개수 때문이었다.[2] 탐사선은 화성으로 여행을 시작한 순간부터 데이터를 모으기 시작했다. 어떤 활동들은 크기가 큰 하나의 파일 대신, 크기가 작은 파일을 여러 개 생성했다. 시간이 흐름에 따라, 플래시 메모리에 있는 파일들을 관리하는 테이블의 크기가 점점 더 엄청나게 커졌다. 시스템은 플래시 메모리에 있는 정보와 내용을 램에 그대로

---

2   http://www.spaceflightnow.com/mars/mera/040201spirit.html

옮겼다. 하지만 램 크기는 플래시 메모리의 반밖에 되지 않았다. 결과적으로 플래시 메모리에 있는 파일들을 관리하는 테이블 정보가 램을 가득 채워서 끊임없이 재부팅을 하게 만들었던 것이다.

이 이야기에서 중요한 변수는 디스크 사용량이 아니라 파일 개수다. 아주 큰 파일 하나를 사용하여 이용 가능한 모든 디스크 공간을 채워서 테스트를 수행한다고 해서, 크기가 작은 무수히 많은 파일을 사용할 때 발생하는 문제들을 알아내지는 못할 것이다. 그래서 디스크에서 사용 가능한 공간 같은 변수들을 미리미리 신경 써서 다룬다 해도, 찾기 어려운 자잘한 문제들이 남아 있을 수 있다.

어떤 시스템을 탐험하든지 간에 변수들이 있고, 변수 안에서 또 다른 변수들이 존재할 수 있다. 고려해야 할 변수들이 끝없이 존재할 수도 있다. 놓치지 말아야 하는 변수들을 잊어버리지 않도록 적어 두는 것에 익숙해지면 어떤 종류의 소프트웨어를 탐험한다 할지라도 아주 큰 도움이 된다.

다음 절에서는 발견하기 어려운 변수를 찾아내는 방법을 배워보고, 찾아낸 변수들을 어떻게 활용할 것인지도 알아보자.

4.3 변수 찾아내기

변수를 찾아내는 것에 익숙해지기 전까지는, 교묘하게 숨어 있는 변수나 직접 접근이 불가능한 변수들을 분간해 내는 것은 쉬운 일이 아니다. 소프트웨어에서 다양하게 사용되는 변수들을 분간해 내는 눈을 기르는 요령으로는 변수의 공통된 패턴을 살펴보는 방법이 있다. 이 절에서는 소프트웨어에서 주목해야 하는 변수들의 종류를 살펴보자.

셀 수 있는 것들

모든 시스템은 우리가 셀 수 있는 무엇인가를 가지고 있다. 예를 들어, 시스템이 가지고 있는 모든 사용자 계정의 총합이나 한 계정이 로그인한 횟수 같은 것들이 있다. 또는 프로파일에 포함된 전화번호 개수나 컴퓨터에 설정되어 있어서 연결이 가능한 프린터 개수 같은 것들도 포함될 수 있다. 더 나아가서 일괄 처리로 감당할 수 있는 파일 개수나 주어진 파일에 포함되어 있는 레코드 개수도 셀 수 있는 것들에 포함될 수 있다.

셀 수 있는 값을 가지는 변수들은 간과되기 쉽고 문제가 너무 늦게서야 발견되기 때문에 찾아내기 쉽지 않은 변수다. 앞서 언급한 세 가지 이야기 중에서 두 개는 셀 수 있는 값을 가지는 변수들과 관련이 있다. 화성 탐사선의 경우 너무 많은 파일을 가지고 있는 것이 원인이었고, 세락-25 방사선 치료기의 오작동을 일으킨 위험 요소들 중 하나는 시스템 시작 시 초기화 과정이 실행된 횟수였다.

시스템에 있는 셀 수 있는 값을 가지는 변수들 중에서 좀 더 자세하게 살펴보고 싶은 변수가 있다면, 변수가 가질 수 있는 값을 기준으로 다음과 같은 휴리스틱 기법을 사용하여 테스트할 수 있다.

- 0, 1, 다수 휴리스틱: 결괏값으로 0개, 1개, 1개 이상을 가지는 경우를 만들어 테스트한다. 메시지에서 다음과 같은 실수를 쉽게 찾아낼 수 있다. "0개의 레코드를 찾았습니다." 또는 "1개의 레코드들을 찾았습니다."
- 극대 휴리스틱: 소프트웨어가 처리할 수 있는 것보다 더 많은 입력값이나 요청으로 테스트한다. 예를 들어, 동시에 수많은 클라이언트가 서버에 요청을 보내거나 수많은 클라이언트가 서버에 연결된 상태에서 여러 동작을 테스트해 볼 수 있다.
- 극소수 휴리스틱: 소프트웨어가 보통 입력값으로 기대하고 있는 것보

다 더 작은 수의 입력값이나 더 적은 요청으로 테스트한다. 예를 들어, 리스트를 만들 때 필요한 아이템 개수보다 더 적은 개수의 아이템을 사용하거나 청구서에 들어가야 할 품목보다 더 적은 수의 품목을 사용해 테스트해 볼 수 있다.

0이라는 숫자는 그 자체만으로도 우리가 꼭 지켜봐야 하는 숫자다. 보통 입력값으로 하나가 아닌 여러 아이템이 세트로 필요한 소프트웨어의 경우, 입력값으로 0개의 아이템이 올 때 제대로 처리하지 못하는 경우가 많다. 그래서 보통의 경우 0은 그 숫자 자체만으로도 휴리스틱 기법이 되는 경우가 많다.

예를 들어, 내가 직접 테스트를 했던 데스크톱 애플리케이션의 경우 컴퓨터에 설정되어 있는 프린터가 하나도 없을 때, 즉 설정된 프린터 개수가 0인 경우에는 애플리케이션이 제대로 동작하지 않았다. 최근 기억으로는 체스 게임을 페이스북 친구들과 함께 즐길 수 있는 체스 전쟁Chess Wars이라는 아이폰 게임이 떠오른다. 함께 게임을 하고 싶은 친구를 선택하려고 친구 찾기를 실행했는데, 내 페이스북 친구들 중에 체스 전쟁 게임을 설치한 친구의 수가 0일 경우에는, 아이폰 앱이 갑자기 종료되었다.[3] 애플리케이션이 처음 릴리스되었을 때, 베타 테스트를 진행해서 이미 체스 전쟁 아이폰 앱을 설치한 친구를 가지고 있는 몇몇 경우를 제외하고는 거의 모든 새로운 사용자가 이 버그를 만나게 되었다.

상대적 위치

테스트를 진행하는 대상이 상대적인 위치를 가지고 있다면 처음, 중간, 끝 부분을 각각 테스트하는 휴리스틱 기법을 사용할 수 있다.

---

[3] http://getsatisfaction.com/blundermove/topics/application_closes

한 예로, 텍스트 편집기를 테스트했던 때의 일이다. '붙여넣기' 기능을 테스트하려고 문장을 복사하고 붙여넣기를 했는데 줄의 처음 부분이나 중간 부분에서는 아무런 문제가 없었는데, 이상하게도 줄의 맨 끝에서 붙여넣기를 하면 문제가 발생했다.

리스트에 있는 데이터를 보여주는 또 다른 시스템에서는 리스트 마지막에 있는 아이템을 삭제하려고만 하면 실패했다. 리스트에 있는 첫 번째 아이템이나 리스트 중간에 있는 다른 아이템들은 삭제가 가능했지만, 맨 마지막에 있는 데이터를 삭제할 때에는 문제가 발생해 삭제에 실패했다.

아이템이 다른 아이템들과 비교했을 때 상대적으로 올바른 위치에 있는지 알아보기 위해 아이템 위치를 옮겨가며 탐험하는 방법도 있다. 아이템들이 차곡차곡 쌓여 있는 스택을 생각해 보자. 사용자 화면에 보이는 컴포넌트들의 경우 어떤 컴포넌트가 앞에서 보이고 어떤 컴포넌트가 뒤에서 보일지를 결정하는 z-order라는 설정값이 있다. 컴포넌트의 이 값을 변경해서 컴포넌트를 앞뒤로 움직여 보면서, 컴포넌트들이 의도한 대로 정확하게 보이는지를 확인할 수 있다. 리스트가 자동으로 정렬되는지 확인하려면 리스트 처음이나 맨 마지막에 들어가야 하는 아이템을 추가해 테스트하는 것이 좋다.

아이템들을 정렬할 때, 특히나 조심해야 하는 경우는 숫자의 크기 순서로 정렬되어야 하는데 알파벳 순서로 정렬되는 경우이다. 숫자의 크기 순서로 정렬되어야 한다면 9는 10 이전에 위치해야 한다. 하지만 알파벳 순서로 정렬되면 10이 9 앞에 위치하게 된다. 더군다나 아이템의 데이터가 숫자로만 이루어진 경우가 아니라면 특히 더 위험하다. 예를 들어, 컴퓨터의 IP 주소를 가지는 리스트를 정렬하고자 한다면, 10.5.4.1, 10.5.4.2 그리고 10.5.4.10 순서로 정렬되기를 원할 것이다. 하지만 소프트웨어가 알파벳 순서로 정렬을 하면, 10.5.4.1 그리고 10.5.4.10, 10.5.4.2 순서로 정렬된다.

터키어를 지원하면서 정렬을 해야 하는 경우에는 i에 신경을 더 써야 한다고 알려져 있다. 터키어 알파벳에는 i라는 문자가 위에 점이 있는 것과 없는 것, 이렇게 두 가지가 있다는 사실을 기억해야 한다.

파일과 저장 공간

보통 시스템들은 어디에서 파일이나 데이터를 찾아야 하는지 장소가 미리 정해져 있다. 파일 시스템에 있는 파일을 찾기도 하고, 하드 디스크 드라이브 이름이나 식별자를 이용하기도 한다. 필요한 자원들이 실제로 있는 곳의 위치가 바뀌는 경우라면, 이 변수도 충분히 테스트해 볼 만한 가치가 있다.

위치를 변경하는 것만으로도 예상하지 못했던 결과를 만나곤 한다. 분산 시스템 환경에서 어떤 자원들을 방화벽 뒤로 이동시키면, 어떤 시스템은 그 자원들을 이용하지 못한다는 사실을 발견할 것이다. 어떤 설치 프로그램들은 설치 경로를 직접 지정하는 경우에 문제를 일으키기도 한다. 또는 설치 프로그램은 직접 지정한 설치 경로를 잘 처리하는 반면에 제거 프로그램이 문제를 일으킬 수도 있다. 기본으로 주어지는 하드 디스크 위치가 아닌 다른 곳에 설치하려고 하면 문제가 발생해서 설치를 진행할 수 없는 설치 프로그램도 있다.

지리적 위치

소프트웨어는 시간대, 우편 주소, 우편 번호, 해발 고도 등 지리적 위치와 관련된 정보를 가지는 경우가 많다. 주소나 지리적 좌표를 바꾸어가면서 테스트를 하면, 시스템이 어떤 특정 위치에서만 원활하게 동작하는 경우를 쉽게 만날 수 있다.

10년 전쯤에 경로 찾기가 가능한 지도 프로그램이 처음 시장에 나왔을 때, 한 경로 찾기 알고리즘이 있었는데 이 알고리즘은 두 위치가 서로 지리적으로 가까운 경우에는 경로를 제대로 찾아주었다. 그래서 한 테스터가 현재 일하고 있는 빌딩에서 대략 1000마일[4] 정도 떨어진 자신이 태어난 도시까지의 경로도 찾을 수 있는지 테스트를 했다. 그렇게 멀리 떨어진 두 곳의 경로 찾기를 시도한 사람은 이 테스터가 처음이었고, 시스템은 테스터에게 제대로 된 경로를 찾아주지 못했다.

또 다른 예로, 서로 다른 시간대에 있는 사용자들이 동일한 시스템에서 작업을 하는 경우에, 시스템에 있는 어떤 정보들은 수정된 시간이 처음 만들어진 시간보다 더 이른, 웃지 못할 상황을 만들기도 한다. 사용자 위치나 주소를 바꾸어가면서 테스트를 해야 하는 경우라면, 기본으로 주어지는 위치에서 아주 멀리 떨어진 곳을 이용하여 테스트를 해 보는 것이 좋다.

'서교동 469-9 석우빌딩 3층' 같이 주소 정보를 이용하여 테스트를 하는 경우, 이렇게 예측 가능한 위치 대신 무작위로 선택된 위치를 이용하면 더 의미 있는 탐험을 할 수 있다. 전 세계에서 임의의 한 곳을 선택하고 싶은 경우에는 구글 지도Google Maps 서비스나 맵크런치MapCrunch를 사용하면 된다.[5] 임의의 이름과 주소를 얻고 싶다면 fakenamegenerator.com 같은 사이트나 테스트 데이터를 만들어주는 서비스를 이용하면 된다.[6]

형식

날짜, 우편 주소, 파일 경로, 인터넷 주소URL, 특정 파일의 내용, 메시지 같은 많은 것이 형식이 이미 정해져 있다. 하지만 어떤 경우에는 보기에는 달라 보일지라도 의미가 같은 경우를 만날 수도 있다.

보기에는 달라 보이지만 여러 가지 유효한 형식을 가지는 다음과 같은

---

4 약 1610킬로미터, 서울에서 부산까지 두 번 왕복하는 거리
5 http://maps.google.com과 http://mapcrunch.com
6 http://www.fakenamegenerator.com

경우들이 있다.

- 미국에서는 전화번호가 '(866)867-5309', '866-867-5309' 또는 '866. 867.5309' 같은 방법들로 표기된다. 해외에서 전화를 걸어야 하는 경우에는, 국가 번호를 앞에 붙여서 '+1 (866) 867-5309'처럼 표기하기도 한다. 영국에서는 전화번호 길이가 다른 경우도 존재한다.
- 우편 번호 형식은 국가에 따라 다르다. 미국 우편 번호는 다섯 자리 숫자이거나 90051-0345 같이 처음 다섯 자리와 나머지 네 자리 숫자 사이에 하이픈을 넣어서 아홉 자리 숫자로 표현하기도 한다. 캐나다에서 우편 번호는 'M4B 1B4' 같이 여섯 글자이고 숫자뿐 아니라 문자도 사용된다.
- 미국에서는 날짜를 '12/31/2012' 같이 '월/일/년'으로 표기하지만, 반면 유럽에서는 '31/12/2012'처럼 '일/월/년'으로 표기한다.
- 이메일 주소는 'bob@example.com'처럼 쓰거나 'Bob Smith ⟨bob@example.com⟩'처럼 쓸 수도 있다.
- IP 주소로 자신의 컴퓨터를 의미하는 localhost를 버전 4 형식을 따르면 '127.0.0.1'과 같이 표현하지만, 새롭게 나온 버전 6 형식으로는 '::1'로 표현한다.
- 사진 파일들은 보통 .png, .jpg 또는 .gif 같은 파일 형식을 가진다. 시스템이 이미지 파일들을 처리할 수 있다고 한다면 동일한 이미지를 .pdf나 .eps 같은 파일 형식으로 변환하여 시스템이 제대로 지원하는지 확인해 보는 것도 좋다.

유효하지 않은 형식도 항상 눈여겨볼 필요가 있다. 데이터 종류에 따라 특정 상황에서는 유효하지 않은 경우도 있다. 나이가 마이너스인 경우, IP 주소가 '999.999.999.999'인 경우 또는 날짜가 2월 31일인 경우가 그렇다.

파일 내용을 읽어서 분석하는 시스템의 경우에는, 파일 내용에 변경을 가함으로써 예상하지 못했던 형식을 사용하여 테스트할 수 있다. 예를 들어 아무 의미 없는 임의의 문자나 단어들을 파일 곳곳에 추가해서 테스트하는 방법도 있다. 또 다른 방법으로는 아무 내용도 없는 빈 파일을 이용해 테스트하는 것이다. 또는 대부분의 내용이 이미 정의된 형식을 만족시키지만, 중요한 몇몇 부분이 빠진 파일을 이용할 수도 있다. 예를 들어, 시스템이 XML 파일을 분석하는 경우에는, XML 파일에서 꼭 필요한 노드를 삭제하거나 닫는 태그를 삭제한 파일을 이용해 테스트해 보는 것도 좋은 방법이다. 이렇게 형식을 바꿔 테스트하는 방법도 눈여겨보아야 한다.

크기

말할 필요도 없이 모든 파일은 크기라는 속성이 있다. 소프트웨어가 파일을 읽어서 어떤 작업을 하는 경우라면, 빈 파일이나 아주 크기가 큰 파일을 이용해 탐험을 해 보는 것이 좋다. 비슷한 상황으로 소프트웨어가 데이터베이스에 있는 데이터를 다루는 경우라면, 거의 비어 있는 테스트용 데이터베이스나 수많은 데이터가 들어 있는 아주 큰 데이터베이스를 이용하여 테스트를 진행해 보자.

사진은 높이와 너비가 있는데, 때때로 시스템이 미리 정해진 높이와 너비에 맞추려고 이미지 비율을 변경하거나 이미지의 일정 부분을 잘라내기도 한다. 높이와 너비가 다른 여러 파일과 크기가 다른 여러 파일을 가지고 탐험을 떠나보자.

하드웨어인 하드 디스크나 메모리 크기도 문제를 야기할 수 있다. 설치 프로그램들은 대부분 설치를 시작하기 전에 디스크 드라이브 크기를 먼저 확인한다. 어떤 프로그램들은 메모리 사용 가능량을 확인하기도 한다. 예전에 테스트를 진행했던 패키지 소프트웨어는 컴퓨터 메모리 크기가 아주 큰 경우에 오동작하는 문제가 있었다. 메모리가 얼마나 커야 하는지 짐작할 수가 없어서 믿기 어렵겠지만, 이 소프트웨어는 컴퓨터에 추가 메모리가 설치되어 있는 경우에만 발생하는 버그가 있었다.

대다수 소프트웨어는 받아들일 수 있는 크기의 최대치를 정할 때 2의 제곱을 많이 사용한다. 예를 들어, 보통 텍스트 필드에 입력할 수 있는 최대 문자 수는 2의 8제곱인 256문자다. 크기에 관해 탐험을 할 때에는, 2의 제곱 근처를 탐험해 보는 것도 좋은 방법이다.

깊이

계층과 관련이 있는 것들은 깊이depth라는 특성이 있다. XML 데이터 요소는 얼마든지 더 깊은 노드로 사용하는 것이 가능하다. 파일 시스템에서 파일도 디렉터리를 만들어 더 깊은 곳에 저장할 수 있다. 심지어 수식도 괄호를 사용하여 단계가 더 깊어지도록 할 수 있다. 동굴을 탐험하는 것처럼 더 많고 깊은 단계를 만들어 탐험을 하면 예상하지 못했던 것들이나 어떤 경우에는 에러도 발견할 수 있다.

내가 테스트했던 HTML 구문 해석 프로그램은 중첩된 테이블은 아무 문제없이 처리했지만, 파일을 분석하는 경우에 파일이 디렉터리 구조에서 더 깊은 곳에 위치할수록 시간이 훨씬 더 많이 걸리는 것을 발견할 수 있었다. 사실 4단계의 하위 디렉터리를 만들어서 테스트할 파일을 위치시킨 후 테스트를 진행한 후에야 비로소 파일을 여는 데 1~2분 정도 걸린다는 사실을 알 수 있었다. 새로운 사실을 발견해서 흥분된 마음으로 5단계의 하위 디렉터리를 만들어 테스트해 보았다. 프로그램이 다섯 개의 서브 디렉터리에 위치한 파일을 분석하는 데는 무려 45분이란 시간이 걸렸다.

사실 내가 테스트했던 특정 버전의 엑셀 프로그램도 부동 소수점을 가지는 숫자를 계산할 때 괄호가 세 개 또는 네 개로 중첩되어 있는 경우에만 수식을 잘못 계산하는 버그가 있었다. 다음과 같은 수식을 살펴보자.

=1-(100*(1-0.99))

내가 사용했던 버전의 엑셀 프로그램에서 이 수식의 결괏값이 0으로 정확하게 계산되어 보였다. 하지만 괄호를 한 개나 두 개 더 중첩한 후에 테스트해 보니 전혀 다른 결괏값을 볼 수 있었다. 사실 다음과 같이 괄호 한 쌍을 추가한 수식도 앞에 있는 수식과 동일한 결괏값을 가지리라 예상했다.

=(1-(100*(1-0.99)))

하지만 내 예상은 빗나갔다. 이 수식의 결괏값은 -8.88178E-16이었다.

타이밍, 빈도, 지속 시간

타이밍과 사용자 행동은 항상 변할 수밖에 없다. 타이밍과 사용자 행동이 계속 변하기 때문에 시간 초과, 인터럽션, 에러 같은 결과를 야기하기도 한다. 세락-25의 경우를 생각해 보면, 사용자가 치료 계획을 8초 안에 입력하고 수정하는 경우가 오동작을 일으키는 원인 중 하나였다.

사실 빈도도 타이밍의 한 측면이다. 어떤 동작을 자주 그리고 반복적으로 해 보자. 예를 들면, 트위터에서 새로 고침을 통한 요청을 자주 그리고 반복적으로 함으로써 서버가 감당할 수 있는 한계를 넘어서면, 트위터 서버가 정상적인 페이지 대신 에러 코드를 반환한다. 사실 트위터 서버가 이런 경우에 에러 코드와 함께 에러 페이지를 보여주는 것은 예상되는 결과이지만, 트위터와 연동되는 애플리케이션 중에는 이 에러 코드를 제대로 처리하지 못하는 경우도 있다.

지속 시간 또한 타이밍의 또 다른 측면으로 볼 수 있다. 파일이나 윈도를 오랜 시간 동안 열어 놓는 것처럼, 어떤 동작의 지속 시간을 바꿔가면서 탐험을 해 보자. 내가 가장 즐겨 사용하는 테스트 방법 중 하나가 애플리케이션을 실행한 후에 밤새도록 실행되도록 그냥 놔 두는 것이다. 대다수 애플리케이션은 다음 날 아침에도 아무 문제없이 동작하지만, 어떤 애플리케이션에서는 문제가 생기기도 한다. 내가 테스트했던 애플리케이션 중에는 메모리 누수memory leak 현상이 아주 천천히 진행되어, 밤새 실행해 놓은 다음 날 아침에는 에러 메시지를 보여주며 동작하지 않는 경우도 있었다. 또 다른 애플리케이션은 얼마 동안 사용자 활동이 없으면 세션이 종료되기도 했다. 즉 사용자가 어떤 데이터를 수정한 후에 저장하지 않고 10분이 넘게 아무것도 하지 않으면 수정한 데이터를 모두 잃어버리게 되는 것이었다.

상태 모델을 이용하면 타이밍과 관련된 더 많은 방법을 알 수 있다. '8장 상태와 전이 발견하기'에서 상태, 이벤트, 전이에 대해 더 깊게 알아보자.

입력과 사용법

심지어는 데이터를 입력하는 방법이나 소프트웨어를 다루는 방법도 문제를 일으킬 수 있는 변수가 된다. 그래픽 사용자 인터페이스를 가지고 있는 소프트웨어를 탐험하고 있다면, 데이터를 직접 입력해 보기도 하고, 복사와 붙여넣기 또는 드래그 앤 드롭을 통해 테스트를 진행해 볼 수 있다. 이렇게 여러 가지 방법을 가지고 동일한 입력 테스트를 진행하는 것이 큰 의미가 없어 보이겠지만, 때로는 차이를 발견하기도 한다. 입력값에 대한 유효성 검사를 하는 경우에 어떤 방법에서는 입력값에 대한 유효성 검사가 정확하게 실행되는 반면에, 또 다른 방법의 입력에서는 유효성 검사를 하지 않고 넘어가는 경우도 있다. 그래서 '데이터 형식이나 규칙 위반 휴리스틱'을 가지고 다른 입력 방법들로 테스트해 보는 것이 좋다.

비슷하게 그래픽 사용자 인터페이스가 있는 소프트웨어를 사용하는 방법이 큰 차이를 만들기도 한다. 소프트웨어를 사용할 때 단축키를 사용하는 사용자도 있고 마우스를 사용하는 사용자도 있다. 예를 들면, 어떤 사용자는 버튼을 클릭하여 윈도를 종료하기도 하고, 다른 사용자들은 단축키를 사용하여 종료하기도 한다. 데이터를 입력할 때 사용하는 방법에 따라 그 결과가 달라질 수 있는 것처럼, 소프트웨어를 사용하는 방법에 따라 소프트웨어 동작이 달라질 수 있고, 이것이 큰 차이를 만들기도 한다.

4.4 언제, 어디서나 나타나는 변수들!

무엇인가 변하는 것들을 찾기 시작했을 때, 아마도 거의 모든 곳에 변하는 것들이 있다는 사실을 이미 알아차렸을 것이다. 탐험할 곳은 너무나 많은데 그곳에 들어가 탐험할 수 있는 시간은 너무 부족하다는 것을 느끼게 되면 당황하게 되고 이건 아무래도 무리라고 생각하게 된다.

오래전에 이 장에서 다루는 내용에 대해 한 프로그래머에게 설명한 적이 있었는데, 내 이야기를 다 듣고 난 그 프로그래머는 너무나도 의기소침하여 자기가 지금까지 했던 모든 노력이 전부 의미 없는 것 같다는 이야기를 했다. 그가 아무리 많은 곳을 탐험할지라도 항상 탐험해야 하는 곳이 더 남아 있다는 사실을 알게 된 것이다.

여기까지 왔는데 탐험은 불가능하고 결코 끝나지 않는 일이라고 느껴진다면, 다시 한 번 용기를 내보자. 그렇지 않고 항상 테스트할 무엇인가가 더 있다는 것을 알게 되는 좋은 기회였다고 생각된다면 상당히 좋은 출발이다. 다시 말하면 자기 만족의 함정에 빠져 있지 않다는 것을 의미한다. 즉 가야 할 새로운 길과 방법을 찾아낼 수 있는 더 유능한 탐험가가 될 수 있다(다른 방법으로는 우리가 안심할 수 있도록 탐험을 한정할 수 있는 좋은 방법들을 소개해 주는 '13장 처음부터 끝까지 탐험 적용하기'로 바로 가서 미리 살펴보는 것도 좋다).

4.5 실제 적용을 위한 조언

미묘하게 변하는 것들을 찾아내고 다루는 데 능숙해지는 가장 좋은 방법은 꾸준하게 계속 연습하는 방법밖에는 없다. 바로 그 방법이 이 절에서 하고자 하는 것이다.

차터를 가지고 탐험을 떠날 때 다음의 것들을 찾아야 한다는 사실을 꼭 기억해두자.

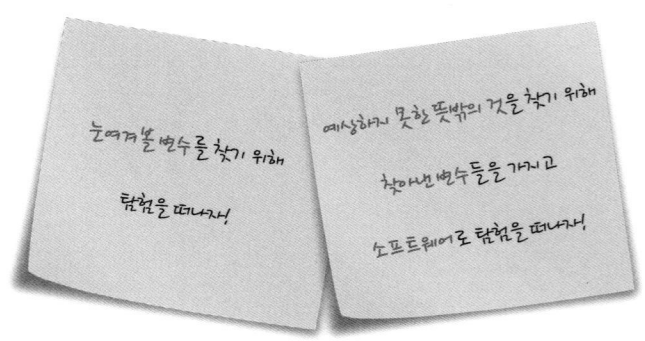

- 셀 수 있고 '0, 1, 다수 휴리스틱' 기법으로 적용할 수 있는 것들
- 선택할 수 있고 '일부, 없음, 모두 휴리스틱' 기법으로 적용할 수 있는 것들
- 위치와 관련된 것들로 '처음, 중간, 끝 휴리스틱' 기법으로 적용할 수 있는 것들
- 다른 장소로 이동할 수 있는 것들
- '데이터 형식이나 규칙 위반 휴리스틱' 기법을 적용할 수 있는 다른 형식을 가지고 있는 것들
- 단계를 설정할 수 있어서 더 깊은 단계로 이동이 가능한 체계나 계층 구조 안에 있는 것들
- 수정이 가능한 숨겨진 설정들

- 빈도를 높이거나 기다리는 시간을 늘려서 주어진 타이밍을 바꿀 수 있는 경우들

5
결과를 가지고 판단하기

아마도 탐험을 시작하자마자 어려운 문제들에 직면하면서 어떤 선택을 해야 할 텐데, 내가 지금 제대로 하고 있는지 어떻게 알 수 있을까?

때로는 주어진 요구 사항에 따라 기대되는 결과가 명확한 경우도 있다. 하지만 눈앞에 보이는 결과가 정확한지 판단하기 위해 개인의 주관적인 견해나 특별한 전문 지식을 필요로 하는 경우가 더 많다. 예를 들어 다음과 같은 상황들을 생각해 보자.

- 사용자 화면이 아주 복잡하고 수많은 데이터를 서버와 주고 받아야 하는 웹 기반 애플리케이션을 탐험하고 있다고 생각해 보자. 특정 웹 페이지가 브라우저의 아주 기본적인 기능인 즐겨찾기에 저장되지 않아도 괜찮은가?
- 시스템의 에러 처리 부분을 탐험하는 중에 프로세스를 강제로 종료시켜도 보고, 네트워크 연결도 끊어보는 등 흔하게 발생하지 않는 경우를 일부러 만들어 탐험하고 있는데, 소프트웨어가 몇몇 경우는 잘 처리하지만, 어떤 경우들은 제대로 처리하지 못한다고 생각해 보자. 특히 이렇게 아주 최악의 상황들을 가정해서 탐험할 때, 에러 상황을 미리 예상하고 처리하는지 아니면 진짜 문제를 발견한 건지 어떻게 구분할까?
- 박사급 연구원들로 구성된 팀에서 만든 공식을 이용하여 아주 복잡한 계산을 해야 하는 소프트웨어를 탐험하고 있다고 생각해 보자. 당연

히 그 팀의 일원이 되어서 그 공식을 이해할 필요는 없다. 주어진 입력 값들을 넣고 테스트를 하니 계산된 결괏값이 나왔다. 결괏값이 정확할까? 값이 계산되는 과정은 논리적인가? 어떻게 확신할 수 있을까?

사실 이런 경우가 탐험적 테스팅에서 만날 수 있는 가장 큰 도전을 주는 상황들 중 하나다. 탐험이라는 말 자체가 의미하는 것과 같이, 탐험적 테스팅은 소프트웨어와 관련해서 이전에는 그 누구도 생각하지 않았던 질문들을 던지는 것을 포함한다. 하지만 질문을 던지는 것에서 끝나는 것이 아니라, 탐험을 어떻게 계속 진행하는 것이 좋을지, 또는 적어도 찾아낸 수많은 정보 중에서 추가로 조사가 더 필요한 중요한 정보를 어떻게 걸러 낼지 하는 것만이라도 생각해 보는 것이 필요하다.

이 장에서는 시스템이 어떻게 동작할지 정확하게 알지 못하는 상황에서도 시스템 동작을 평가하는 기법들을 살펴보자. 소프트웨어가 어떤 상황에서도 타협하지 않고 꼭 지켜야 하는 규칙들을 찾아내는 방법을 배우게 될 것이다. 다시 말하면 사용자 동작이나 설정과는 관계없이 항상 발생하거나 결코 발생해서는 안 되는 것들을 의미한다. 소프트웨어의 실제 동작을 기반으로 소프트웨어가 원하는 대로 동작하도록 만들기 위해 필요한 다른 자원들을 찾아내는 방법도 배워보자. 정확한 결과를 예상하는 것이 비현실적인 상황에서, 가능한 한 정확한 결과에 가까이 가는 방법도 배우게 될 것이다.

5.1 결코 발생하지 않거나 항상 발생하거나...

시스템은 나름의 규칙을 가지고 있다. 회계 소프트웨어를 테스트하고 있는 경우라면, 모든 계좌는 잔고가 있어야 한다. 문서 편집 소프트웨어는 사용자가 마지막으로 한 동작을 취소해서 원 상태로 돌릴 수 있는 기능을 지원해야 한다. 중앙에서 관리되는 서버 소프트웨어라면 한 사용자의 실수로 인해 다른 사용자가 서버를 사용하지 못하는 일이 발생해서는 안 된다. 어떤 규칙일지는 모르지만 모든 시스템은 자신만의 규칙이 있다. 탐험할 때 우리가 해야 할 일 중 하나는 결코 일어나지 않거나 항상 일어나야 하는 소프트웨어의 규칙들을 찾아내는 것이다.

어떠한 경우라도 탐험 중에 결코 일어나지 않아야 하는 일이 일어나거나, 항상 일어나야 하는 일이 일어나지 않는다면, 그건 아주 심각한 문제다. 그래서 탐험 중에 어떤 결과들이 나와야 하는지 아주 자세하고 확실하게 알지는 못하더라도, 적어도 기대했던 결과들이 아닌 경우에는 절대 그냥 넘어가서는 안 된다. 사실 꼭 지켜져야 하는 규칙들이 지켜지지 않는 경우를 찾아낼 수 있다면 좋겠지만, 어떤 데이터나 설정이나 일련의 동작들을 조합해서 이런 경우를 찾아내는 것은 불가능하다.

그렇다면 탐험 중인 시스템에서 꼭 지켜야 하는 규칙들이 무엇인지 어떻게 알 수 있을까? 시스템이 절대 하면 안 되는 것들 또는 꼭 해야만 하는 것들에 대한 힌트를 얻을 수 있는 가장 좋은 시간은 요구 사항에 대해 이야기를 나눌 때다. 특히 다음 요소들에 대해 더 깊게 생각해 보자.

- 항상 올바르게 동작해야 하는 시스템의 핵심 기능들
- 시스템이 절대 타협해서는 안 되는, 꼭 지원해야 하는 것들: 신뢰성, 규모 가변성, 사용성, 정확성 같은 품질 기준
- 프로젝트 이해관계자들이 주목하고 있는 다른 위험 요소들

이 절에서는 시스템에서 결코 일어나지 않아야 하거나 항상 일어나야 하는 것들이 무엇인지 찾아내는 방법을 알아보자.

핵심 기능

시스템은 꼭 수행해야 하는 핵심 기능이 있다. 소프트웨어는 반드시 필요한 것이 아니라 가지고 있으면 좋아 보이는 부가적인 기능들 또한 가지고 있다. 하지만 모든 시스템에는 다른 모든 기능이 실패할지라도 꼭 수행해야 하는 핵심 기능들이 있고, 이 핵심 기능들이 시스템의 특별한 고유 기능이 된다.

사실 프로젝트에 참여 중인 모든 팀원이 시스템의 핵심 기능이 무엇인지에 대해 서로 다르게 생각하고 있다는 사실을 깨닫기까지는 그리 오래 걸리지 않는다. 나는 이 시스템의 핵심 기능이 무엇인지 알고 있다고 생각할지도 모르겠지만, 시스템이 어떤 기능을 수행해야 하는지를 구체화하는 프로젝트 관리자나 비즈니스 분석가들은 다르게 생각하고 있을 수도 있다. 프로젝트 이해관계자들이 생각하고 있는 소프트웨어의 핵심 기능들에 대해 공감대를 형성하기 위해서는 다음과 같은 질문들을 서로에게 던져보자.

- 우리가 만든 소프트웨어를 누가 사용할 것이고, 어떤 목적으로 사용할 것인가?
- 우리가 만든 소프트웨어가 아닌 다른 대안이 있다면 무엇이고, 왜 사용자들이 우리가 만든 소프트웨어 대신 다른 대안을 선택할까?
- 이 소프트웨어에 대해 짧고 간단하게 요약해서 설명할 수 있을까?
- 만약 한 가지 기능을 제외하고 나머지 모든 기능이 동작하지 않는다고 한다면, 꼭 동작해야 하는 그 한 가지 기능은 무엇인가?

이 질문들에 대한 답변을 들으면서, 이해관계자들이 언급한 것들 중에서 시스템의 기능이 될 수 있는 것을 모두 적어 놓는다. 어떤 기능들이 항상 동작해야만 하는지 이해하는 것은, 소프트웨어가 결코 해서는 안 되는 것들과 항상 해야만 하는 것들의 목록을 작성하는 데 있어 아주 훌륭한 시발점이다.

품질 요소

때로는 '~성'이나 '비기능 요구 사항'이라고 부르는 소프트웨어의 품질 요소는 결코 해서는 안 되는 것들과 항상 해야만 하는 것들을 또 다른 관점에서 볼 수 있도록 도와준다. 다음 예들은 일반적으로 사용되는 품질 기준과 이것을 결코 해서는 안 되는 것들과 항상 해야만 하는 것들에 대한 이야기로 바꾸어 본 것이다.

- 정확성: 결코 부정확하거나 틀린 결괏값을 반환하지 않고, 계산에 사용될 수 없는 입력값에 대해서는 항상 에러 메시지를 보여준다.
- 신뢰성: 사용자가 시기를 놓치든, 잘못된 입력값을 입력하든, 예상치 못한 행동을 하든지 상관없이 항상 사용자의 마지막 상태를 그대로 복구한다.
- 가용성: 사용자 요청이 있으면 정해진 시간 내에 항상 응답한다.
- 사용성: 사용자 행동이 어떤 결과를 야기하는지 항상 피드백을 제공하고 현재 상태에서 사용 가능한 것들을 분명하게 알려준다.
- 접근성: 항상 키보드 단축키를 제공하고, 이미지의 경우에는 항상 대체 텍스트를 제공한다.
- 보안성: 보안이 필요한 데이터를 권한이 없는 사용자에게는 결코 노출하지 않고, 사용자가 악의적인 의도로 코드를 입력할 수도 있으니 어떤 경우에도 사용자의 입력값을 결코 코드로 실행하지 않는다.

여기에서 소개한 것들은 그냥 한 예일 뿐이다. 우리가 탐험하는 시스템이 앞서 언급한 것들과 동일한 품질 요소를 가지고 있다 할지라도, 결코 해서는 안 되는 것들과 항상 해야만 하는 것들에 대한 이야기는 완전히 다를 수도 있다.

위험 요소

이해관계자들이 가장 우려하는 위험 요소는 숨겨져 있어서 보이지 않는, 결코 해서는 안 되는 것들과 항상 해야만 하는 것들이다. 의료 기기 같이 안전이 필수인 시스템에서는 환자에게 해를 끼치는 모든 것이 놓쳐서는 안 되는 위험 요소다. 시스템이 환자를 위험한 상황에 처하게 해서는 절대 안 된다. 금융 관리 시스템에서는 돈이 없어지는 것이 위험 요소다. 계좌 잔고가 계산된 금액과 항상 일치해야 하고, 잔액이 더 많이 있어도 또는 잔액이 부족해서도 절대 안 된다. 결제 시스템에서는 고객의 결제 금액이 청구되지 않거나 과잉 청구되는 것이 위험 요소다. 즉 고객의 상품 구매 금액을 항상 청구해야 하지만, 동일한 구매에 대해 두 번 청구하는 일은 결코 일어나서는 안 된다.

심지어는 게임처럼 전혀 위험 요소가 없어 보이는 소프트웨어도 위험 요소를 가지고 있다. 게임이 너무 지루하거나 에러가 많이 발생한다면, 사용자들의 외면을 받게 될 것이다. 또는 사용자가 돈을 지불하고 포인트나, 게임에서 사용되는 게임머니를 구매하는 경우라면, 사용자가 사용한 전체 금액이 상대적으로 적을지라도, 사용자가 시스템에서 부정한 방법으로 포인트나 게임머니를 얻을 수 있어서는 절대 안 된다. 아마도 의도치 않게 발생하겠지만, 시스템이 사용자들을 속이는 일이 일어나서도 안 된다.

그렇다면 대체 어떤 종류의 위험 요소들을 이해관계자들이 가장 두려워하는지 알아보고 싶다면, '2.5 악몽의 머리기사 게임'을 해 보는 것을 추천한다.

5.2 사용 가능한 다른 자원들

테스트를 해야 하는 시스템이 있는데, 이 시스템에 대한 자세한 요구 사항 정의서나 설계 문서가 없는 상황이라면, 시스템이 어떻게 동작해야 하는지 예상하는 것이 불가능해 보일지도 모른다. 하지만 시스템의 동작을 예상하는 데 필요한 가장 훌륭한 자원을 이미 가지고 있다고 할 수 있는데, 그것이 바로 테스트 가능한 소프트웨어 그 자체다. 또한 필요한 다른 자원들을 얻을 수 있는 기회가 있는 경우도 있다. 상황에 따라 다르겠지만, 비슷한 일을 하는 다른 소프트웨어 패키지에 대한 정보를 얻을 수 있는 기회도 있다. 또는 소프트웨어가 공개된 표준에 따라 개발되고 관리되는 경우도 있다.

내적 일관성

소프트웨어 사용자들은 자신이 사용하는 소프트웨어가 당연히 모순이 없는 일관성을 가지고 동작할 것이라고 믿는다. 그래서 소프트웨어가 정확하게 동작하고 있는지 평가하는 데 있어 소프트웨어 그 자체가 큰 도움이 될 수 있다.

다음 상황들에 대해 생각해 보자.

- 애플리케이션을 탐험하는 도중에, 어떤 기능이 다른 화면에서는 실행되는 것을 확인했는데, 동일한 기능이 화면이 거의 똑같은 다른 곳에서는 실행되지 않는 것을 발견했다.
- API를 탐험하는 도중에, 두 개의 다른 메서드가 비슷한 파라미터를 순서만 다르게 취하는 것을 발견했다.
- 로그 파일을 확인하는 도중에, 비슷한 두 개의 이벤트에 대한 로그 기록이 완전히 다른 형태로 로그 파일에 저장되고 있는 것을 발견했다.

이런 경우라면, 탐험을 하고 있는 테스터뿐 아니라 시스템 사용자도 일관성이 있는 소프트웨어의 동작을 기대하는 것이 전혀 이상하지 않고 당연할 것이다.

표준

의료 업계, 금융 서비스, 방위 산업 같이 규제가 엄격한 분야에서 소프트웨어를 개발한 경험이 있다면, 아마도 소프트웨어가 꼭 지켜야 하는 표준에 이미 익숙할 것이고, 심한 경우에는 표준 때문에 아주 고생했던 기억이 있을 수도 있다. 미국에서 모든 의료 솔루션은 1996년에 제정된 건강 보험 이전 및 책임법HIPAA: Health Insurance Portability and Accountability Act을 꼭 지켜야 한다. 비슷하게 미국 시장에 내놓기 위한 금융 소프트웨어를 개발하려고 한다면, 아마도 사베인스-옥슬리 법Sarbanes-Oxley Act, SOx, Pub.L. 107-204, 116 Stat. 745 1의 규제를 받게 될 것이다.

살펴봐야 할 것이 많겠지만, 건강 보험 이전 및 책임법과 사베인스-옥슬리 법이 모두 포함하고 있는 요구 사항 중 하나가 개인 정보나 기밀을 포함하는 정보는 반드시 암호화를 해야 한다는 것이다. 따라서 이런 소프트웨어에 암호화와 관련된 요구 사항이 없을지라도, 개인 정보 같은 민감한 정보들이 암호화되지 않은 원본 상태로 저장되거나 전송되는지를 찾아내기 위한 탐험을 떠날 필요가 있다. 사실 이런 경우는 시스템에서 절대 일어나서는 안 되는 경우가 다음과 같이 하나 더 추가된다고 볼 수 있다. 민감하게 다루어져야 하는 정보들은 절대 원본 그대로 저장되거나 전송되어서는 안 된다.

규제가 심한 분야가 아니라 할지라도, 탐험을 하면서 놓치지 말아야

---

1   (옮긴이) '상장회사 회계 개선과 투자자 보호법'(상원) 또는 '법인과 회계 감사 책임법'(하원)으로도 부르는 미국의 회계 개혁에 관한 연방 법률로, 월드컴과 엔론 같은 거대 기업들의 잇단 회계 부정으로 인해 막대한 피해가 발생하자 회계 제도 개혁의 필요성이 제기되었고, 2002년 7월 30일 법안 발의자인 상원의원 폴 사베인스(민주당, 메릴랜드)와 하원의원 마이클 옥슬리(공화당, 오하이오) 의 이름을 따서 제정되었다.

하는 것들의 목록을 만드는 데 도움이 되는 표준들을 찾을 수 있다.

- 그래픽 사용자 인터페이스가 있는 애플리케이션을 탐험하고 있다면, 운영 체제를 만드는 애플이나 마이크로소프트 같은 업체에서 제공하는 자사 플랫폼에 대한 사용자 인터페이스 가이드라인 문서를 참고한다.
- 통신 프로토콜을 구현한 소프트웨어를 탐험하고 있다면, IEEE에서 제공하는 IPv4, IPv6, DHCP 같은 통신 프로토콜에 대한 표준 문서를 참고한다.
- 웹 기반 애플리케이션을 탐험하고 있다면, W3C에서 배포하는 HTML, CSS 문법, HTTP 응답 코드 등[2] 표준 문서를 참고한다. HTML과 CSS의 경우에는 웹 사이트에서 온라인으로 구문 오류를 확인할 수도 있다. 게다가 W3C에서 제공하는 웹 기반 애플리케이션을 위한 접근성 가이드라인은 장애를 지닌 사용자들이 좀 더 쉽게 접근하고 사용할 수 있는 웹 애플리케이션을 만들 수 있도록 도와주는 훌륭한 안내서 역할을 한다.[3]
- 보안이 중요한 소프트웨어를 탐험하고 있다면, 오픈 웹 애플리케이션 보안 프로젝트OWASP: Open Web Application Security Project에서 제공하는 일명 개발 가이드라 불리는 보안 웹 애플리케이션과 웹 서비스 구축 가이드Guide to Building Secure Web Applications and Web Services가 애플리케이션의 보안성을 평가할 수 있는 훌륭한 자료가 된다.[4]

물론 소프트웨어가 관련 있는 표준들을 따를 것인지 아닌지 결정하는 것은 소프트웨어의 요구 사항을 정의할 때 놓치지 말고 챙겨야 할 중요한 결정 사항 중 하나다. 소프트웨어가 프로젝트 범위 안에 포함되어 있지

---

2 http://www.w3.org/
3 http://www.w3.org/standards/webdesign/accessibility
4 https://www.owasp.org/

않은 표준들을 지키는지, 지키지 않는지 확인하는 데 시간과 노력을 허비할 필요는 없다. 그러므로 소프트웨어가 어떻게 동작할지 예측하려고 표준 문서를 참고하기 전에, 소프트웨어가 이 표준을 따르기로 모든 이해관계자가 이미 동의했는지 확인해 보는 것이 좋다.

비교하기

회사에서 하나가 아닌 여러 소프트웨어 패키지를 만드는 경우라면, 여러 다른 상황에서 소프트웨어가 어떻게 동작해야 하는지 확인이 필요할 때, 다른 패키지들을 참고할 수 있다. 인증되지 않은 사용자가 인증이 꼭 필요한 정보를 요청할 때 시스템은 어떻게 응답해야 할까? 파일 내용을 기반으로 일괄 처리를 하는 시스템이 있는데, 받은 파일이 아무 내용도 없는 빈 파일이라면 어떻게 해야 할까? API가 필요로 하는 데이터를 제공하지 않고 다른 데이터를 가지고 API를 호출한다면 API는 어떻게 응답해야 할까? 회사의 다른 소프트웨어들이 이러한 질문들에 대한 답을 이미 가지고 있을 것이다.

또한, 고객이 직접 사용하는 소프트웨어를 탐험하는 중이라면, 이 소프트웨어의 참조 모델이 될 수 있는 비슷하거나 연관된 소프트웨어를 찾을 수 있을 것이다. 특별하게 정의된 표준이 없는 경우라 할지라도, 애플리케이션들이 대부분 공통으로 사용하는 접근 방법이 있는 경우가 많다. 비슷하거나 연관 있는 부분이 많아서 비교가 가능한 시스템들을 이미 사용해본 경험이 있는 경우라면 비교가 가능한 시스템들이 특별히 더 큰 도움이 된다.

사용자가 패스워드를 잃어버려서 웹 사이트에서 패스워드 찾기를 하는 경우가 좋은 예가 될 수 있다. 사실 정해진 표준이 없기는 하지만, 대부분의 경우에 패스워드 찾기가 가능한 웹 페이지 링크를 포함하는 이메일을 사용자 이메일 주소로 보낸다. 이메일 내용에 있는 링크는 사용자 인증이 가능한 암호화된 토큰을 가지고 있다. 이메일 내용에 사용자 패스워드를 암호화도 하지 않은 채 문자 그대로 포함시키는 것과 같이 흔히 사용되지 않는 다른 방법들은 사용자들의 불만과 원성을 사게 된다.

그러므로 탐험을 시작할 때, 내가 지금 탐험하려는 소프트웨어와 비교가 가능한 다른 소프트웨어들을 찾아내서 참고하면 훌륭한 가이드 역할을 해 줄 것이다.

5.3 추정

몇몇 소프트웨어는 소프트웨어가 어떻게 동작할지 예측하려고 여러 방향으로 시도해 보아도, 그 어떤 예측도 허용하지 않는 경우가 있다. 과학이나 금융과 관련된 소프트웨어들은 보통 다양하고 수많은 입력값들을 가지고 굉장히 복잡한 계산을 수행하는데, 이 분야가 너무 복잡하기 때문에 결괏값을 예상하는 것이 거의 불가능하다고 볼 수 있다. 심지어는 그 분야 전문가라 할지라도 계산된 결괏값이 맞는지 아닌지 확인하는 것은 아주 고된 일이 되기도 한다.

심지어 시뮬레이션이나 모델링 소프트웨어는 예측하기가 훨씬 더 어렵다. 이런 소프트웨어들은 확률에 따라 결괏값을 계산하기 위해 비결정적 알고리즘nondeterministic algorithm을 사용하기 때문에, 의도적으로 예측하기 어렵게 만들어졌다고 볼 수 있다. 지도나 배경 화면을 무작위로 결정하거나 사용자가 아닌 컴퓨터가 플레이해야 하는 플레이어를 임의로 결정해야 하는 게임들도 동일하게 예측하기 어려운 소프트웨어다.

앞서 소개한 것과 같이 결괏값을 예측하기가 너무 어려운 경우를 '오라클 문제'라고 부른다(여기서 오라클은 IT 회사가 아닌 진리가 있는 곳을 의미한다). 하지만 방법이 전혀 없는 것은 아니다. 계산된 결괏값이 대략적으로 정확한지 아닌지 알아볼 수 있는 기법들이 있다. 이 기법들을 사용하면 아주 정확한 값보다는 결과의 특징들을 잡아낼 수 있다. 이렇게 잡아낸 특징들을 다른 알고리즘에 적용해서, 결과가 맞는지 틀린지 좀 더 쉽게 알아내는 것에 특화된 테스트를 설계할 수 있다. 이러한 전략들 하나하나에 대해 더 자세하게 알아보자.

범위 한정하기

이번에는 아주 터무니없어 보이는 경우를 소개해 보겠다. 날아다니는 새의 속도를 계산하는 소프트웨어를 개발하고 있다고 가정해 보자. 더 정확하게 하기 위해 제비의 속도를 계산해야 한다고 하자. 새의 속도를 계산하는 알고리즘은 새의 무게, 나이, 날개 길이, 서식지(아프리카 또는 유럽), 고도 같은 정보를 받아서 계산을 수행한다.

에러 처리를 얼마나 잘하고 있는지 탐험하기 위해, 무게는 0그램, 나이는 0살, 날개 길이는 0cm, 서식지는 유럽, 고도는 0미터라는 데이터를 입력해 보자. 결괏값이 초속 -5미터로 나왔다면, 다시 볼 것도 없이 문제가 있다는 것을 알 수 있다.

그래서 이번에는 조금은 더 의미 있는 데이터로, 무게는 21그램, 나이는 4개월, 날개 길이는 33cm, 서식지는 유럽, 고도는 8미터를 입력했더니, 계산되어 나온 속도가 초속 12.8미터였다.

이 결괏값이 완전히 틀렸다고 말할 수는 없다. 그렇다면 어떻게 이 결괏값이 맞다고 할 수 있을까? 우리가 제비의 속도를 예측하는 데 아주 뛰어난 전문가가 아닌 이상 결괏값이 맞는지 틀린지 이야기할 수 없다. 하지만 계산되어 나온 속도가 합리적인지 아닌지 판단할 수 있는 정보들은 쉽게 구할 수 있다.

위키백과Wikipedia에서 제비의 최대 속도를 찾아보면, 제비는 "초속 11미터에서 최대 초속 20미터의 속도"를 낸다는 것을 알 수 있다.[5] 앞서 결

---

5 http://en.wikipedia.org/wiki/Barn_Swallow

괏값으로 얻은 초속 12.8미터의 속도는 합리적인 속도의 범위에 속한다. 그래서 초속 12.8미터의 속도가 정확한 결괏값인지는 알 수 없지만, 명백하게 틀렸다고는 말할 수 없다. 물론 처음에 주었던 터무니없는 입력값들에 대한 결과로 나온 시속 -5미터는 당연히 틀렸음을 누구라도 알 수 있다. 그래서 위키백과에 나온 속도를 참고한다면, 속도가 초속 0미터 이하이거나 초속 20미터 이상으로 나오는 경우를 찾기 위해 탐험을 진행하는 것이 도움이 된다.

특성 찾아내기

테스터를 채용하기 위해 인터뷰를 진행할 때 내가 꼭 물어보는 질문 중 하나가 "0에서 9 사이에 있는 정수 하나를 무작위로 골라주는 함수를 테스트해야 한다면, 어떻게 테스트를 진행하겠습니까?"이다. 사실 어떤 분야든지 상관없이 미리 결과를 예측할 수 없는 무작위의 결괏값이 나오는 경우라면 아주 유용한 질문이 된다. 난수 생성기에서 어떤 숫자가 나올지 예측할 수 있다면, 더 이상 난수 생성기가 아니다.

난수 생성기가 제대로 동작하는지 확인할 수 있는 오직 한 가지 방법은 가능한 한 많은 결괏값을 가지고 결괏값들의 특성을 찾아내는 것이다. 결괏값들의 분포를 확인하고 그 안에서 패턴을 찾아낼 수 있다. 예를 들어 프로그램을 1000회 실행했을 때 0은 한 번도 나오지 않는 반면에 9가 350회 나왔다면 문제가 있다고 할 수 있다. 비슷한 경우로 프로그램을 20회 실행했는데 0에서 9까지의 숫자가 순차적으로 연속해서 두 번 나온다면 이것 또한 문제가 있는 것이다. 앞서 소개한 두 가지 경우 모두 믿을 만한 난수를 생성하는 난수 생성기라고 말하기에는 불충분하다.

결과를 가지고 반대로 다시 해 보기

때때로 결과가 정확하다고 말할 수 있는 가장 쉬운 방법은 나온 결과를 가지고 반대로 계산해 보는 것이다. 내 친구인 더그 호프만Doug Hoffman은 제곱근을 구하는 함수를 테스트하는 예제를 소개해줬다. 이 함수가 계산한 결과가 예상한 결과와 동일한지 확인하는 대신, 함수가 계산한 결과의 제곱 값을 구하는 것이다. 비슷한 방법으로 번역 프로그램을 탐험하는 경우에는 번역해서 나온 결과를 반대로 다시 한 번 번역해 확인해 보는 것이다.

또 다른 친구인 해리 로빈슨Harry Robinson은 지도에서 길을 찾아주는 알고리즘을 소개해줬다. A라는 장소에서 B라는 장소까지 가는 길과 반대로 B라는 장소에서 A라는 장소로 가는 길의 각각의 거리가 큰 차이가 없어야 한다. 계산된 두 거리가 몇 미터 이상 차이가 난다면, 문제가 있다고 생각할 수 있다.

조건 설정하기

사용자가 워크플로workflow에서 '만약 ~한다면' 시나리오를 직접 적용해 볼 수 있는 시뮬레이터를 테스트한 적이 있다. 이 시뮬레이터 프로그램에서는 큐 개수, 각 큐의 소요 시간 등 변수들을 사용자가 직접 설정할 수 있다. 설정을 끝낸 후 사용자가 '시작' 버튼을 누르면 시뮬레이터가 워크플로의 흐름을 보여준다. 시뮬레이션이 진행됨에 따라 각 큐를 지나가는 아이템을 확인할 수 있다. 시뮬레이션 진행은 최초 시작값과 아주 복잡한 수학 계산식에 의해 전적으로 결정된다.

사실 큐잉 이론queuing theory[6]의 전문가가 아니라면, 시뮬레이션이 정확하게 실제 환경을 반영하고 있는지 확인하는 것은 불가능하다. 하지만 그 당시 나는 시뮬레이션의 시작 상태를 완벽하게 제어할 수 있었다. 각 파라미터들이 어떤 영향을 미치는지 이해하기 위해 각 파라미터를 약간씩

---

[6] (옮긴이) 컴퓨터 과학에서, 큐잉 이론은 컴퓨터 내 프로세스나 객체들을 관리하기 위한 기술로서 큐를 연구하는 것이다. 큐는 다음과 같은 형태로 연구될 수 있다. 큐에 들어 있는 각 항목의 출처는 어디인지, 항목들이 큐에 얼마나 자주 도착하는지, 항목들이 얼마나 오랫동안 큐에서 대기해야 하는지, 큐 내의 일부 항목들이 순서를 앞쪽으로 이동해야 하는지, 다중 큐가 어떻게 형성되고 관리될 수 있는지, 항목들이 큐에 넣어지고 빠져 나오는 규칙은 무엇인지 등이다.

바꾸어 보면서 확인한 후에, 설정 가능한 모든 값을 최댓값(즉 큐의 최대 개수, 가장 긴 큐의 소요 시간 등)으로 바꾸어서 시뮬레이션이 어떻게 진행되는지 지켜보았다. 그런 후에는 모든 값을 다시 최솟값으로 바꾸어서 실행해 보았다. 마지막으로 어떤 값들은 최댓값으로, 다른 값들은 최솟값으로 설정한 후 진행 상황도 살펴보았다. 파라미터의 설정 가능한 최댓값으로 설정한 후에 테스트하면, 그 파라미터의 효과가 최대화되면서 파라미터가 미치는 영향을 더 손쉽게 확인할 수 있었다. 그 결과로 탐험 중에 더 유용하고 가치 있는 질문들을 할 수 있었고, 잠재적인 문제점을 훨씬 더 효과적으로 찾아낼 수 있었다.

5.4 실제 적용을 위한 조언

소프트웨어가 의도한 대로 동작하는지 아닌지 확인하는 것은 판단의 문제라고 할 수 있다. 판단하는 기술을 연마하려면 소프트웨어를 계속 사용해 봐야 한다. 그중에서도 가장 좋은 방법은 소프트웨어가 어떻게 동작할지 이해하기 위해 이 장에서 소개한 아이디어들을 적용하면서 끊임없이 연습하는 것이다.

> 항상 일어나야 하는 일과 결코 일어나지 않아야 하는 일들 그리고 아주 유용한 측정값들을 찾기 위해 프로젝트의 이해관계자들과 외부 자원들을 가지고 주어진 상황 속으로 탐험을 떠나라

- 결코 발생하지 않거나 항상 발생해야 하는 조건 찾아내기: 시스템에서

결코 발생하지 않아야 하는 일들과 항상 발생해야 하는 일들의 목록을 이해관계자들과 함께 작성하라. 특히 어떤 방법으로든 시스템의 가치를 떨어뜨릴 수 있는 위험한 조건들에 초점을 맞춰서 진행한다.

- 외부 자원 찾아내기: 현재 주어진 상황과 관련이 있는 정보들을 얻을 수 있는 외부 자원들을 찾으라. 로우 레벨 인프라스트럭처low-level infrastructure 소프트웨어를 개발하고 있다면, 관련 있는 산업계 표준을 찾아보는 것이 좋다. 법률을 다루는 소프트웨어를 개발 중이라면, 법률과 그 법률의 취지와 의미를 설명하는 다른 참고 자료들을 찾아보는 것이 현명하다. 일반 사용자들이 사용하는 소프트웨어를 개발하는 경우에도 외부 참고 자료들을 충분히 활용할 수 있다. 즉, 비슷한 종류의 소프트웨어에 대한 일반 사용자들의 평가나 리뷰를 확인하면 사용자들이 무엇을 좋아하고 무엇을 싫어하는지 알 수 있다.
- 유용한 추정값 찾아내기: 소프트웨어 내부에서 어떤 방식으로 계산을 하는지 확실하게 알 수가 없어서 결괏값이 정확한지 아닌지 확신할 수 없는 부분이 나타나면, 정확한 값을 찾아내기 위한 방법으로서 추정 전략을 사용하라.

EXPLORE IT

2부

더 깊게 들어가기

6
순서와 상호 작용 다양하게 바꿔보기

실제 사용자들은 대부분 소프트웨어 애플리케이션을 정해진 규칙에 따라 사용하지 않는다. 소프트웨어 애플리케이션을 만들 때 의도한 사용 순서를 따르지 않고 닥치는 대로 사용하는 경우가 비일비재하다.

웹 애플리케이션을 사용하는 사용자들은 현재 사용 중인 웹 애플리케이션이 브라우저의 히스토리를 통한 탐색을 지원하는지 안 하는지는 신경도 쓰지 않고, 브라우저의 '뒤로 가기'와 '앞으로 가기' 버튼을 무조건 사용하려는 경향이 있다. 브라우저의 즐겨찾기에 넣어둔, 인증이 필요한 페이지를 클릭하기 전에 로그인을 먼저 해야 한다는 사실을 크게 신경 쓰지 않는다. 메뉴에 실행취소undo와 재실행redo이 있으면 최대한 몇 번까지 실행취소와 재실행을 지원하는지 신경 쓰지 않고 실행취소와 재실행을 끊임없이 사용하려고 한다. 복사와 붙여넣기를 사용할 때도 서로 다른 프로그램이 호환되는 포맷인지 아닌지를 절대 미리 확인하지 않는다. 또한 사용자들은 주어진 제약 사항을 회피하려고 다른 방법들을 사용하기도 한다. 예를 들어, 필수 항목에 실제 정보를 입력하고 싶지 않는 경우에 다음 단계로 넘어가기 위해 스페이스만을 입력하는 방법을 사용한다.

더 심각한 것은 때때로 사용자의 아이들이나 심지어 애완 동물도 컴퓨터에 접근할 수 있다는 것이다. 결과적으로 키를 막 누르거나 순서 없이 무작위로 데이터나 프로그램을 삭제하거나 무엇인가를 설치, 삭제하는 도중에 컴퓨터 전원을 끄는 것과 같이 논리적인 사고를 지닌 사용자에게서는 절대 일어나지 않을 것 같은 일들이 일어나기도 한다.

소프트웨어를 매뉴얼에 따라 사용하든지 아니면 의도하지 않은 방법으로 사용하든지 상관없이 잠재되어 있는 심각한 문제를 찾아내려면, 소프트웨어와 상호 작용하는 방법을 바꿔볼 필요가 있다. 합리적인 사용 순서를 그대로 지키지 말고 순서를 바꿔 테스트해 보자. 매번 동일한 방법을 사용하여 테스트를 진행하는 대신, 시스템을 탐험하는 방법과 길을 바꿔 보자. 또한 논리적이고 이해할 수 있는 데이터 대신에 전혀 이해할 수 없고 터무니없는 데이터로 테스트해 보는 것도 좋은 방법이다.

이 장에서는 탐험을 진행하는 순서와 상호 작용하는 방법을 흔들어 뒤섞을 수 있는 새로운 아이디어를 알아보자.

6.1 명사와 동사

탐험을 진행 중인 소프트웨어에 점점 더 익숙해지면, 소프트웨어와 상호 작용하는 방법에 있어 특정 습관에 빠질 가능성이 높다. 예를 들어, 아마도 주소를 입력해야 할 때는 매번 '서울시 강남구 123번지' 같은 동일한 데이터를 사용하기도 하고, 화면이 있는 프로그램을 탐험할 때에도 메뉴 대신 단축키만 사용하는 습관이 생기기도 한다. 또는 로그인을 하고 새로운 데이터를 추가한 후, 방금 추가한 데이터를 검색해 보는 것과 같이, 그 순서를 전혀 바꾸지 않고 동일하게 사용하려는 경향이 있다.

습관을 고치기 어려운 두 가지 이유가 있다. 첫 번째 이유는 내 습관 이외의 다른 방법이 있다는 것 자체를 모르기 때문이고, 두 번째 이유는 내가 어떤 습관을 가지고 있다는 것을 알고 있지만 그것이 너무 편하고 이미 익숙해졌기 때문이다. 하지만 효과적으로 탐험을 하려면 내가 가보지 않은 곳에 가야만 한다. 자기 습관을 깨뜨릴 수 있는 한 가지 방법은 어떠한 규칙도 따르지 않고 무작위로 모든 일을 진행해 보는 것이다. 여기에서 소개할 '명사와 동사'라는 기법은 소프트웨어와 상호 작용함에 있어 무작위라는 개념을 적용하는 방법을 제공한다.

이 기법에서 첫 번째 단계는 시스템에서 사용되는 명사와 동사를 찾아내는 것이다. 이메일 클라이언트 프로그램을 탐험하고 있다고 가정해 보자. 이 시스템에는 이메일, 첨부, 연락처, 계정, 폴더 같이 사물을 뜻하는 명사들이 있다. 이러한 명사들에 대한 동작을 나타내는 동사들로는 작성하기, 보내기, 수정하기, 전달하기, 복사하기, 삭제하기, 이동하기 등이 있다.

사실 여기에서 예제로 사용하는 이메일 클라이언트는 사용자가 직접 눈으로 화면을 보면서 사용할 수 있는 그래픽 사용자 인터페이스를 가지는 애플리케이션이지만, 이 기법은 이런 종류의 애플리케이션에서만 국한되는 것이 아니라 어떤 종류의 소프트웨어든지 상관없이 사용할 수 있다. 임베디드 로보틱스embedded robotics 소프트웨어를 탐험하는 경우라면, 이 소프트웨어는 그래픽 사용자 인터페이스가 없지만 명사로는 센서, 모터, 부품, 목표를, 동사로는 감지하다, 이동하다, 돌다, 만지다 등을 찾아낼 수 있다. 즉 모든 시스템에서 명사와 동사를 찾아낼 수 있다. 여기에서는 더 많은 사람에게 익숙한 이메일 클라이언트 프로그램을 예로 들어 살펴보겠지만, 이 기법은 그래픽 사용자 인터페이스가 있는 소프트웨어뿐 아니라 다른 소프트웨어서도 아주 유용하게 사용될 수 있다.

시스템과 상호 작용하는 방법을 바꿔 보기 위해서는, 시스템 테스트를 진행하면서 다음에 해야 할 일을 명사와 동사 목록에서 무작위로 뽑아서 전혀 예상하지 못한 시나리오를 만들어 보는 방법이 있다. 우선 명사와 동사를 무작위로 뽑아내기 위해 필요한 명사 목록과 동사 목록을 만드는 것부터 시작하자. 이메일 클라이언트의 경우에는 102쪽에 나오는 '표 1. 이메일 클라이언트 명사와 동사 목록 예제' 같은 목록을 만들 수 있다.

이 표에 보이는 목록의 항목들은 사실 찾을 수 있는 수많은 명사와 동사 중에서 아주 작은 일부에 불과하다. 브레인스토밍을 하는 데 시간을

명사	동사
메시지	보내다
헤더	받다
임시	수정하다
첨부	저장하다
서명	내보내다
폴더	이동하다
받는 사람	보관하다
일정	답장하다
메모	전달하다
연락처	삭제하다

표 1. 이메일 클라이언트 명사와 동사 목록 예제

더 할애한다면, 분명히 항목이 훨씬 더 많은 목록을 만들 수 있다. 하지만 발생할 가능성이 있는 여러 시나리오를 이 짧은 목록으로도 순식간에 만들어 낼 수 있다.

명사 목록과 동사 목록에서 무작위로 하나씩을 선택해 문장을 만들면, 무엇을 어떻게 해야 하는지에 대한 겹치지 않는 오직 하나뿐인 대답을 100개라도 만들어 낼 수 있다(무작위로 선택하기 위해 간단하게 주사위나 카드 또는 돌림판spinner 같은 것들을 사용할 수 있다). 무작위로 10개 정도의 명사와 동사를 선택하면, 탐험 가능한 시나리오를 구골(10의 100제곱, 즉 10^{100})처럼 수없이 많이 만들어 낼 수 있다. 무수히 많은 가능성이 열려 있기 때문에, 이 기법을 사용하면 다른 어떤 방법을 사용하는 것보다, 전혀 예상하지 못했던 방법으로 시스템과의 상호 작용을 탐험할 수 있다고 확실하게 말할 수 있다.

'연락처를 삭제하다' 같이 몇몇 명사와 동사 조합은 완벽하게 의미 있는 문장이 되기도 한다. 하지만 '헤더를 보관하다'처럼 말도 안 되는 의미 없는 문장들도 있다. 사실 이렇게 무의미한 문장들은 탐험에 도움이 안될 것 같지만, 사실 탐험을 위한 여러 가지 영감을 얻기에는 의미 있는 문장보다 이렇게 무의미한 문장들이 더 큰 도움이 된다. 무의미한 문장들을 만나게 되면 상상력을 최대한 발휘해 보자. 헤더를 보관한다는 것은 어떤 의미일까? 아마도 내용은 없고 헤더만 있는 빈 이메일을 보관한다는 것은 아닐까? 아니면 이메일 헤더의 내용을 저장하려고 다른 문서로 복사한다는 의미는 아닐까? 이 경우에는 아마도 이메일 헤더의 내용을 가져올 수 있도록, 이메일 클라이언트에 내보내기 같은 기능이 있을 것이다. 무의미한 문장들을 어떻게 해석할지 여러 가지 아이디어를 가지고 계속해서 고민하다 보면, 소프트웨어에서 탐험되지 않은 지역으로 들어갈 수 있는 길을 찾을 수 있다.

명사와 동사로 이루어진 무의미한 문장처럼, 비논리적인 순서도 창조적인 발상을 가능하게 한다. 무작위로 선택했더니, '메시지를 보내다' 바로 이후에 '받는 사람을 추가하다'가 나왔다고 가정해 보자. 아마도 어떻게 이미 보내진 메시지에 받는 사람을 추가할 수 있을까 하고 의아해할 것이다. 하지만 조금 더 생각해 보면, 보낸 메시지 폴더에서 메시지를 가져와서 또 다른 사람에게 메시지를 전달하는 것과 같은 새로운 아이디어를 얻을 수도 있다.

여러 쌍의 명사와 동사 조합을 무작위로 선택해 순서대로 탐험을 진행하면 소프트웨어의 미탐험 지역에 이미 발을 딛고 있는 자신을 발견할 수 있다. 무작위로 만들어진 시나리오를 따라 탐험을 진행할 때, 예상하지 못했던 것들에서 힌트를 얻기 위해 주의 깊게 살펴봐야 한다는 것을 꼭 기억하자. 특히 시스템이 꼭 해야 하는 것들과 절대 해서는 안 되는 것들을 위반하는 경우는 없는지 항상 신경 써서 탐험을 진행해야 한다.

6.2 무작위로 사용하기

그래픽 사용자 인터페이스 기반 애플리케이션을 탐험하고 있다고 가정해 보자. 알고 있으면서도 일부러 애플리케이션을 사용하는 순서와 방법을 마구 섞어본 적이 있는가? 또는 마우스나 키보드를 사용하던 습관을 버리고 테스트를 진행하려고 노력한 적이 있는가?

그래픽 사용자 인터페이스가 있는 애플리케이션을 사용하는 방법을 바꿔보는 것은 아주 중요하다. 마우스를 사용하지 않고 테스트를 진행하면, 화면에 보이는 구성 요소들을 마우스로 클릭했을 때나 마우스 포인터가 올려져 있을 때 잘못 동작한다는 사실을 알아내지 못할 것이다. 웹 애플리케이션을 브라우저의 히스토리 기능을 사용하지 않고 탐험을 하면, 브라우저의 뒤로 가기 버튼을 클릭했을 때 어떤 일이 일어날지 알 수가 없다. 직접 입력하는 시나리오만 탐험을 하고 복사와 붙여넣기 기능을 탐험하지 않는다면, 복사와 붙여넣기를 했을 때는 입력값에 대한 유효성 검사를 하지 않는 문제가 있어도 이 문제를 발견할 수 없다.

그래픽 사용자 인터페이스가 있는 애플리케이션을 탐험할 때, 동일한 일을 할 수 있는 여러 가지 방법에 주의를 기울여야 한다. 버튼, 링크, 메뉴, 윈도 컨트롤 같이 그래픽 사용자 인터페이스를 이루는 모든 요소에 주목해야 한다. 애플리케이션에서 지원하는 단축키와 운영 체제에서 공통으로 사용되는 단축키를 모두 포함하는 키보드 단축키 목록을 만들어 보자. 데이터를 입력할 수 있는 모든 방법을 찾아내기 위해 직접 입력, 자동 완성, 복사와 붙여넣기, 끌어서 놓기 drag & drop 같은 여러 가지 방법을 사용해 보자. 숫자를 선택하는 데 사용하는 스피너 컨트롤 spinner control 이나, 더블 클릭 또는 탭을 사용해 선택할 수 있는 구성 요소들 같이 값을 입력하거나 선택하기 위한 그래픽 사용자 인터페이스 기술들이 적용되는 곳들도 집중해서 살펴봐야 한다. 소프트웨어의 어떤 부분에서 실행취소와 되돌리기 기능을 지원하는지도 메모해 두면 도움이 될 것이다.

소프트웨어를 사용할 수 있는 여러 가지 방법의 목록을 만들었다면, 다음과 같은 질문들을 다시 한 번 기억하면서 탐험을 진행하자.

- 현재 윈도를 종료하는 방법들에는 어떤 것들이 있을까?
- 현재 위치에서 이전 화면이나 이전 윈도로 다시 돌아가는 방법들에는 어떤 것들이 있을까?
- 주어진 필드에 데이터를 입력하는 방법들에는 어떤 것들이 있을까?
- 변경 사항들을 전송하거나 저장하는 방법에는 어떤 것들이 있을까?
- 실행을 취소할 수 있는 방법에는 어떤 것들이 있을까?

탐험을 하면서 한 가지 방법만을 계속 고수하기보다는, 탐험을 진행하면서 일정한 시간이나 장소에 따라 이전과는 다른 방법을 선택해서 사용해 보는 것이 큰 도움이 될 것이다.

6.3 퍼소나

앨런 쿠퍼Alan Cooper는 그의 저서 『The Inmates Are Running the Asylum』 [Coo99](『정신병원에서 뛰쳐나온 디자인』, 이구형 옮김, 안그라픽스 펴냄)에서 처음으로 퍼소나[1]라는 개념을 사용했다. 그가 설명한 대로, 퍼소나는 우리가 만든 시스템을 사용하는 사용자 유형을 대표하는 가상의 전형적인 인물을 의미한다. 앨런은 그가 만든 퍼소나의 이름과 개인적 성향

---

[1] (옮긴이) 퍼소나는 어떤 제품이나 서비스를 개발할 때 시장과 환경 그리고 사용자들을 이해하기 위해 사용되는데, 어떤 특정한 상황과 환경 속에서 어떤 전형적인 인물이 어떻게 행동할 것인지 예측하기 위해 실제 사용자 자료를 바탕으로 개인의 개성을 부여하여 만들어진다. 퍼소나는 가상의 인물을 묘사하고 그 인물의 배경과 환경 등을 설명하는 문서로 꾸며지는데 가상의 이름, 목표, 평소에 느끼는 불편함, 그 인물이 가지는 필요 등으로 구성된다. 소프트웨어 개발, 가전제품 개발, 인터렉션 디자인 개발 등 분야에서 사용자 연구의 한 방법과 마케팅 전략 수립을 위한 자료로 많이 이용되고 있다.

을 직접 정의하였다. 예를 들어, 단순히 "이 시스템의 사용자는 관리자이다"라는 말로는 충분하지 않고, "사용자의 이름은 프라딥Pradeep이고, 34세로 마이크로소프트 인증 전문가Microsoft Certified Professional 자격증을 가지고 있다"라고 정의하는 것이다.

퍼소나가 시스템을 설계할 때 도움이 되는 것처럼, 시스템을 탐험할 때도 퍼소나가 아주 유용하게 사용될 수 있다. 퍼소나라는 망토를 걸침으로써 앞뒤가 맞고 모순이 없는 가설, 기대, 요구 사항, 기발한 생각 등을 가지는 소프트웨어의 진정한 사용자가 되어 탐험을 떠나는 것이다.

회사에서 업무용 소프트웨어를 사용하고 있다고 가정해 보자. 그렇다면 앞서 이야기한 서로 다른 퍼소나들은 어떻게 다른 방법으로 소프트웨어를 사용할까?

찰스는 40대 관리자로 20년간 이 회사에서 일했고, 이제 인생에서 남은 시간도 이 회사에서 일할 수 있기를 희망한다. 하지만 찰스는 급격하게 변하는 기술들을 따라잡지 못했고 찰스 자신도 이 사실을 알고 있다. 새로운 기술에 대한 통찰력 부족이 직장에서 성공에 좋지 않은 영향을 미칠 것이라고 걱정했고, 그래서 이 사실을 숨기려고 노력한다. 몇 년 전까지만 해도 이렇게 숨기면서 지내는 것이 수월했는데, 요즘에는 회사의 거의 모든 업무에 새로운 기술이 적용된 소프트웨어의 사용이 필수가 되어버렸다. 지금까지 찰스는 직장 동료들 중에서도 최고가 되려고 열심히 노력했고 그 결과도 훌륭했기 때문에 성공 가도를 달려왔다. 또한 그는 팀 리더로서의 역할도 잘 수행했기 때문에 팀원들도 그를 리더로서 존경하고 따랐다. 하지만 그는 참을성이 많은 사람은 아니었다.

제이나는 올해 스무 살로 이곳이 그녀의 첫 직장이다. 사실 언제부터 컴퓨터를 사용했는지조차 기억에 없을 정도로 아주 오래전부터 컴퓨터를 사용했다. 컴퓨터와 새로운 기술들에 대해서는 탁월한 능력을 지녔지만, 주어진 업무에 대한 경험이 부족하고 회사 내부 업무 프로세스와 전문 용어들을 헷갈리는 경우가 많다. 하지만 그녀는 배우려는 의지가 강하고 질문을 많이 하는데, 때로는 업무에 지장을 주는데도 불구하고 그 질문에 대한 해답을 찾으려고 노력하기도 한다. 또한 자기가 할 수 있는 것들을 몹시 자랑하고 싶어 한다.

보리스는 나이가 50이 넘었지만 새로운 기술들을 너무나 좋아한다. 그는 항상 최신 기술에 대한 정보를 섭렵하고 있다. 태블릿 컴퓨터가 처음 나왔을 때, 회사에 태블릿 컴퓨터를 처음 가져온 사람이 바로 보리스다. 소프트웨어나 애플리케이션의 최신판이 출시되자마자 바로 업그레이드해야만 직성이 풀리는 성격이다. 또한 보리스는 자신이 맡은 업무를 안팎으로 완전히 이해하고 있다. 30년 동안 한 분야에서 일해왔고, 지난 8년 동안은 이 회사에서 근무했으며 그 이전에는 경쟁 업체에서 22년 동안 일했다.

예상할 수 있듯이, 찰스와 제이나와 보리스는 동일한 애플리케이션을 완전히 다른 방법으로 사용할 것이다. 이들 각자는 일반적으로 이야기하는 기술뿐 아니라 특히 회사에서 업무용으로 사용하는 소프트웨어에 대해 이해도와 숙련도가 서로 다르다. 각자 서로 다른 목적으로 소프트웨어를 사용할 것이다. 그리고 각자 나름대로 방법으로 소프트웨어에 익숙해질 것이다. 찰스는 참을성이 부족하여 이해하지 못하는 기술에 대해서는 쉽게 짜증 내거나 화를 내기 때문에, 키보드만 요란하게 두드리며 키보드에 화풀이할 가능성이 크다. 즉, 컴퓨터의 응답이 늦으면, 컴퓨터가 응답할 때까지 몇 번이고 계속해서 요란하게 키를 누를 것이다. 반대로 제이나는 업무 효율성을 높이려고 자신의 컴퓨터 능력을 십분 활용할 것이다.

만약 일반 사람들은 잘 모르는 은밀한 방법이 있거나 여러 가지 기초적인 작업을 자동화할 수 있는 스크립트 같은 방법이 있다면, 어떻게든 찾아내서 활용하려고 노력할 것이다. 마지막으로 보리스는 최신 기술들과 관련된 문제로 고심하고 있을 가능성이 높다.

퍼소나의 입장이 되어서 생각해 보자. 소프트웨어를 탐험할 때 퍼소나의 개인적인 성격, 의도, 관심사 등을 받아들여야 한다. 내가 만든 퍼소나가 선택할 것 같은 것을 똑같이 선택하도록 노력해야 한다.

소프트웨어를 탐험할 때 실제 사용자 역할을 대신해 주는 전형적인 퍼소나를 정의함으로써, 서로 다른 사용자들이 소프트웨어를 얼마나 다르게 사용하는지에 따라 달라지는 변화들과 관련된 문제들을 더 잘 찾아낼 수 있다.

이 아이디어에서 한 단계 더 나아가서 극단적인 퍼소나를 떠올려보자. 예를 들어 기술에 대해서는 전혀 모르는 찰스를 생각해 보자. 조금 더 좋지 않은 상황으로 몰아넣자면, 모든 기술 지원 엔지니어에게 최악의 악몽 같은 경험을 만들어주는 퍼소나를 만들어 보자. 마우스를 발로 사용하는 어떤 도구로 알고 있고, 네트워크 연결이 끊어졌을 때 왜 이메일을 보낼 수 없는지 전혀 이해하지 못하는, 기술적인 부분들에 대해서는 전혀 지식이 없는 누군가를 상상해 보자. 이제 그 사람이 되어보자. 그 사람이 되어서 그 사람이 무엇을 하려고 하는지, 그리고 소프트웨어가 어떻게 응답하고 거기에 대해선 그 사람이 어떻게 반응하는지 주목해 보자. 이렇게 하려면 아마도 창의적이고 풍부한 상상력이 필요할 것이다. 즉흥 연기improv의 한 형태라고 생각하면 된다. 기술적인 지식이 전혀 없는 사람의 역할을 하면서 그 사람이 처한 상황을 재미있게 즐겨보자.

6.4 실제 적용을 위한 조언

소프트웨어를 탐험하는 방법을 뒤흔들어 놓기 위해 이 장에서 소개한 아이디어들을 사용해 보자. 탐험을 진행하면서 나도 모르게 어떤 습관을 가지고 있지는 않은지 주의해서 살펴보자. 탐험을 하면서 주로 키보드만을 사용하는가? 아니면 주로 마우스만 사용하고 있지는 않은가? 탐험 중에 데이터가 필요한 상황이 오면 동일한 데이터를 계속해서 사용하고 있는가? 매번 동일한 순서대로 어떤 일들을 하고 있지는 않는가?

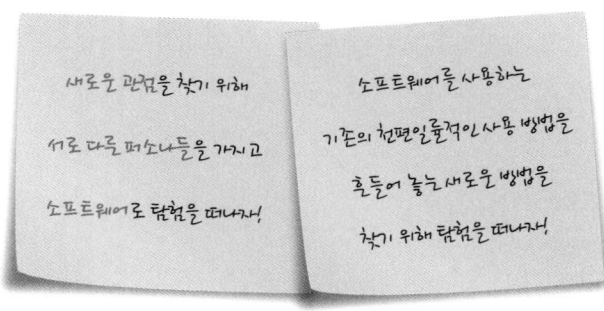

어떤 습관을 발견하든지 상관없이, 습관적으로 하던 방법을 피하기 위해 의식적으로 노력하라. 항상 키보드 단축키만 사용한다면, 조금 늦어도 괜찮으니 마우스를 사용해 보자. 무의식적으로 동일하게 사용하던 데이터도 바꿔보자. 좀 더 현실적이거나 문제를 더 잘 드러낼 수 있는 데이터로 바꾸는 것이 좋다(예를 들어, 이름의 성이 필요하다면 현실적이고도 문제를 더 잘 드러낼 수 있는 O'Malley 같은 데이터가 아주 좋은 선택이 된다).

    마지막으로 이 모든 것을 받아들일 수 있는 퍼소나를 선택하자. 퍼소나가 어떻게 행동할지 상상하는 것과 일관되게 행동하자. 만화 주인공과 같이 얼핏 너무 지나쳐 보이는 극단적인 퍼소나를 선택하는 것도 좋은 생각이다. 구석기 시대를 배경으로 하는 애니메이션 프린스톤 가족The Flintstone의 주인공인 프레드 프린스톤Fred Flintstone은 소프트웨어를 어떻게 사용할까? 『일리아스』와 『오디세이아』를 쓴 고대 그리스의 유랑 시인인 호메로스나 미국 전형적인 중산층 가족의 생활상을 담은 애니메이션 심슨 가족The Simpsons에서 큰아들로 나오는 스프링필드 초등학교 4학년생인 바트 심슨Bart Simpson은 어떤가? 또는 얼핏 보면 인공적인 가정용 스폰지처럼 보이지만, 바다를 사랑하는 평화주의자이며 실력을 인정받는 유능한 요리사인, 스폰지밥 네모바지Sponge Bob Square Pants 애니메이션의 주인공인 스폰지밥 네모바지라면?

7
개체와 개체들 사이의 관계 탐험하기

사물thing. 소프트웨어는 사물을 사용하고, 사물에 의존하기도 하며, 사물을 관리하기도 한다. 사용자는 사물을 만들고, 변경하고, 삭제할 수도 있다. 이 사물들이야말로 소프트웨어가 존재하는 이유다.

그렇다면 이 사물들은 무엇일까? 어떤 것이든 상관없다. 모든 시스템에서 사용되는 사용자 계정이나 보고서 또는 메시지 같이 공통으로 사용되는 사물일 수도 있다. 아니면 회계 시스템에서 사용되는 청구서, 재고 관리 시스템의 물품, 네트워크 관리 시스템에서 노드, 소셜 네트워크의 친구 같은 특정 도메인에서만 사용되는 사물일 수도 있다.

이러한 사물들이 '6.1 명사와 동사'에서 나오는 명사들이다. 또한 구조적 분석과 설계structured analysis and design에 뿌리를 두고 있는 개체entity라는 용어로도 알려져 있다.

이 장에서는 시스템에서 개체를 찾아내는 방법과 찾아낸 개체들 사이에 관계를 맺어주는 방법을 소개하려고 한다. 'CRUD(Create, Read, Update, Delete: 생성하기, 읽기, 변경하기, 삭제하기) 휴리스틱'을 사용해 탐험하는 방법들도 배우게 될 것이다. 더 나아가서 이전 장에서 살펴본 '0, 1, 다수 휴리스틱' 같은 휴리스틱들을 이 장에서 소개하는 개체를 탐험하는 휴리스틱과 결합하여 사용하는 방법도 함께 알아보자.

7.1 개체, 속성 그리고 의존성 찾기

탐험 중인 시스템에서 개체를 찾으려고 마음만 먹으면 쉽게 찾을 수 있다.

사용자가 만들 수 있는 게 무엇인지 찾아보는 것이 개체를 가장 쉽게 찾아낼 수 있는 방법이다. 예를 들어, 그래픽 사용자 인터페이스가 있는 애플리케이션을 탐험 중이라면, 메뉴에서 '새로 만들기'를 선택하거나 화면에서 더하기(+) 이미지의 아이콘을 클릭해서 새롭게 무엇인가를 만들 수 있는 곳을 찾아보면 된다. API가 있는 소프트웨어를 탐험하고 있다면, 생성자를 호출하는 객체를 찾아보면 된다.

개체는 개체의 특성을 설명해주는 데이터 요소인 속성을 가진다. 이메일 메시지는 보내는 사람, 제목, 내용이라는 속성이 있고, 재고 물품은 이름, 설명, 가격이라는 속성이 있다. 개체를 찾아낸 후에 바로 그 개체가 가지고 있는 속성 목록을 작성하는 것이 좋다. 이 장에서 소개하는 휴리스틱을 사용하여 탐험하면서 찾아낼 수 있는 가지각색 속성('4장 눈여겨 볼 변수 찾아내기'를 참고하라)이 더 깊은 곳을 탐험할 수 있게 해주는 중요한 열쇠가 된다.

명백하게 보이지 않는 개체 찾아내기

몇몇 개체는 많은 노력을 기울이지 않고도 찾아낼 수 있지만, 대다수 시스템에는 한 번 봐서는 잘 알 수 없는 다른 종류의 개체들도 많이 존재한다. 이 책에서 소개한 다른 기법들과 마찬가지로, 짧은 시간에 전체적으로 살펴보고 탐험에 더 도움이 되는 것들을 찾아야 하는 경우에 이 장에서 소개하는 접근 방법이 아주 유용할 것이다. 그래서 여기에서 눈에 잘 띄지 않는 개체들을 찾아낼 수 있는 몇 가지 접근 방법을 소개한다.

- 사용자보다는 시스템 측면에서 더 잘 보이는 개체들에 주목하라. 보통

시스템에 로그인을 하면 세션이 만들어진다. 세션은 사용자에게는 보이지 않지만 시스템에서 만들어지고 관리되는 개체다. 로그인을 하면 세션이 만들어지고, 로그아웃을 하면 세션이 삭제된다. 세션이 만들어지고 삭제될 때까지 세션은 지속 시간, 연결한 IP 주소 같은 속성들을 가지고 있을 것이다.

- 그래픽 사용자 인터페이스를 찾으라. 새로운 데이터가 만들어지는 것과는 별 관계가 없어 보이는 화면이라 할지라도 눈여겨보는 것이 좋다. 화면에 있는 필드에 데이터를 입력하고 전송하는 경우라면, 십중팔구는 어떤 개체를 만들거나 변경하는 것이다.
- 순서를 바꿔서 속성들을 먼저 찾고 찾아낸 속성들을 기반으로 개체를 찾으라. 시스템이 사용하고 관리하는 모든 데이터는 적어도 하나의 개체와 어떤 식으로든지 연결되어 있다. 쉽게 찾을 수 있는 데이터 하나를 선택하고, 그 데이터와 관련이 있어 보이는 좀 더 큰 무엇인가를 찾아보는 것이다. 좀 더 큰 데이터일 수도 있고, 우리가 찾고 있는 개체일 수도 있다. 특히 글자보다는 화면에 그림으로 표현되는 속성들에 더 신경을 집중하는 것이 도움이 된다. 서식에서 선택 가능한 위치, 크기, 색 같은 것들이 또 다른 개체를 찾아낼 수 있다는 아주 좋은 신호다.

시스템에서 다른 종류의 개체들의 목록을 계속해서 작성하다 보면, 아마도 모든 개체가 연결되어 있다는 사실을 눈치챌 수 있을 것이다. 처음에는 한 개체의 단순한 속성처럼 보였는데 결국에는 그 속성이 하나의 개체가 되는 경우도 있다. 이메일 주소는 이메일을 받는 사람이 누구인지를 나타낸다. 이메일 클라이언트에서 이메일을 보낼 때 '보내는 사람' 항목에 이메일 주소를 입력하는 경우에는 그냥 단순한 하나의 속성이다. 또는 이름, 이메일 주소, 집 주소 등과 함께 연락처가 되기도 한다.

이렇게 찾아낸 개체들을 가지는 목록 초안을 작성했다면, 다음 단계는 이렇게 찾아낸 서로 다른 종류의 개체들이 어떻게 서로 연결되는지 그림으로 관계를 나타내보는 것이다.

관계 맺어주기

하나의 개체가 홀로 존재하는 경우는 거의 없다. 모든 사물은 서로 관계를 맺고 있다. 다른 사물에 의존하기도 하고, 속해 있기도 하고, 다른 사물을 포함하기도 한다. 모든 것은 서로 연결되어 있다. 이메일 클라이언트에서 메시지들은 서로 관계가 없어 보이지만, 대화 모드를 사용하면 주제가 동일한 메시지들은 서로 관련된다. 동시에 모든 메시지는 주소록에 있는 주소와도 연결되어 있을 것이다.

시스템에 있는 사물들에 대해 어떻게 이야기하는지 주의 깊게 살펴보면 의존 관계를 찾아낼 수 있다. 개체가 "~를 가지고"라고 말하는 경우라면, 아마도 두 개체 사이에 관계를 발견했다는 신호일 것이다. 계좌는 주 연락처를 가지고 있고, 명세서는 거래 내역을 가지고 있고, 문서는 수정 내역들을 가지고 있다.

이런 연결 관계의 특성을 표현하기 위해 개체 관계 다이어그램Entity Relationship Diagram을 그릴 수 있다. 사실 이 다이어그램은 수십 년 전부터 이미 사용되고 있었다. 프로그래머, 데이터베이스 관리자, 아키텍트들이 기술 명세서 초안을 작성하면서 시스템 설계 산출물에 개체 관계 다이어그램을 포함하는 경우가 매우 많았다. 하지만 이 다이어그램은 테스트를 위해 시스템을 분석할 때도 진가를 드러낸다.

예제를 살펴보자. 재고 관리 시스템을 탐험 중이라고 가정해 보자. 시스템에 있는 각 물품은 공급업체에서 오고, 각 공급업체는 여러 물품을 가지고 있다. 이 개체들 사이의 관계를 다음 그림과 같이 표현할 수 있다.

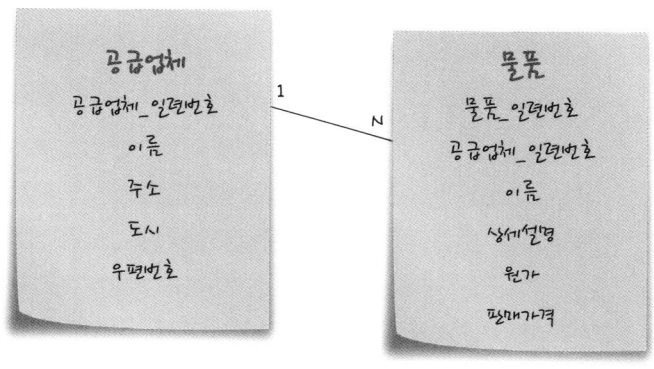

　이 그림은 공급업체와 물품이라는 개체를 나타내는 두 개의 상자와 이 두 개체 사이의 연결 관계도 보여준다. 상자 안에 있는 목록은 각 개체가 지닌 속성들을 나타낸다. 두 상자를 연결해주는 선 위에 있는 '1'과 'N'은 시스템에서 하나의 공급업체가 많은 물품을 제공할 수 있다는 것을 보여준다.

　시스템에 있는 개체들 사이의 관계를 그리다 보면, 아마도 일대다 one-to-many 관계보다 더 복잡한 관계들을 만나게 된다. 예를 들어, 어떤 물품이 여러 공급업체에서 제공될 수 있다면 어떻게 표현해야 할까? 이 경우 각 공급업체는 물품의 판매 가격을 각자의 상황에 맞춰서 결정할 것이다. 하지만 어떤 공급업체가 물품을 공급하든지 상관없이 우리 회사는 물품에 대한 재고 관리를 위한 식별자로 동일한 일련번호를 사용해야 하는 필요성이 있는데, 이 상황을 앞의 그림으로는 표현할 방법이 없다.

　이런 상황에서 개체들과 그 개체들의 관계를 표현하기 위해 데이터베이스 스키마를 설계해야 한다면, 이런 다대다 many-to-many 연결을 표현할 수 있는 새로운 방법, 즉 두 개체 사이에 또 다른 테이블을 추가해야 할 필요성을 느끼게 된다. 새로운 테이블은 공급업체와 물품 사이에 존재하는 각각의 특별하고 고유한 관계를 나타내면서 공급업체와 물품 사이를 연결해준다.

이런 관계는 '그림 1. 다대다 관계: 여러 공급업체와 여러 물품'에서 보이는 개체 관계 다이어그램과 같이 나타낼 수 있다.

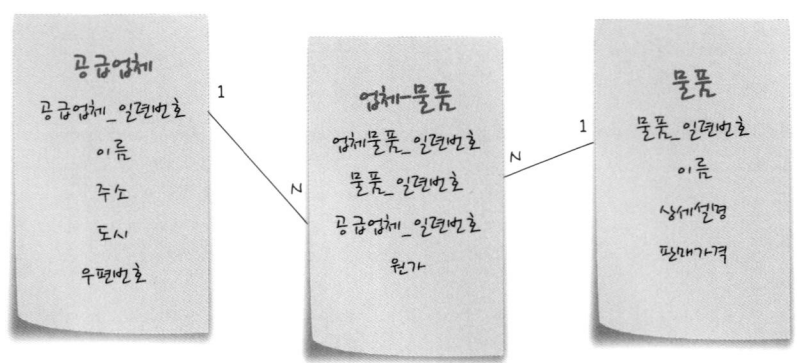

그림 1. 다대다 관계: 여러 공급업체와 여러 물품

사실 개체 관계 다이어그램을 그리는 순간에는 추후에 실제로 데이터가 어떻게 저장될지 100% 확신과 통찰력이 없을 수도 있지만, 경험을 바탕으로 합리적 추측은 할 수 있다. 합리적 추측을 바탕으로 개체들 사이의 연결 관계까지 다 그리고 난 후에, 완성된 모델을 기반으로 탐험이 꼭 필요한 곳을 선택할 수 있다. 이 장의 남은 부분에서는 개체와 함께 탐험하는 휴리스틱을 소개하겠다.

7.2 CRUD: 생성하기, 읽기, 변경하기, 삭제하기

'CRUD 휴리스틱'은 생성하기Create, 읽기Read, 변경하기Update, 삭제하기Delete의 앞 글자를 따서 이름 지어졌다. 사실 이 CRUD라는 이름은 테이블에 저장되어 있는 데이터를 다루기 위해 생성하기, 읽기, 변경하기, 삭제하기라는 네 개의 중요한 기능을 사용하는 관계형 데이터베이스에서 처음 사용되었다. 데이터베이스에 데이터를 저장하고, 저장되어 있는 데이터를 가져오는 것이 주 목적인 소프트웨어 애플리케이션을 일반적으로 '기본적인 CRUD 애플리케이션'이라고 부른다.

'CRUD 휴리스틱'은 관계형 데이터베이스에 그 뿌리를 두고 있지만, 시스템이 데이터를 저장하기 위해 데이터베이스를 사용하든 안 하든 상관없이 적용할 수 있다. 소프트웨어가 관리하는 서로 다른 종류의 여러 개체를 생성하고, 보여주고, 변경하고, 삭제하는 여러 방법을 시도해 보면서 탐험의 지경을 넓혀보자.

사실 몇몇 시스템은 앞서 소개한 네 가지 기본 기능을 명백하게 포함하고 있기도 한다. 예를 들어, 어떤 시스템은 문서 메뉴에서 새로 만들기를 선택해 새로운 문서를 만드는 기능이 있다. 하지만 때로는 네 개의 CRUD 기능이 어떻게 실행되는지 확실하게 보이지 않을 때도 있다. 즉 개체를 생성하고, 변경하고, 삭제하는 기능들이 간접적으로 연결되어 있는 경우들도 있다. 이메일 시스템을 탐험하는 경우라면, 이메일 메시지도 하나의 개체다. 이메일을 보낸다는 것은 새로운 메시지를 하나 만든다는 것을 의미한다. 이메일 클라이언트 소프트웨어의 관점에서 보았을 때 찾아내기 더 어려운 것은 이메일을 받는 것 또한 새로운 메시지를 생성하는 방법 중 하나라는 것이다.

만약 애플리케이션이 CRUD만을 가지고 있다면, '6장 순서와 상호 작용 다양하게 바꿔보기'의 또 다른 형태로 다루어질 수 있다. 하지만 다음 단계는 개체들이 서로 어떻게 연관되어 있는지 고려하면서 더 깊은 곳을 탐험하고, 'CRUD 휴리스틱'과 다른 휴리스틱을 함께 적용한 후에 그런 관계에서의 변화를 탐험하는 것이다.

데이터에 변화를 주면서 CRUD 적용하기

'4장 눈여겨볼 변수 찾아내기'에서 이야기했듯이, 탐험의 좋은 시작점은 값들을 바꿔보는 것이다. CRUD를 사용해서 개체를 탐험할 때, 개체가 가지는 속성값들을 계속 바꿔 가면서 개체를 생성하고, 보여주고, 변경하고, 삭제하도록 해 보자.

때로는 아주 작은 변화가 탐험에서 놀라운 성과를 가져올 수도 있다. 내가 직접 테스트했던 소프트웨어 애플리케이션에서는, 사용자 계정 정보에 URL이 포함되어 있었다. 하지만 사용자가 URL에 웹 주소를 입력하면서 'http://' 부분을 삭제하고 웹 주소를 입력하면, 화면에서는 마치 데이터가 저장되는 것처럼 보였지만 실제로는 데이터가 저장되지 않는 경우가 있었다. 웹 주소 형식에서의 사소한 변화였지만, 아주 골치 아픈 버그를 만들어 냈다.

소프트웨어에서 흔하게 발견되는 오동작 중 하나는 필수가 아닌 선택 값들을 지우려고 할 때 나타난다. 우체국에서 배달하는 우편물에서 이러한 현상이 가끔 나타난다. 지금은 단독 주택에서 살고 있지만 이곳으로 이사오기 전에는 아파트에서 지냈다. 현재 살고 있는 곳으로 배달되는 우편물을 보면, 현재 단독 주택 주소에는 동호수가 필요 없는데도 때때로 현재 단독 주택 주소에 이전에 살던 아파트의 동호수가 아직도 그대로 적혀 있는 경우가 있다. 우편물을 보내는 회사에서는 내 주소 정보를 분명하게 변경했지만, 이제는 아파트가 아닌 단독 주택에 살고 있어서 필요도 없고 필수 정보도 아닌 동호수 정보를 어쩐 일인지 삭제할 수가 없었던 것이었다. 이런 비슷한 문제점이 있는 소프트웨어를 테스트해본 적도 있다. 그래서 지금은 필수가 아닌 선택 정보 입력 필드가 있으면 적절한 값을 넣어서 개체를 생성해 보고, 그러고 난 후에 선택 정보들에 있는 모든 값을 삭제한 후에 변경되는지 꼭 확인해본다.

CRUD를 적용하는 여러 방법들

대부분 한 개체에 CRUD를 적용할 수 있는 방법이 한 가지만 있는 것이 아니라 여러 다른 방법이 존재한다. 예를 들어, 데스크톱 애플리케이션이라면, 파일 메뉴에서 새로 만들기를 선택해서 새로운 파일을 만들 수도 있고, 이미 존재하는 문서에서 다른 이름으로 저장 기능을 사용해서 새로운 파일을 만들 수도 있다. 다음과 같은 여러 가지 방법을 동원해서 개체에 CRUD를 적용할 수 있는 여러 다른 방법을 찾아보자.

- 다른 방법, 다른 스크린, 다른 명령어들을 사용해서 탐험함으로써
- 어떤 기능에서 기대하지 않았던 결과를 통해
- 실행취소/재실행 명령어를 통해

일반적인 방법으로 만들어진 개체와 그것과는 다른 방법으로 만들어진 개체 사이에 존재하는 속성이나 기능에서의 차이점을 잘 살펴야 한다. 예를 들어, 재고 관리 시스템에서 재고가 미리 정해진 기준 이하로 떨어지면, 시스템이 자동으로 주문을 생성한다. 이렇게 만들어진 주문은 아마도 사용자가 필요에 의해 만든 주문과는 다른 방법으로 만들어지고 처리될 것이다. 바로 이런 차이점들이 앞으로 우리가 탐험해야 하는 미개척 지역이다.

0, 1, 다수 휴리스틱과 CRUD 휴리스틱

시스템에서 개체들이 서로 어떻게 연관되어 있는지 이해하면, 'CRUD 휴리스틱'과 '0, 1, 다수 휴리스틱'을 결합하여 사용할 수 있다. 다음과 같은 상황들을 살펴보자.

- 연결 관계가 전혀 없는 개체를 만들 수 있는가? 예를 들어, 재고 관리

시스템을 탐험 중이라면, 공급업체가 없는 물품을 생성할 수 있는 방법이 있는가? 시스템이 비즈니스 제약 사항을 위반할 수 있는 경우라면 특히 더 흥미롭게 살펴봐야 한다.
- 만약 연결 관계를 많이 가지고 있는 무엇인가가 삭제된다면 어떤 일이 발생하는가? 종속된 개체도 삭제되는가? 아니면 어떤 방법으로든 영향을 받게 되는가? 재고 관리 시스템을 다시 예로 든다면, 만약 시스템에서 한 공급업체가 삭제되면 그 공급업체가 가지고 있는 물품들은 어떻게 되는가?
- 기존에 가지고 있던 연결 관계를 끊고 새롭게 다른 연결 관계를 맺을 수 있도록 개체를 변경하는 것이 가능한가? 다시 가상의 재고 관리 시스템으로 들어가보면, 물품의 공급업체가 바뀌는 경우에 그 물품이 가지고 있는 공급업체라는 속성만 변경하면 괜찮은가?

내가 테스트했던 여러 시스템에서는 상위 개체, 즉 앞서 예로 사용한 재고 관리 시스템에서는 공급업체에 해당하는 상위 개체를 삭제하면, 그 개체에 종속된 다른 개체들을 더는 볼 수가 없었다. 종속 개체를 보려고 억지로 시도를 하면, 때로는 봐도 이해할 수 없는 프로그래밍 언어의 스택 추적과 관련한 메시지를 포함해서 어떤 형태로든지 에러 화면을 만나게 될 것이다.

116쪽 '그림 1. 다대다 관계: 여러 공급업체와 여러 물품'에서 보이는 관계처럼, 개체들 사이의 관계가 더욱 더 복잡해질수록, 'CRUD 휴리스틱'과 '0, 1, 다수 휴리스틱'을 함께 적용할 수 있는 기회가 더욱 더 많아진다. 공급업체가 가지고 있는 마지막 물품을 삭제함으로써 공급업체가 물품을 하나도 가지고 있지 않은, 즉 공급업체가 0개의 물품을 가지고 있는 상황을 만들 수 있다. 비슷한 방법으로 물품의 마지막 공급업체를 삭제함으로써 물품이 속성으로 가지고 있는 공급업체가 존재하지 않는, 즉 물품이 0개의 공급업체를 가지는 상황도 만들 수 있다. 다음으로 1을 적용해 보기 위해 공급업체가 오직 1개의 물품만을 가지고 있고, 이 물품도 오직 1개의 공급업체에서만 제공되는 상황도 생각해 볼 수 있다.

이런 상황들을 만났을 때, '3장 세심하게 관찰하기'에서 소개한 '숨겨진 문제를 찾아내기 위해 콘솔과 로그 살펴보기'를 꼭 기억하자. 또한 시스템의 나머지 다른 부분들도 주의 깊게 살펴보아야 한다. 앞서 이야기한 환경이나 조건을 만들기 위해 무엇인가를 수정한 것이, 리포트나 검색 같은 시스템의 다른 곳에서 새로운 문제를 야기하게 될지 아무도 알 수가 없다. 이런 문제를 해결하기 위해 다음에 나오는 '데이터 따라가기 휴리스틱'이 꼭 필요하다.

7.3 데이터 따라가기

개체는 생명 주기가 있다. 개체들은 생성되고 결국에는 삭제되어 없어진다. 생성되어 삭제될 때까지 시스템의 여러 곳에서 사용된다. 소프트웨어에 어떤 개체들이 있는지 개체 목록을 얻을 수 있는 손쉬운 방법 중 하나는 검색과 리포트 기능을 확인해 보는 것이다. 테스트를 진행 중인 소프트웨어가 만들어진 목적에 따라, 워크플로에서 사용되는 큐 또는 사용자의 활동 기록 같이 개체를 화면에 보여주는 여러 가지 다른 방법이 있을 것이다.

여러 속성값과 개체들의 연관 관계를 사용해서 개체에 CRUD 기능을 실행하는 여러 다른 방법을 탐험하다 보면, 새로운 개체들을 만날 수 있는 여러 다른 장소를 발견할 수 있다. 가능하면 이런 마음가짐으로 개체들을 가지고 CRUD 기능을 실행해 보자. 시스템의 한 부분에서 변경된 것이 시스템의 또 다른 곳에서는 변경되지 않고 여전히 이전 값을 가지고 있는 것은 아닌지 주의해서 살펴보자.

또한 한 부분에서 실행된 어떤 기능의 결과로 소프트웨어의 다른 부분에서 문제가 생기는 부작용이 발생하지는 않는지 잘 살펴봐야 한다. 예를 들어, 출판 애플리케이션을 탐험 중이라면, 보통 '최근 사용한 문서' 목록에서 이전에 사용했던 문서를 찾아서 다시 내용을 확인할 수 있다. 문서가 이미 삭제된 경우에도 여전히 '최근 사용한 문서' 목록에서 보이는가? 만약 삭제된 문서를 확인하려고 하면 어떤 문제가 발생하는가?

7.4 실제 적용을 위한 조언

물론 이 장에서 소개한 아이디어들을 연습할 수 있는 가장 좋은 방법은 이 아이디어들을 직접 사용해 보는 것이다.

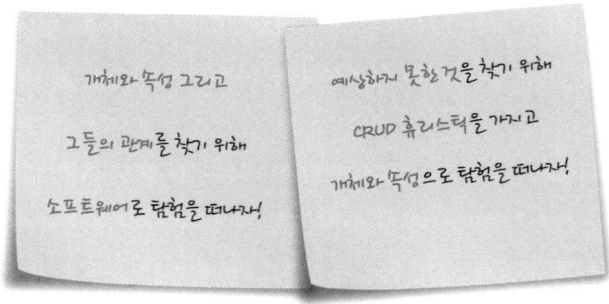

개체와 속성 그리고 그것들의 관계를 찾아내기 위해 소프트웨어를 탐험하자. 개체 관계 다이어그램을 사용해 개체 모델을 그려보자. 'CRUD 휴리스틱'을 사용하여 탐험을 할 때 개체 관계 다이어그램이 아주 큰 도움이 된다. 속성들의 값을 바꿔주는 휴리스틱과 'CRUD 휴리스틱', 이 두 휴리스틱을 함께 사용해 보자. 만약 어떤 개체들이 보는 관점이 달라지면 다르게 보이거나 심지어 다르게 동작한다면, 문제를 찾아내기 위해 시스템에서 데이터를 따라가보자.

이렇게 진행하면서 '4장 눈여겨볼 변수 찾아내기'에서 소개한 기법들을 어떻게 개체들에 적용해 볼 수 있을지 관심을 기울여보자. 어떤 변수들을 찾아낼 수 있을까? 속성값들은 계속해서 바뀔 수 있으므로 변수라고 할 수 있다. 개체 개수와 하위 개체들 개수 같은 또 다른 변수들도 있다.

'6장 순서와 상호 작용 다양하게 바꿔보기'에서 소개한 아이디어도 여기에서 적용해 볼 수 있다는 사실도 잊지 말자. 개체들은 명사이고 생성하기, 읽기, 변경하기, 삭제하기는 동사다.

5~7장에서 소개한 아이디어들을 함께 사용함으로써 더 깊게 그리고 더 멀리 탐험을 떠날 수 있다. 여러 속성값을 가지는 개체 또는 다른 특성을 가지는 개체들을 가지고 CRUD 기능들의 순서를 바꿔 가면서 탐험을 떠나자.

8 상태와 전이 발견하기

실패 상황을 그대로 재현해 내는 것이 정말 어려웠던 경우가 있는가? 아마도 아주 드물게 발생해 큰 피해를 주는 심각한 에러를 만났거나 손상된 데이터로 인해 근본 원인을 찾을 수 없는 경우도 있었을 것이다.

이런 심각한 결함들은 취약점이 외부로 노출되는 그 짧은 순간에 무엇인가가 일어났을 때 발생하곤 한다. 예를 들어 모든 조건이 똑바로 일렬로 늘어선 경우에는 한 가지만 실패해도 다른 길로 가기 때문에 잘못될 가능성이 매우 높다. 소프트웨어가 파일에 무엇인가를 쓰려고 할 때는 먼저 파일에 락lock을 건다. 보안 콘텐츠에 접근하려고 하는 바로 그 순간에 세션이 만료되기도 한다. 흔하게 발생하지는 않지만 시스템의 한 부분이 데이터 생성을 마치기도 전에 시스템의 다른 부분에서 그 데이터를 업데이트하려고 할 때는, 공유 자원에 대해 프로세스 여러 개가 동시에 접근을 시도하는 상태를 이야기하는 레이스 컨디션race condition이 발생하기도 한다.

이러한 상황들은 보통 매우 짧은 순간에 발생하기 때문에 발견하기가 매우 어렵다. 아마도 의도적으로 이런 상황을 만들려고 해도 어떻게 만들어야 할지 알 수가 없을 것이다. 심지어는 미리 예상하고 준비할 수 있도록 언제 이런 상황들이 발생하는지 그때를 아는 것도 쉽지 않다. 언제 취약점이 외부로 노출되는지 그때를 알 수 없다면, 그 상황과 관련된 버그들을 찾아내거나 재현하는 방법은 오직 시행착오를 거치는 방법밖에 없기 때문에 매우 힘든 상황이 된다.

하지만 다행스럽게도 상태 모델을 사용해서 언제 취약점이 외부로 노출되는지 찾아내고 활용할 수 있는 시스템적인 접근 방법이 있다. 이 장에서는 상태 모델을 작성하고 타이밍과 관련된 문제들을 외부로 드러내기 위해 휴리스틱을 사용하는 방법을 배우게 될 것이다.

만약 내부 구현에 대한 상세한 것들보다 눈에 보이는 동작들에 초점을 맞추면, 이 장에서 이야기하는 것보다 더 많은 것을 얻을 수 있다는 사실을 명심하자. 외부에서 바라보는 관점에서 모델링에 집중하면, 전체 기술 스택technology stack에서 내가 이미 알고 있어서 친근한 계층에서뿐 아니라 각각의 모든 계층에서 발생하는 상태와 반응을 볼 수 있다. 그래서 소프트웨어의 내부 지식을 이미 알고 있다 하더라도, 그 지식에 갇혀서 이미 알고 있는 것들이 어떻게 흘러가는지 그냥 확인하기보다는, 잠깐 그 지식을 옆에 내려놓고 눈앞에서 일어나는 일에 초점을 맞추는 것이 꼭 필요하다.

8.1 상태와 이벤트 구분하기

상태 전이와 상태 전이를 일으킨 이벤트를 알아차리는 것은 말하기는 쉽지만 실제로 직접 찾아내기란 그렇게 쉬운 일은 아니다. 때로는 상태가 시간이 지남에 따라 바뀌기도 하고 직접 제어할 수 없는 이벤트 때문에 바뀌기도 하는 등, 매우 미묘하고 순식간에 지나가 버린다. 하지만 이렇게 찾아내기 어려운 상태들이 특히 더 중요하다. 보통 이런 상태들이 꼭 탐험해 봐야 하는 곳들임에도 불구하고, 그것들의 변하는 특성 때문에 찾아내기가 매우 어렵기 때문이다. 동일한 이유로 상태를 변화시키는 모든 조건을 찾아내려면 아주 자세한 부분까지 놓치지 말고 주의 깊게 살펴보아야 한다. 이 절에서는 발견하기 어려운 상태와 이벤트를 좀 더 쉽게 찾아내는 데 도움이 되는 아주 유용한 가이드를 얻을 수 있다.

상태는 계속 변한다

내 친구 앨런 A. 요르겐슨Alan A. Jorgensen은 상태를 발견하기 위해 다음과 같은 세 가지 간단한 질문을 한다.

- 이전에는 할 수 없었는데 지금은 할 수 있는 것들이 있는가?
- 이전에는 할 수 있었는데 지금은 할 수 없는 것들이 있는가?
- 동일한 동작이 이전에 했을 때와 지금 했을 때 다른 결과를 가져오는 경우가 있는가?

이와 같은 각 질문에 대한 답변이 "예"라면 앨런은 새로운 상태를 발견했다는 것을 확신했다.

또한 무슨 일이 일어나고 있는지 설명할 때 사용하는 단어나 용어에 주의를 기울이면 상태를 발견할 수도 있다. 다음과 같은 예제들에서처럼, 소프트웨어를 설명할 때 '하는 동안'이라는 단어가 사용되는 상황을 주목해 보자.

- 시스템이 데이터를 가져오는 동안
- 시스템이 보고서를 작성하는 동안
- 계정이 일시 정지되어 있는 동안
- 전화가 대기 상태에 있는 동안
- 서버가 사용량 데이터를 모으는 동안

언제라도 어떤 기능을 설명하면서 '하는 동안'이라는 단어를 사용할 수 있다면, 상태를 발견한 것이다.

예를 들어 살펴보자. 시스템에 로그인하는 기능과 관련된 상태들을 찾아내고 있다고 가정해 보자. 128쪽 '그림 2. 로그인 사용자 화면'에서 보이는 것과 같은 로그인 화면에 있다고 해 보자.

　로그인 화면은 '시스템이 로그인 정보를 기다리고 있는' 상태를 보여준다. 사실 실제로 로그인을 하기 전까지는 무엇인가 관심을 가질 만한 것이 하나도 없다. 보통 이런 상태를 '로그 아웃 상태Logged Out'라고 한다.

　사용자 이름과 비밀번호를 입력하고 로그인 버튼을 클릭한 후 애플리케이션의 첫 화면을 볼 수 있게 되기까지 약간 시간이 걸리는 것을 알 수 있다. 애플리케이션은 무엇인가 일어나고 있다는 것을 의미하는 돌아가는 바퀴 모양의 움직이는 아이콘을 보여준다.

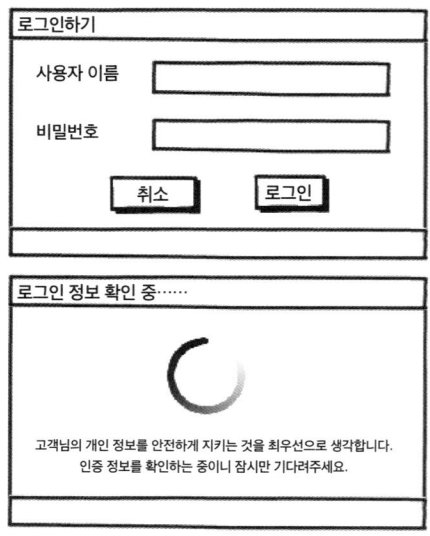

그림 2. 로그인 사용자 화면

　움직이는 아이콘이 화면에 보일 때는 '인증하는 동안…'이라고 말할 수 있다. 아하! '인증하기'라는 또 다른 상태를 발견한 것이다. 인증하기 상태는 시스템이 사용자의 로그인 정보를 가지고, 인증을 위해 필요한 모든 순서를 마치기 전까지의 중간 상태다.

이벤트는 상태 전이를 일으킨다

사용자 행동은 가장 확실한 이벤트 중 하나다. 다시 말해 사용자가 어떤 행동을 하면 그 행동으로 인해 시스템이 반응한다. 앞서 이야기한 로그인 예제에서는 사용자가 로그인 버튼을 클릭하면 시스템이 인증하기 상태로 바뀐다. 사용자 행동은 그래픽 사용자 인터페이스 화면만으로 한정되지는 않는다. 명령어 인터페이스에서 사용되는 명령어도 사용자 행동이고, API를 사용해서 서버에 요청 메시지를 전달하는 것도 사용자 행동 중 하나다.

하지만 아쉽게도 사용자 행동은 이벤트의 한 종류일 뿐이다. 다른 종류의 이벤트들은 제어하기가 쉽지 않아서 찾아내는 것이 훨씬 더 어려운 경우가 많다. 이벤트를 찾으려고 시스템을 헤맬 때는 다음과 같은 이벤트 종류를 꼭 기억하자.

- 외부에서 발생하는 이벤트: 소프트웨어 밖에서 발생하는 모든 이벤트를 의미한다. 예를 들어, 소프트웨어가 파일 시스템에 있는 디렉터리 내용을 감시하고 있다면, 디렉터리 내용이 변경되는 것은 외부에서 발생하는 이벤트라고 할 수 있다.
- 시스템이 발생시키는 이벤트: 소프트웨어가 직접 발생시키는 이벤트를 의미한다. 보통 시스템이 데이터 가져오기, 데이터 내보내기, 원격 서버에 연결하기, 사용자 인증하기, 겉으로 보이지 않게 계산 수행하기 같은 백그라운드 활동을 완료했을 때, 시스템이 직접 이런 이벤트들을 만들어 낸다. 사용자 행동 이후에 시스템 반응이 바로 일어나지 않고 약간이라도 지체가 있다면, 시스템이 발생시킨 은밀하게 숨겨진 이벤트와 관련이 있는 중간 상태를 가지고 있을 가능성이 높다.
- 시간 경과: 타임아웃 같은 이벤트는 그냥 단순하게 시간이 지나면 발생한다. 알람 같이 주어진 시간 이후에 발생하는 경우들을 찾아보자.

또한 매일 밤 자정으로 예정되어 있는 백업처럼 특정한 시간에 발생하는 이벤트들도 놓치지 말고 주의 깊게 살펴보자.

마지막으로 모든 상태는 이벤트에 의해 발생한다는 사실을 꼭 기억하자. 따라서 어떤 상태를 찾아내면, 그 상태를 발생시킨 이벤트를 거꾸로 찾아갈 수 있다. 이렇게 분석을 진행하면 할수록, 이벤트를 찾는 것과 상태를 찾는 것 이 두 가지가 매우 밀접하게 관련되어 있어서, 이벤트를 찾는 것과 상태를 찾는 것 사이에서 언제든지 방향을 바꾸면서 왔다 갔다 할 수 있다는 것을 알게 된다.

8.2 상태 모델 다이어그램 그리기

이제 상태와 이벤트를 찾아내는 방법을 배웠으므로 상태와 이벤트 사이의 관계를 다이어그램으로 그릴 수 있다.

예를 들면, 앞에서 예로 들었던 로그인 상태 모델에 대한 다이어그램은 다음과 같이 그릴 수 있다. 상태는 동그라미로 그릴 수 있고, 동그라미들 사이를 이어주는 화살표는 전이를 나타낸다. 따라서 화살표에 있는 라벨은 이벤트를 나타낸다.

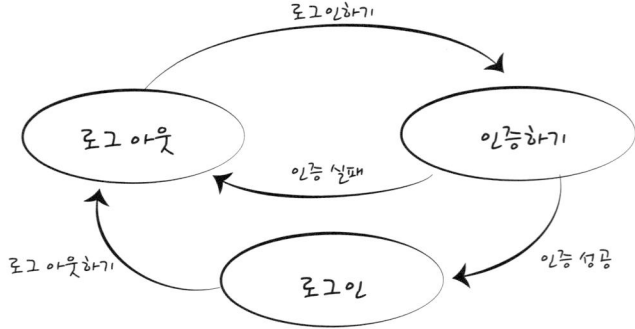

상태 모델 다이어그램을 그리는 것은 상태와 이벤트를 찾아내는 것 그 이상이다. 사실 아주 간단한 시스템이라 할지라도 수없이 많은 상태와 이벤트가 있기 때문에, 해야 할 일이 감당할 수 없을 정도로 급속히 늘어날 것이다. 이렇게 감당할 수 없을 정도로 늘어난 일들을 관리하기 위한 몇 가지 전략을 소개한다.

조준하라

하나의 기능이나 하나의 시나리오처럼, 하나의 목표에 집중할 수 있도록 모델 범위를 한정하는 것이 좋다. '파일 업로드하기'라는 시나리오는 아마도 파일 선택하기, 업로드하기, 업로드 확인하기 같은 상태가 있을 것이다.

심지어는 시스템에 있는 개체의 생명 주기에 초점을 맞추어서 상태 모델 다이어그램을 그릴 수도 있다. 예를 들어, 테스트를 진행할 때 항상 옆에 있어야 하고 없어서는 안 되는 아주 중요한 소프트웨어인 버그 추적 시스템을 탐험하고 있다고 가정해 보자. 각 버그 데이터는 하나의 개체가 된다. 모든 버그는 생성, 배정, 수정, 연기, 확인, 해결 같은 상태가 있는 생명 주기를 가진다. 또 다른 예로, 사용자 계정이라는 개체는 유효, 일시 중지 같은 상태를 가진다.

어떤 목표에 초점을 맞출지 목표를 선택하는 것도 매우 중요하다. 그렇지 않으면 계속해서 더 많은 상태와 더 많은 전이를 찾아내지만, 탐험에 꼭 필요하고 유용한 지식으로 사용할 수 있는 시간은 부족한 상황인, 과다 분석으로 인한 분석 마비로 고통받게 된다. 아무리 생각해봐도 충분하고 명확하게 정의된 목표를 선택하는 것이 너무 어렵다고 생각되면, 이름을 지어보는 것도 좋은 방법이다. 단순한 이름을 지을 수 없다면 아마도 하나 이상의 목표가 포함되어 있을 가능성이 높다.

관점을 결정하라

전화 통화를 생각해 보자. 첫 번째로 전화를 거는 사람의 관점에서 상태를 찾아낼 수 있을 것이다. 이 경우에는 '수화기를 들어서 통화음을 확인하기' 같은 이벤트를 찾을 수 있다. 당연히 '수화기 내려놓기'도 이벤트에 속한다. '수화기를 내려놓고 전화 끊기'라는 또 다른 이벤트가 발생하기 전에 스피커폰 버튼을 누르면, 전화 거는 사람이 그냥 단순하게 전화를 끊는 것과는 전혀 다른 상태가 되어버린다.

다른 관점에서, 즉 통화 측면에서 상태를 찾아보자. 전화를 거는 사람과 받는 사람이 연결되기 전까지는 통화라는 상태가 존재하지 않는다. 하지만 한 번 연결되면 '잠시 대기'를 할 수도 있고, '착신 전환'을 할 수도 있고, 또 다른 사람을 연결해서 '콘퍼런스 통화'를 할 수도 있다. 이벤트들은 여전히 잠시 대기 버튼을 누르는 행동과 같이 사용자가 전화기에 어떤 행동을 해야 발생하지만, 하나의 관점에서만 보이는 상태와 이벤트만이 다이어그램에 표시되기 때문에 범위를 좁힐 수 있다.

추상화 단계를 조절하라

단순하고 작은 규모의 상호 작용을 모델링하고 있다면, 하위 레벨의 추상화로 좀 더 상세하게 모델링하는 것이 가능하다. 사용자에 의해 발생하는 모든 이벤트 사이에 있는 짧고 일시적인 상태도 모두 찾아내서 표현할 수 있다. 이렇게 하면 아주 짧은 시간이지만 시스템의 위험한 부분이 외부로 노출되어 치명적인 결과를 초래할 수 있는 경우를 미리 찾아내고 대처하는 데 필요한 수많은 정보를 얻을 수 있다.

하지만 모델링하려고 하는 시스템이나 모듈이 커지면 커질수록, 좀 더 상위 레벨의 추상화를 적용하는 것이 필요하다. 수없이 많은 각각의 일시적인 상태를 찾아내 목록을 만드는 대신, 조금은 두리뭉실한 이름이겠지만 그것들을 묶어서 하나의 큰 덩어리로 만든 후에, 하나의 상태로 표현하는 것이 좋다.

서버와 연결하는 클라이언트 프로그램 실행과 관련 있는 상태들을 모델링한다고 생각해 보자. 사실 어떤 종류의 클라이언트 프로그램이든지 상관없다. 판매 시점 정보 관리Point-Of-Sale 시스템일 수도 있고, 이메일 클라이언트나 음악 플레이어일 수도 있다.

'프로그램 실행 프로세스' 같이 하나의 목표를 선택해서 초점을 맞추면, 조금 더 하위의 추상화 레벨에서 상태들을 찾아낼 수 있다. 즉 프로그램 아이콘을 사용자가 더블클릭하는 시간과 사용자에게 프로그램의 첫 화면을 보여주는 시간 사이에서 각각의 일시적인 상태를 찾아낼 수 있다. 아마도 '데이터베이스에 연결', '데이터 캐시' 같은 상태를 찾을 수 있을 것이다.

하지만 초점을 맞추고자 하는 것이 클라이언트 상태라면, 프로그램 실행과 관련되어 있지만 짧은 순간에만 나타나는 모든 상태를 찾아내는 것은 너무 세부적으로 접근하여 상태를 찾아내는 것이 된다. 큰 그림을 보고 싶은데 아주 자세하게 세부적으로 하나하나 분석하면, 상태를 찾는 일이 난항에 빠지게 된다. 그래서 이런 경우에는 프로그램 실행과 관련된 모든 하위 상태를 '프로그램 실행'이라는 하나의 상태로 묶을 수 있다.

8.3 상태 모델 가지고 탐험하기

자, 이제 상태 모델을 다 그렸으니 이 상태 모델을 가이드로 사용할 시간이다. 이 상태 모델 지도에는 상태 A에서 상태 B로 갈 수 있는 모든 길이 나와 있고, 특정 상태에서 다른 상태로 이동할 수 있는 모든 이벤트도 표시되어 있다. 실제로 이벤트 루프를 타고 여기저기 돌아다니면 메모리 누수나 다른 의도하지 않는 동작들을 발견할 수 있는 기회를 얻는 데 큰 도움이 된다.

모든 길

한 상태에서 다른 상태로 갈 수 있는 모든 길을 알고 있으면 소프트웨어와 상호 작용하는 새로운 길을 찾는 데 도움이 된다.

어떤 소프트웨어 시스템에도 적용할 수 있는 다음과 같은 상태 모델을 살펴보자.

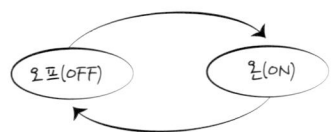

어떤 한 시점에서 시스템은 분명하게 오프OFF 상태에 있다. 이 상태에서 시스템을 부팅하면, 이제 시스템은 온ON 상태가 된다. 물론 의심할 필요도 없이 시스템을 다시 오프 상태로 돌릴 수 있는 어떤 방법이 있을 것이다. 이 온/오프 모델은 전등부터 시작해서 ATM 기계, 웹 서비스, 게임에 이르기까지 어떤 것에도 적용될 수 있다.

다음과 같은 질문들을 생각해 보자.

- 오프 상태에서 온 상태로 가려면 어떤 어떤 길이 있는가?
  아마도 시스템을 수동으로 실행할 수도 있을 것이다. 또는 하드웨어가 부팅될 때, 시스템이 자동으로 실행될 수도 있다. 소프트웨어를 실행하기 위한 다른 방법들도 있다. 예를 들어, 매우 높은 신뢰성을 요구하는 몇몇 시스템은 중요한 프로세스들이 알 수 없는 이유로 종료되었을 때, 프로세스를 자동으로 다시 시작시켜 주는 또 다른 감시 프로그램을 가지고 있다.
- 온 상태에서 오프 상태로 가려면 어떤 어떤 길이 있는가?

  대다수 시스템들은 규칙에 따라 순서대로 시스템을 종료하는 방법이 있지만, 이것이 시스템이 종료되는 단 한 가지 방법은 아니다. 프로세스를 죽이거나, 기계에서 전원 코드를 뽑거나, 노트북을 닫거나, 아무 동작도 하지 않고 일정 시간이 지나도록 그냥 놓아두는 방법으로도 온 상태에서 오프 상태로 갈 수 있다.

어떻게 하면 감사 추적audit trail 기능에 이 기법을 적용할 수 있는지 살펴보자. 사용자가 시스템을 변경하는 그 순간에 소프트웨어가 감사 추적 로그에 그 정보를 남긴다고 가정해 보자. 이 감사 추적을 살펴보면 어떤 사용자가 언제 무엇을 변경했는지 다 알 수 있다.

대다수 시스템에는 변경할 수 있는 여러 방법이 있다. 우선은 하나씩 변경하는 방법이 있다. 즉, 변경하고자 하는 것 하나만 열어서 변경하고 저장하는 것이다. 어떤 시스템은 여러 가지를 변경할 때, 한 번에 변경할 수 있는 기능을 제공하기도 한다. 예를 들어, 이메일 클라이언트에서 여러 이메일 주소를 선택한 후에 한 번에 동일한 태그를 설정할 수 있다. 일괄 변경 후 가져오기 기능은 파일에 필요한 모든 변경 사항들을 적용한 후에 가져올 수 있도록 해준다.

데이터를 변경하는 모든 방법을 하나하나 찾아보면서 감사 추적 기능을 탐험하고 있다면, 아마도 몇몇 변경 방법에서는 감사 추적을 기록하는 부분이 제대로 반영되어 있지 않다는 사실을 찾을 수 있을 것이다. 실제로도 이런 경우가 발생한다. 즉, 내가 테스트했던 시스템은 한 번에 하나씩 변경했을 경우에는 감사 추적 기록을 로그 파일에 남겼다. 하지만 한 번에 여러 데이터를 변경하면, 감사 추적 기록을 남기는 로그 파일에 변경된 데이터에 해당되는 어떤 기록도 남겨지지 않았다.

인터럽트하기

전혀 기대하지 않았던 이벤트를 발생시켜 상태를 인터럽트^{interrupt}하면, 소프트웨어가 제대로 응답할 수도, 제대로 응답하지 못할 수도 있다. 지금까지 찾아낸 각 상태에서, 다음에 나오는 방법들 중 하나를 사용해 상태를 인터럽트해 보자.

- 사용자 컨트롤을 클릭해 보기(특히 취소 버튼이 재미있는 결과를 많이 가져온다)
- 로그 아웃하기
- 세션이 만료될 때까지 기다려 보기
- 프로세스 죽이기
- 노트북 닫아보기
- 전원 코드 뽑아보기
- 네트워크 연결 끊어보기

상태를 인터럽트한 후에, 다음 질문들에 대해 생각해 보자.

- 소프트웨어가 인터럽트를 받았을 때 예상했던 대로 반응하는가? 아니면 전혀 기대하지 않았던 상태에 있는가?
- 인터럽트로부터 복구된 후에, 모든 기능이 정상으로 동작하는가?
- 소프트웨어가 데이터를 잃어버리거나 손상시키지는 않았는가?

또한 꼭 해야 하는 것들을 하지 않거나, 결코 하지 말아야 하는 것들을 하는 경우를 찾아보자('5.1 결코 발생하지 않거나 항상 발생하거나…'를 참고하라).

변수 한 번 더 확인하기

'4장 눈여겨볼 변수 찾아내기'에서 변수들을 식별하는 방법을 살펴보았다. 사용자가 변경할 수 있거나 변경을 야기할 수 있고 시스템 동작에 영향을 주는 모든 것이 변수라는 사실을 꼭 기억하자. 상태 모델이라는 문맥에서 변수들의 개념을 다시 한 번 살펴볼 만한 가치가 있다. 예를 들어 다음 변수들을 살펴보자.

- 이전 상태
- 현재 상태가 되기 위해 사용된 방법이나 이벤트(예를 들면, 프로세스가 정상으로 종료되는 것과 프로세스가 강제로 종료되는 것)
- 이전에 현재 상태에 머물렀던 횟수(예를 들면, 시스템이 부팅 순서를 수행했던 횟수)
- 이벤트가 발생한 횟수
- 연결된 상태들을 반복해서 돌았던 횟수
- 시스템이 특정 상태에 머물렀던 시간

여기에서 소개한 변수들은 '변수 한 번 더 확인하기'를 시작할 수 있도록 도와주는 몇 가지 아이디어일 뿐이다. 얼마나 많은 변수들을 찾을 수 있는지는 큰 의미가 없으므로 필요한 만큼 변수들을 찾아내면 된다. 실제로는 상태, 이벤트와 관련 있는 변수들과 더불어서 환경 설정, 입력값, 출력값 같은 다른 변수들도 포함될 수 있다.

8.4 다른 형태로 표현하기: 상태 테이블

상태 모델을 테이블 형태로 다시 그려보면, 예상하지 못했던 전이들을 찾아낼 수 있는 확률을 더 높일 수 있다.

우리가 흔히 사용하는 알람 시계를 생각해 보자. '그림 3. 알람 시계 화면'과 비슷할 것이고 평범함 알람 시계 기능이 있을 것이다.

그림 3. 알람 시계 화면

- 알람을 켤 수도 있고 끌 수도 있다.
- 알람 설정 버튼을 길게 누르고 난 후에, 옆에 있는 화살표 버튼을 이용하여 원하는 알람 시간을 설정할 수 있다.
- 알람이 켜져 있는 경우에는, 미리 설정했던 시간이 되면 알람이 울린다.
- 스누즈snooze 버튼을 누르면 잠시 알람이 멈추고 9분[1]이 지난 후에 다시 알람이 울린다.

지금까지 배운 내용을 가지고 탐험을 하면 꺼짐, 스누즈, 설정 같은 상태들을 쉽게 발견할 수 있을 것이다. 이렇게 발견한 상태와 이벤트를 가지고 다음과 같은 상태 모델을 그릴 수 있다.

동그라미와 화살표만을 사용해서 표현하는 상태 모델 대신에, 139쪽 '그림 4. 테이블 형태의 알람 시계 상태 모델'에서 볼 수 있듯이 테이블 형

---

[1] (옮긴이) 알람 시계의 스누즈 기능이 9분 단위로 설정되는 이유에 대해서는 두 가지 설이 있다. (1) 9분이 깨우기 가장 적당하다는 연구 결과가 있다고 한다. (2) 맨 처음 시계가 만들어졌을 때 기계적 특성상 9분 조금 넘어서 혹은 10분 조금 넘어서 알람을 울리게 하는 게 가능했는데 10분은 너무 길어서 다시 잠들 수 있기 때문에 9분으로 했다고 한다.

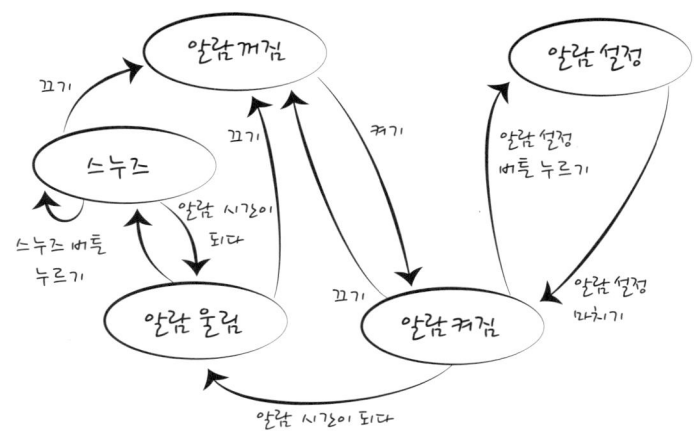

태에 상태와 이벤트를 넣어서 상태 모델을 그릴 수도 있다. 이 다이어그램에서 가장 왼쪽 열에는 상태가 들어가고 맨 윗줄에는 이벤트가 들어간다. 표의 내용은 아직 비어 있다. 동그라미와 화살표로 표현된 상태 모델을 기반으로 테이블의 값들을 모두 채울 수는 없지만, 어느 정도 채울 수 있다. 예를 들어, 알람이 켜져 있을 때 알람 설정 버튼을 누르면 알람 설정 상태로 들어간다. 따라서 알람 켜짐 상태와 알람 설정 버튼 누르기 이벤트가 만나는 칸에는 알람 켜짐 상태에서 알람 설정 버튼 누르기 이벤트가 발생하면 이동하는 상태인 알람 설정이라는 값을 넣으면 된다.

상태 \ 이벤트	켜기	알람 설정 버튼 누르기	알람 설정 마치기	스누즈 버튼 누르기	알람 시간이 되다	끄기
알람 꺼짐						
알람 설정						
알람 켜짐						
알람 울림						
스누즈						

그림 4. 테이블 형태의 알람 시계 상태 모델

8 상태와 전이 발견하기

현재 우리가 가지고 있는 정보를 가지고 테이블에 비어 있는 칸들을 채운다면, 아마도 다음과 같이 채워질 것이다.

상태 → ↓이벤트	켜기	알람 설정 버튼 누르기	알람 설정 마치기	스누즈 버튼 누르기	알람 시간이 되다	끄기
알람 꺼짐	알람 켜짐	???	해당 없음	???	알람 꺼짐	해당 없음
알람 설정	해당 없음	해당 없음	알람 켜짐	???	???	알람 꺼짐
알람 켜짐	해당 없음	알람 설정	해당 없음	???	알람 울림	알람 꺼짐
알람 울림	해당 없음	???	해당 없음	스누즈	해당 없음	알람 꺼짐
스누즈	해당 없음	???	해당 없음	???	알람 울림	알람 꺼짐

알람 설정을 하고 있는 중에 '알람 시간이 되다'라는 이벤트가 발생하면 (현재 알람 시간으로 설정되어 있는 시간이 되면) 어떤 일이 발생할까? 알람이 울리기 시작할까? 알람이 울려야 맞는 것일까? 사실 테이블의 몇몇 칸은 어떤 일이 일어날지, 어떤 일이 일어나야만 하는지 아직은 알 수가 없는 경우들이 있다. 앞에 나온 테이블에서는 '???'로 표시했다. 이렇게 일어날 수 있는 일인데 아직 탐험하지 않은 곳들에서 예상하지 못한 결과들이 발생할 가능성이 매우 높다.

상태 모델은 우리가 전이를 고려해 검토할 수 있도록 도와준다. 그에 반해 상태 테이블은 상태 모델만 봐서는 생각해 낼 수 없는 전이를 일으키는 이벤트가 발생했을 때 어떤 일이 일어날지 고려하고 검토할 수 있도록 도와준다. 결과적으로, 상태 테이블은 전이가 중단되거나 생각하지 못한 전이와 관련된 문제들을 발견하는 데 있어 특히 더 진가를 발휘한다.

8.5 실제 적용을 위한 조언

현재 테스트 중인 시스템을 모델링해 보자. 128쪽 '그림 2. 로그인 사용자 화면'에 나오는 로그인 예제에서 설명한 것처럼, 하위 레벨 상호 작용에 초점을 맞춰서 아주 작고 세세한 부분까지 꼼꼼하게 모델링하는 방법이 있다. 또는 조금 더 크고 추상화의 상위 레벨에 있는 상태를 모델링하는 방법도 있다.

어떤 모델링 방법을 사용할지 결정했으면, 상태와 이벤트를 찾아내기 위해 탐험을 떠나자. 이 버튼 저 버튼 눌러보고, 데이터도 바꿔보고, 이것저것 움직여 보는 사용자 행동에서 시작하자. 지금까지 배운 것처럼, 금방 사라지는 일시적인 상태들과 그 상태들의 전이를 일으키는 상황들을 주의 깊게 살펴보자. 이제 상태 모델 다이어그램을 그려보자.

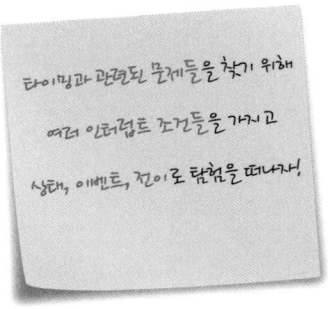

이렇게 그려진 상태 모델을, 시스템을 자극하는 흥미로운 길들을 찾아내는 데 사용하자. 이 장에서 소개한 휴리스틱을 적용해 보자.

- 모든 길: 상태들 사이에서 하나의 전이를 선택한 후에, 그 전이를 일으키는 다른 방법들을 찾아보자.
- 인터럽트하기: 순식간에 지나가는 중간 상태나 예상하지 못한 이벤트

에 제대로 대처하지 못하는 상태에 있는 동안에, 로그 아웃하기나 버튼 누르기 같이 사용자가 제어할 수 있는 이벤트를 일으킬 수 있는 방법들을 찾아보자.
- 변수: 바꿀 수 있는 것들을 찾으라. 예를 들어, 이전에 특정 이벤트가 발생한 횟수는 변수다. 핵심 변수 중 하나가 시스템이 재부팅된 횟수였던, '4장 눈여겨볼 변수 찾아내기'에서 소개한 세락-25 방사선 치료기 이야기를 기억하자.
- 다른 형태로 표현하기: 상태 모델을 테이블로 나타내보고, 테이블이 보여주는 상태와 이벤트의 흥미로운 조합을 살펴보자. 특정 상태에서 이전에는 전혀 생각해 보지 못했던 이벤트를 찾아낼 수 있는가?

마지막으로, 간간히 발생하는 문제를 만났을 때는, 발생한 문제와 직접적으로 연관되어 있는 상태와 이벤트들을 그려보는 것이 좋다. 아마도 문제를 일으킨 근본 원인이 왜 그때에, 그런 문제를 야기하는 이벤트를 발생시켜야 했는지 찾을 수 있을 것이다.

9
소프트웨어 생태계 탐험하기

　소프트웨어는 결코 홀로 존재할 수 없다. 우선 운영 체제가 있어야만 소프트웨어가 실행된다. 재사용이 가능하도록 만들어진 라이브러리와 외부 서비스도 사용한다. 메모리, 파일 시스템, 데이터베이스, 네트워크 연결 같은 시스템 자원들도 필요하다. 또한 다른 애플리케이션과 연동되거나 통합되기도 한다.

　소프트웨어 내부에 초점을 맞추면, 소프트웨어가 더 큰 시스템의 일부분이 될 때 필요한 이와 같은 의존 관계들을 잊어버리기 쉽다. 알고리즘, 비즈니스 규칙, 사용자 시나리오에 관해서는 더 많이 고민하고 더 깊게 생각하지만, 네트워크 연결이 끊어지면 무슨 일이 일어날지에 대해서는 소홀하기 쉽다. 하지만 이런 외부 의존 관계들은 직접 제어할 수 없고 무엇인가 정말 위험한 상황을 야기할 수 있는 더 광범위한 곳을 보여준다. 네트워크 연결은 끊어질 수 있다. 다른 프로그램이 파일 시스템을 통해 이미 사용 중인 파일은 마음대로 수정하거나 삭제할 수 없다. 데이터베이스가 손상되었거나 다른 이유로 데이터베이스를 사용할 수 없는 경우도 있다. 같은 컴퓨터에서 실행되고 있는 다른 프로그램이 CPU와 메모리 사용을 독차지하기도 한다. 클라우드 기반 데이터 저장소는 아무런 경고도 없이 오프라인 상태가 되기도 한다.

　신뢰성이 높은 소프트웨어는 생태계ecosystem 환경에서 이렇게 예상하지 못했던 문제들이 발생할 가능성을 미리 고려한다. 하지만 어떤 종류의 예상하지 못한 문제들이 일어날지 미리 예측하는 것은 매우 어려운 일이다. 이 장에서는 이러한 문제를 일으키는 상황을 미리 찾아내기 위해 소프트웨어를 둘러싸고 있는 생태계 환경까지 포함해서 탐험하는 방법을 알아보자. 소프트웨어가 제어할 수 없는 외부 시스템이나 환경 때문에 우리 시스템이 중단되는 경우를 찾아낼 수 있도록 도와주는 "만약 ~한다면?"이라는 게임도 함께 해 보자. 내부 의존 관계를 잘 다루기 위해 외부 인터페이스를 어떻게 사용할 수 있는지도 배울 수 있다. 또한 데이터를 주고받는 시스템 가장자리에서 발생할 수 있는 위험 요소들을 찾아내는 데 아주 유용한 '데이터 따라가기 휴리스틱'도 다시 한 번 살펴보자.

9.1 생태계 다이어그램 그리기

시스템 생태계는 소프트웨어가 가지고 있는 모든 인터페이스, 모든 외부 의존 관계, 그리고 소프트웨어가 실행되는 모든 환경을 포함한다. 전체 생태계를 그리는 이유는, 시스템에서 소프트웨어가 제어할 수 없는 부분들에서 발생하는 위험 요소들을 미리 찾아내기 위해 연결 관계나 의존 관계가 있는 곳들을 시스템적으로 탐험할 때, 큰 그림을 볼 수 있는 지도로 아주 유용하게 사용할 수 있기 때문이다.

생태계를 표현하기 위해 내가 사용하는 방법은 전통적인 시스템 분석과 설계의 두 가지 산출물인 콘텍스트 다이어그램context diagram과 배치 다이어그램deployment diagram을 잘 매시업mashup하는 것이다. 콘텍스트 다이어그램은 소프트웨어가 어떻게 시스템의 바깥 세상과 연결되어 있는지를 보여준다. 즉, 콘텍스트 다이어그램은 통합된 시스템의 인터페이스, 사용자, 연결 관계에 대한 모든 것이다. 반대로 배치 다이어그램은 데이터베이스, 설정 파일, 실행 파일 같은 시스템을 이루는 컴포넌트들이 실제로 사용되는 시스템에서 어디에 위치하는지 보여준다.

내부 자원들과 외부 의존 관계, 이 두 가지 모두를 하나의 다이어그램에 포함하면 시스템에 대한 응집력이 높은 전체 그림을 얻을 수 있다. 사실 내부 의존 관계와 외부 의존 관계를 한 그림에 넣는 것이 이치에 맞다. 의존 관계가 기술적으로 시스템 내부인지 외부인지 상관없이 의존 관계와 연관된 위험 요소를 탐험할 때는 동일한 기법을 사용하기 때문이다.

이러한 종류의 분석 다이어그램들의 정형화된 포맷이 이미 있지만, 이런 포맷들은 우리가 탐험하는 데 필요한 것들뿐 아니라, 다른 정보도 많이 포함하고 있어서 훨씬 더 복잡하다. 여기에서는 갤럭틱 모델링 언어 GML: Galactic Modeling Language1를 나름대로 수정한 포맷을 사용하겠다.

1단계: 인터페이스 그리기

빈 종이 한 장을 준비해서 가운데에 큰 원을 하나 그리고 시스템 이름을 적는 것으로 시작해 보자(146쪽 '그림 5. 콘텍스트 다이어그램 시작하기'). 이 원은 내부 의존 관계와 외부 의존 관계 사이의 경계를 나타낸다. 여기에서는 내가 참여했던 웹 기반 신용 카드 결제 시스템을 예로 들어 다이어그램을 그려보겠다.

이 소프트웨어를 사용하는 사람들은 시스템 바깥쪽에 있다. 사용자 인터페이스를 나타내기 위해 사용자와 시스템을 선으로 연결한다. 앞에서 예로 든 프로젝트에서는 보통의 일반 사용자와 관리자, 이렇게 두 종류의 사용자가 있었다. 일반 사용자와 관리자는 각자의 사용자 인터페이스가 있었다(146쪽, '그림 6. 인터페이스 추가하기').

사실 사용자 인터페이스는 단지 한 종류의 인터페이스일 뿐이다. 아마도 대다수 소프트웨어들은 다른 소프트웨어가 사용할 수 있도록 만들어진 공개된 인터페이스가 있을 것이다. 예를 들면, 외부에서 호출할 때 사

---

1 켄트 벡(Kent Beck)이 처음 소개한 모델링 언어로 박스, 선, 라벨, 이 세 가지 요소로 구성되어 있다. http://c2.com/cgi/wiki?GalacticModelingLanguage

용 가능한 API, 이벤트 같은 것들을 받기 위해 등록할 수 있는 리스너lis-tener, 메시지를 전달할 때 사용할 수 있는 메시지 큐 같은 것들이 있다. 이런 인터페이스들도 다이어그램에 추가하자.

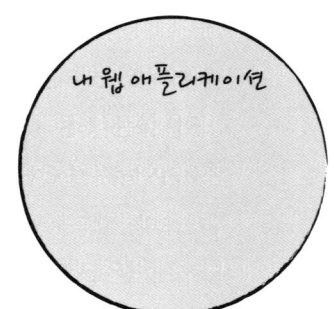

그림 5. 콘텍스트 다이어그램 시작하기

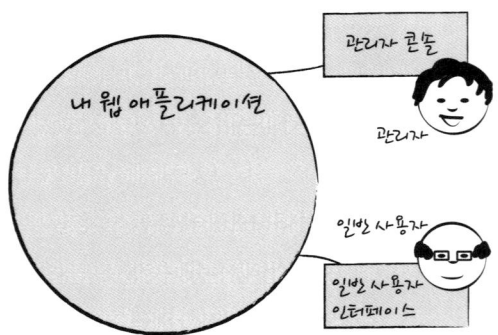

그림 6. 인터페이스 추가하기

2단계: 외부 의존 관계 나타내기

다음으로는 소프트웨어가 연결되어 있는 모든 다른 외부 시스템이나 서비스들을 나타내는 네모 상자들을 추가하자. 이 경우에는 전자 지불 서비스payment gateway라는, 단 하나의 외부 의존 관계만 있다(147쪽, '그림 7. 웹 애플리케이션 예제의 콘텍스트 다이어그램').

　보통 이 예제보다는 외부 의존 관계가 더 많을 것이다. 웹 기반 애플리케이션을 탐험하고 있다면, 보통 전자 지불 서비스와 더불어 추가적으로 여러 개의 외부 서비스가 있다. 예를 들면 클라우드 기반 미디어 저장소, 통합 인증SSO: Single Sign-On 기능을 제공하는 외부 인증 서비스, 트위터 같은 외부 데이터 소스들이 있다.

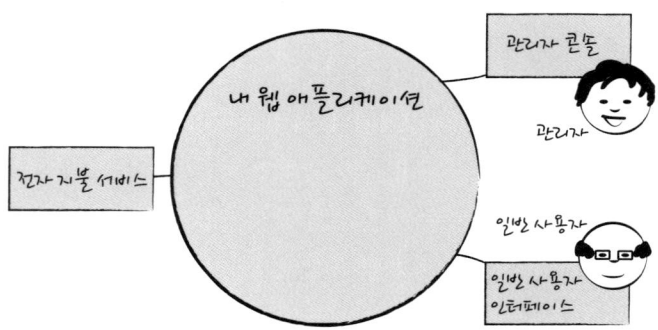

그림 7. 웹 애플리케이션 예제의 콘텍스트 다이어그램

복잡한 엔터프라이즈 애플리케이션은 수십 개, 아니 그 이상의 관련 있는 하위 시스템들과 연결될 것이다. 심지어 한 시스템에서 데이터를 가져와서 처리하고 다른 시스템으로 넘겨주는, 너무나 간단해 보이는 일괄 처리 애플리케이션batch processing application도 데이터를 가져오는 시스템 하나, 그리고 데이터를 처리한 후에 전달해 줘야 하는 시스템 하나, 이렇게 두 개의 외부 시스템과 연관되어 있다.

3단계: 내부 채우기

지금까지는 애플리케이션을 다이어그램에 빈 원으로 크게 그리고, 애플리케이션의 콘텍스트만 표현했다. 이제는 시스템 내부로 눈을 돌려, 시스템의 컴포넌트 부분들을 다이어그램 원 안에 추가할 차례다.

　무엇보다 먼저 코드가 배치된 곳을 생각해 보자. 현재 팀이 개발 중인 애플리케이션이 실행 가능한 파일로 컴파일되고 데스크톱 애플리케이션으로 설치되는 경우라면 매우 수월해진다. 시스템이 매우 크다면, 실행 파일들이 여러 서버에 배치된다.

　다이어그램을 그리면서 사용 중인 예제는 루비 온 레일스Ruby on Rails로 만들어진 웹 기반 애플리케이션이다. 생태계 다이어그램은 레일스 아키텍처, 웹 서버, 레일스가 실행되는 애플리케이션 서버 등 아주 세세한 부분까지 포함할 수도 있다. 하지만 이 경우에는 이렇게 아주 세세한 부분까지 추가하는 것은 탐험에 전혀 도움이 되지 않을 것이다. 솔직히 탐험을 하는 중에는 시스템의 이런 측면들에 대한 어떤 것도 변경할 수 없기 때문에, 우리가 찾고 있는 위험 요소들을 발견하는 데는 도움을 주지 못한다. 그래서 이 모든 것을 간단하게 상자 하나로 그리고 '레일스 앱'이라고 이름 붙였다.

　다음으로 찾아야 할 것은 소프트웨어가 데이터를 저장하는 곳이다. 아마도 데이터베이스나 파일을 사용하거나, 또는 이 두 가지를 적절하게 조합해 사용할 수도 있다. 소프트웨어가 데이터를 어디에 저장하는지 찾을 때는 데이터가 어떤 종류의 데이터인지도 고려해야 한다. 소프트웨어 기본 설정이나 환경 설정들을 저장하려면 보통 파일을 사용한다. 또한 로그 파일이나 임시 파일들도 여기에 해당된다.

　우리가 사용 중인 예제에서는, 백엔드back end에 있는 관계형 데이터베이스와 이미지를 파일로 저장하기 위한 파일 시스템 두 가지 모두를 가지고 있다.

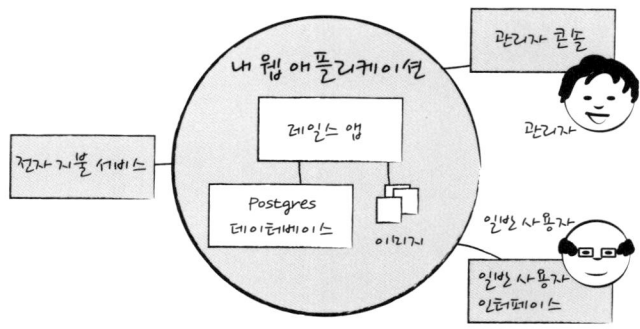

잘 알지도 못하고 문서화도 잘 되어 있지 않은 시스템을 탐험해야 한다면, 아마도 시스템 구석구석을 볼 수 있도록 도와주는 도구의 필요성을 느끼게 될 것이다.

시스템 구성 요소 중에서 어떤 것들을 생태계 다이어그램에 포함할지 아니면 제외할지 결정하는 것은, 개인적 견해에 의한 판단이라는 사실을 기억하자. 예를 들면, 주어진 파일이 전체 시스템의 일부이지만 소프트웨어가 제어할 수 있는 곳에서 완전히 벗어난 곳에 있다면, 다이어그램에 포함할 필요가 없을 것이다.

이 예제와 같은 경우에는 웹 서버와 애플리케이션 서버에서 발생하는 문제들을 탐험하는 것은, 프로젝트가 앞으로 나아가는 데 전혀 도움이 되지 않는다. 그래서 이 다이어그램에는 아파치 웹 서버의 설정 파일인 httpd.conf 파일을 포함하지는 않겠다. 하지만 실제 시스템 데이터를 변경하면서 탐험하는 것은 꼭 필요하기 때문에, 사용자 데이터를 저장하는 관계형 데이터베이스는 포함하도록 하겠다.

분석 마비 증후군 예방하기

사실 설계 단계부터 직접 참여하지 않은 시스템을 탐험해야 하는 경우라면, 모든 의존 관계를 찾아낸다는 것이 여간 어려운 일이 아니다. 과도한 분석 때문에 프로젝트가 진행되지 않는 분석 마비 증후군analysis paralysis을 예방하기 위해, 다음과 같은 것들을 해 보자.

- 확실하지 않아서 의심이 간다면 단순하게 시작하자. 유용한 다이어그램이 모든 정보를 아주 상세하게 가지고 있다는 것을 의미하지는 않으니, 모든 것을 다 포함시키려고 끝까지 노력할 필요는 없다.
- 동료들의 조언을 구하자. 시스템이 조금만 커지면, 아마도 생태계 전체 그림을 혼자 그리는 것이 힘들 것이다. 하지만 동료들에게 조언을 구해서 함께 진행한다면 더 다양한 관점과 견해를 가지는 생태계를 그릴 수 있다.
- 내가 가진 것들을 먼저 공유하자. 다이어그램을 그리기 위해 다른 사람들의 도움을 받을 수 없다고 할지라도, 먼저 공유하는 것이 다른 의견이나 수정 사항 또는 추가 정보를 얻을 수 있는 기회를 만들어줄 것이다. 어느 정도 완성되면 공유하겠다고 생각하지 말고 가능한 한 빨리 공유하자.

아주 구체적이고 사소한 것들까지 찾아야 한다는 생각에 사로잡혀 있다면, 한발 뒤로 물러서서 지금까지 찾은 것들을 가지고 탐험하는 시간을 가져보자. 이렇게 하면 구체적이고 사소한 것들 중에서 어떤 것이 관련되어 있고, 어떤 것은 관련이 없는지 결정하는 데 도움이 된다.

마지막으로 유명한 통계학자 조지 박스George Box는 "모든 모델은 다 틀렸다. 하지만 그중에 몇몇 모델은 유용하게 사용되기도 한다"라는 말을 했다. 내가 그린 다이어그램이 완벽하게 정확한지 아닌지 너무 걱정할 필요는 없다. 그것보다는 탐험하는 데 필요한 아이디어들을 다이어그램에서 얻을 수 있는지 아닌지를 더 걱정해야 한다.

9.2 신뢰 경계

레베카 월프스-브록Rebecca Wirfs-Brock은 그녀의 책 『Object Design』[Wir02] (『오브젝트 디자인』, 김동혁 외 옮김, 인포북 펴냄)에서 신뢰 경계trust boundary라는 개념을 소개했다. 신뢰 경계란 소프트웨어가 항상 미리 정해진 규칙을 따르지는 않는, 즉 제어할 수 없는 다른 소프트웨어나 시스템과 연결되는 곳이다.

예를 들어, 생태계 다이어그램에서 공개 인터페이스를 눈여겨보자. 이러한 인터페이스들을 신뢰 경계라고 말할 수 있다. 인터페이스로 연결된 또 다른 편에는 제어할 수 없는 시스템이나 사용자가 있다. 시스템 내부 구현으로 살펴보면, 시스템 핵심 로직의 경우 잘못된 입력값이 들어왔을 때 핵심 로직을 보호하기 위한 코드가 있을 것이다. 이런 경우에 이 핵심 로직은 신뢰 경계 안에 있다고 말할 수 있다.

신뢰 경계를 이야기할 때 고려해야 할 것 중 하나는 신뢰 경계가 확실하게 존재하는지 항상 명백하게 알 수 없다는 것이다. 데이터베이스 같은 핵심 구성 요소들은 악의적인 데이터가 데이터베이스로 들어오는 것을 방지하기 위한 코드가 시스템에 있기 때문에 신뢰 경계 안에 있다고 생각하기 쉽다. 하지만 관계형 데이터베이스를 사용 중인 시스템이라면, 시스템 공식 채널 말고도 데이터를 입력하거나 가져오는 다른 방법들이 있다.

실제로 내가 경험했던 클라이언트-서버 기반의 여러 시스템에서, 기술 지원 담당자가 정기적으로 고객 데이터를 수정하기 위해 고객 데이터가 있는 관계형 데이터베이스에 직접 연결해 수정하기도 했다. 물론 매우 위험하고 바람직하지 않은 방법이다. 하지만 코드에 버그가 있어서 사용자에게 문제가 발생하면, 때로는 이런 방법으로밖에는 해결하지 못할 때가 있다.

그러므로 신뢰 경계는 우리가 제어할 수 있는 모든 포인트, 즉 우리가 탐험할 수 있는 모든 곳에 존재한다. 데이터베이스, 파일 시스템, 네트워크 연결 등은 모두 신뢰 경계의 예가 된다.

신뢰 경계를 찾아냈다면, 탐험가로서 해야 할 일은 신뢰를 깨뜨려 보는 것이다. 유효하지 않은 데이터를 입력해 보고, 파일들을 손상시켜 보기도 하고, 또는 시스템이 예상하지 못한 행동도 취해 보자. 이렇게 신뢰를 깨뜨려 보는 것은 다음에 소개할 기법, 즉 생태계 다이어그램을 사용하여 시스템을 탐험하는 "만약 ~한다면?" 게임으로 자연스럽게 연결된다.

9.3 만약 ~한다면?

'만약 ~한다면?' 게임에서 시스템의 일관성을 깰 수 있는 방법을 생각해내기 위한 도구로 생태계 다이어그램을 사용할 수 있다.

물리학자 리처드 파인만Richard Feynman은 그의 책 『Surely You're Joking, Mr. Feynman!』[Fey97](『파인만 씨 농담도 잘하시네』, 김희봉 옮김, 사이언스북스 펴냄)에서 이 기법과 완벽하게 일치하는 이야기의 실례를 보여주고 있다.

로스 알라모스Los Alamos에서 원자력 생산 시설을 위한 안전 시스템을 설계하는 엔지니어들을 만나는 자리에서, 파인만은 설계도에 나와 있는 기호들 중에서 하나를 무작위로 골라서 손가락으로 가리키면서 "만약 이 밸브가 막히면 무슨 일이 발생하나요?"라고 물었다. 파인만의 의도는 엔지니어들의 반응을 통해 그 기호가 의미하는 것을 자신이 더 잘 이해하려는 것이었다. 사실 엔지니어들이 "그건 밸브가 아니라 창문입니다"라는 답변처럼 명확하게 대답해 주기를 기대했다. 하지만 그다음에 일어난 상황을 파인만은 다음과 같이 이야기한다.

한 엔지니어가 다른 엔지니어들을 보면서 "음… 만약 이 밸브가 막힌다면…"이라고 하면서 설계도에서 위아래, 양옆으로 왔다 갔다 하면서 이야기를 계속했다. 그 옆에 있던 다른 엔지니어가 이야기를 받으며 설계도에서 앞으로 갔다 뒤로 갔다 하다가 갑자기 두 엔지니어가 서로 얼굴을 쳐다봤다. 그 순간 두 엔지니어가 동시에 나를 쳐다봤고 놀란 토끼 눈을 하면서 "박사님 말이 맞아요!"라고 이야기했다.

'만약 ~한다면?' 게임에서는 생태계 다이어그램을 쭉 살펴보면서 다음과 같은 질문들을 할 수 있다.

- 만약 연결이 끊어진다면?
- 연결되어 있는 다른 쪽 서비스가 응답하지 않는다면?
- 네트워크가 너무 느려서 응답이 오기 전에 요청이 타임아웃된다면?
- 만약 파일이 없다면?

우리가 처한 상황과 리처드 파인만의 상황 사이에 차이가 있다면, 우리는 질문을 던질 때 원자력 생산 시설 설계도를 이해할 수 있을 정도의 수준 높은 논리적 사고가 필요하지 않다는 점이다. 우리는 이러한 질문들에 대답하기 위해 직접 실행해서 얻은 데이터를 사용할 수 있다. 네트워크 연결을 끊어볼 수도 있고, 서버를 중지하거나 파일을 삭제해볼 수도 있다. 특히 전체 시스템을 마비시키는 단일 장애점 Single Point Of Failure, SPOF을 찾는 데 주의를 집중해 보자.

상황이 악화되었을 때 소프트웨어가 어떻게 되는지 찾아낼 수 있는 몇 가지 구체적인 방법들을 함께 살펴보자.

네트워크 연결

생태계 다이어그램에 네트워크 연결이 있는 곳이라면, 다음에 소개하는 방법들로 테스트해 보자.

- 네트워크 연결 끊어보기
- 시스템 일부분을 방화벽 안으로 넣어보거나 다른 네트워크로 이동시켜 보기
- 네트워크 연결 속도를 느리게 만들어 보기

몇 년 전만 해도 이렇게 네트워크 연결과 관련된 테스트를 진행하는 것이 쉬운 일이 아니었다. 예를 들어, 네트워크 속도가 느린 경우를 테스트하려면, 실제로 A라는 곳과 B라는 곳 사이를 속도가 느린 모뎀을 사용하여 연결하곤 했다. 또 다른 방법으로는 매우 비싼 네트워크 시뮬레이션 프로그램을 구매하는 방법도 있기는 했다. 하지만 요즘에는 네트워크의 속도가 느린 경우, 대기 시간이 길어지는 경우 같은 여러 가지 상황을 테스트해야 하는 경우에도, 리눅스에 포함되어 있는 네템(netem) 같은 프로그램을 쉽게 구해서 사용할 수 있다.

파일

다이어그램에서 파일이 보인다면, 다음과 같은 방법들로 "만약 ~한다면?" 게임을 진행해 보자.

- 파일 삭제하기
- 파일 내용을 손상시켜 보기
- 파일을 비어 있는 파일로 바꿔보기
- 파일 크기를 아주 크게 만들어 보기

- 소프트웨어가 네트워크 어딘가에 있는 원격 드라이브에 있는 파일을 읽거나 쓸 수 있도록 설정하기
- 파일을 읽기 전용으로 만들기
- 파일에 대한 모든 권한을 없애기
- 다른 프로세스에서 파일을 열어서 파일 잠그기
- 하드 디스크 드라이브 용량을 다 채워서 파일 크기가 더 커질 수 없도록 만들어 보기

사실 이 목록은 시작에 불과하다. 파일과 관련된 여러 에러 상황을 소프트웨어가 어떻게 잘 대처하는지 알아보기 위해 수많은 다른 방법으로 소프트웨어를 테스트할 수 있다.

사실 이런 에러 상황들을 분명하게 다룰 수 있도록 설계되지 않았다면, 소프트웨어가 파일과 관련된 문제들을 만났을 때, 매우 좋지 않은 방향으로 동작할 가능성이 높다. 너무나도 많은 소프트웨어가 자신들이 사용하는 파일들은 이미 신뢰 경계 안에 있다는 가정 아래 설계된다. 하지만 사용자들은 우리 예상을 뛰어넘는 모든 방법을 총동원하여 파일을 사용할 것이다.

1990년대 초기로 돌아가보면, 나는 모든 메뉴 내용을 일반 텍스트 파일로 관리하는 시스템의 사용자를 지원하는 내부 IT 부서에서 일했었다.

하루는 당황하여 허둥지둥하는 회계 부서 사용자로부터 전화를 받았다. "당신이 설치한 프로그램이 제대로 실행되지 않아요"라며 나에게 불만을 토로했다. 당황스러웠지만 문제가 무엇인지 찾아내기 위해 그녀가 일하고 있는 자리로 재빠르게 뛰어갔다.

그녀의 컴퓨터 화면을 보자마자 문제가 무엇인지 알 수 있었다. 그녀가 일을 할 때 사용하던 모든 메뉴가 사라져서, 일을 할 수가 없었기 때문에 그녀는 공황 상태에 빠져 있었다.

약간의 조사를 해 보니, 모든 메뉴 내용을 포함하고 있는 텍스트 파일이 완전히 손상되어 있다는 것을 발견할 수 있었다. 원래는 일반 텍스트 파일이었는데, 이진 파일로 변경되어 있었다. 그녀에게 혹시 파일을 워드 프로세서로 열고 난 후에 바로 저장한 적이 있는지, 아주 정중하게 물어보니, 그녀가 마지못해 자신이 그랬다고 인정했다.

사실 시스템을 설치할 때에는 사용자들이 호기심으로 파일 시스템 여기저기를 살펴보다가 메뉴 파일을 열어볼 가능성에 대해서는 전혀 고려하지 못했다. 일반 텍스트 메뉴 파일을 사용하는 소프트웨어를 수정할 수 있는 권한이 없었기 때문에, 소프트웨어를 수정해서 문제를 해결할 수 있는 방법은 없었다. 하지만 파일 권한을 읽기 전용으로 변경하여 수정이 불가능하도록 만들면 사용자들이 자신의 발등을 찍는 문제를 예방할 수 있었고, 그렇게 해서라도 문제를 해결해야만 했다.

여기에서 잊지 말고 꼭 기억해야 하는 것은 파일이 신뢰 경계 안에 있는 것처럼 보일지라도, 실제로는 그렇지 않을 수도 있다는 것이다. 앞서 소개했던 것들을 시도해 보는 것이 예기치 않은 상황에서 발생하는 위험 요소들의 특징을 찾아내는 데 큰 도움을 줄 것이다.

9.4 데이터 따라가기

'7장 개체와 개체들 사이의 관계 탐험하기'에서 데이터 따라가기에 대해 소개했다. 생태계 다이어그램을 사용하면 '데이터 따라가기 휴리스틱'을 더 효과적으로 사용할 수 있다. 어떤 데이터가 주어지든지, 생태계 다이어그램에서 그 데이터와 연결된 곳들을 확인하면 데이터가 이동하는 모든 곳을 확인할 수 있다.

147쪽 '그림 7. 웹 애플리케이션 예제의 콘텍스트 다이어그램'을 살펴보자. 사용자가 화면에서 데이터를 입력하면, 그 데이터가 데이터베이스로 전달되어 관리자 화면에서 보인다. 동일한 데이터가 전자 지불 서비스로 전달될 수도 있고, 이 경우에는 전달되기 전에 동일한 정보가 로그 파일에 저장될 것이다. 시스템에서 문제를 야기할 수 있는 유효하지 않은 데이터나 잠재적 위험이 높은 데이터들을 찾을 때, 이렇게 연결된 모든 곳을 다 찾아봐야 한다. SQL 인젝션 공격이나 자바스크립트 인젝션 공격에 취약한 부분을 찾아내기 위해 시스템을 탐험할 때에는, 사용자 화면뿐 아니라 이렇게 관련된 영역들을 모두 탐험해야 한다.

9.5 실제 적용을 위한 조언

현재 탐험 중인 시스템의 생태계 다이어그램을 그려보자. 사용자 화면, 프로그램 개발과 관련된 인터페이스, 소프트웨어와 연동되는 다른 시스템, 외부 의존 관계 등을 찾아야 한다. 컴포넌트들과 데이터의 저장 방법까지 포함하는 시스템의 내부 요소들도 찾아서 다이어그램에 나타내보자. 시스템의 생태계 다이어그램을 계속 그려나가면, 시스템이 제어할 수 있는 것들과 아닌 것들을 나누는 경계를 찾을 수 있다.

    다이어그램이 거의 다 완성되었다고 생각될 때, '만약 ~한다면?' 게임과 함께 한 번 더 탐험을 떠나는 시간을 가져보자. 네트워크 연결이 끊어진다면? 권한이 없어서 파일에 접근하지 못한다면?

    탐험을 하면서 시스템에서 데이터가 갈 수 있는 모든 곳을 따라가보자. 시스템의 어떤 인터페이스에서든지 유효하지 않은 데이터가 입력되었을 때 발생할 수 있는 위험이나 부작용도 찾아보자.

EXPLORE IT

3부

상황에 맞게 판단하기

10
사용자 화면이 없는 곳 탐험하기

사용자에게 보이는 화면이 있는 경우에 시스템을 탐험하는 여러 가지 기법을 적용하는 것은 비교적 쉬운 일이다. 텍스트필드textfield 같은 입력 필드나 버튼 같은 컨트롤을 화면에서 볼 수 있고 직접 사용해 볼 수도 있다. 하지만 이런 그래픽 사용자 인터페이스가 없는 서버, API, 임베디드 시스템, 일괄 처리 프로그램 같은 시스템에 이런 기법들을 적용하는 방법을 찾는 것은 쉬운 일이 아니다.

물론 이 책에서 소개하는 모든 기법은 모든 종류의 소프트웨어에 적용할 수 있다.

눈으로 볼 수 있는 사용자 화면이 꼭 필요한 분석 기법은 이 책에서 소개하지 않았다. 가장 기본적인 분석 기법인 '변수 찾아내기'를 생각해 보자. 사용자 화면에서는 보이지 않는 변수들 중에서도 항상 흥미로운 것들을 찾을 수 있다. 일괄 처리 프로그램을 생각해 보면, 파일에서 데이터를 읽어서 필요한 형태로 변환한 후에, 시스템의 다른 부분으로 보내는 일련의 작업을 수행한다. 이와 같은 일련의 작업에 해당하는 사용자 화면은 없지만 파일 내용, 파일 크기, 파일이 포함하고 있는 레코드 개수 등을 변경하면서 탐험할 수 있다.

더 나아가서 '0, 1, 다수 휴리스틱'은 시스템이 가지고 있는 인터페이스가 무엇이든지 상관없이 적용이 가능한 휴리스틱이다. 앞서 예제로 사용했던 일괄 처리 시스템을 다시 한 번 떠올려 보자. 파일에서 데이터를 읽는 경우에도 '0, 1, 다수 휴리스틱'을 적용해서 (1)파일이 레코드를 하나도 가지지 않은 경우, (2)한 개 가진 경우, (3)여러 개 가진 경우를 모두 탐험할 수 있다. 파일에 있는 필드에 특정 상황에 적용되는 규칙을 위반하는 값을 넣어볼 수도 있다. 다른 방법으로 특정 필드를 그냥 빈 상태로 놔둘 수도 있다. 사실 실제로 사용되는 일괄 처리 시스템에서 이와 같은 방법으로 탐험해서 버그를 찾아냈던 적이 있다. 내가 테스트했던 프로그램은 내용이 없이 파일이 비어 있거나, 파일에 있는 어떤 필드가 비어 있거나, 어떤 필드가 기대하지 않은 데이터를 포함하고 있을 때 비정상적으로 종료되었다.

대다수 시스템은 적어도 한 종류의 인터페이스를 가지고 있고, 보통은 한 종류 이상 가지고 있다. 인터페이스가 항상 사람을 위해 만들어져 있는 것은 아니다. 가끔은 다른 시스템과 연결하기 위해 만들어지기도 한다. 어쨌든 이것도 인터페이스이기 때문에, 탐험을 할 때 이 인터페이스도 사용할 수 있다는 것을 의미한다.

이 장에서는 (1)자바 API, (2)자바스크립트 함수, (3)XML을 사용하는 웹 서비스, (4)서버, 이렇게 그래픽 사용자 인터페이스가 없는 네 가지 예제를 살펴보자.

10.1 API 탐험하기

하루는 한 회사의 내부 콘퍼런스에서 탐험적 테스팅에 대한 세션을 막 끝냈을 때였다. 참석자 중 한 프로그래머가 세션이 끝나자마자 나에게 다가왔다. 그 프로그래머의 이름을 '콜린'이라고 하자.

나에게 다가오더니 이렇게 말하기 시작했다. "선생님이 발표하신 탐험적 테스팅에 대한 이야기들은 매우 좋아 보이네요. 그런데 제가 하고 있는 분야에서는 적용할 수 없을 것 같습니다. 저는 지금 하위 레벨 코드와 다른 프로그래머들이 사용하는 API를 만드는 일을 하고 있습니다. 제 생각에 탐험적 테스팅은 그래픽 사용자 인터페이스가 있는 경우에만 유용하게 사용될 수 있을 것 같습니다."

나는 그 이야기를 듣자마자 콘퍼런스에서 데모를 하면서 자바스크립트 기반으로 화면에 이것저것 보여주는 웹 애플리케이션을 사용했던 것을 후회했다. 사실 내가 아무리 더 자세하게 말로 설명할지라도, 그의 마음속에 있는 "탐험적 테스팅은 자바스크립트를 많이 사용해서 화면에 많은 것을 보여주는 경우에만 유용하다"라는 생각을 지울 수 없다는 것을 알고 있었다.

"나는 그 말에 동의할 수 없네요"라고 대답했다. "그러면 이렇게 하는 게 어때요? 내가 소개한 휴리스틱 방법들이 콜린의 코드에 적용될 수 있는지 없는지, 현재 콜린이 실제 작성하고 있는 코드를 가지고 함께 작업해 보는 것은 어때요?"

콜린은 흔쾌히 동의했고 나를 컴퓨터로 안내해줬다.

콜린이 에디터를 실행하면서 "이게 바로 제가 현재 작성 중인 프로그램의 일부분입니다. 그리고 이 라이브러리는 텍스트를 처리하는 함수를 가지고 있습니다"라고 이야기했다. 코드의 특정 부분을 가리키면서 "이 함수는 문자열 두 개를 비교해서 두 문자열의 비슷한 정도를 숫자로 나타내줍니다. 유사성을 숫자로 표현해 주는 알고리즘을 코사인 유사도$^{cosine\ similarity}$[1]를 기반으로 구현했고, 0과 1 사이에 있는 숫자를 반환하는데 0은 두 문자열이 일치하는 부분이 전혀 없을 때를, 1은 두 문자열이 완전하게 일치함을 의미합니다"라고 설명을 이어나갔다.

내 눈은 이미 탐험하면서 바꾸어 볼 수 있는 무엇인가를 무의식적으로 찾기 시작했다. 우선 탐험할 함수의 기술 명세서 부분에 눈이 갔다. 다음

---

[1] (옮긴이) 하나의 내적 공간에 존재하는 두 벡터의 각도를 코사인값을 이용하여 측정한 것으로 두 벡터의 비슷한 정도를 의미한다. http://en.wikipedia.org/wiki/cosine_similarity

과 같은 함수는 단지 두 개의 문자열만 매개 변수로 가지고 있었다.

```
public double calculateSimilarity(String stringA, String stringB)
```

자바는 타입에 제약이 강한 언어strongly typed language이기 때문에, 자바 컴파일러는 매개 변수 개수와 각 매개 변수 타입이 완벽하게 일치하는 경우에만 동작한다. 즉, 함수를 호출할 때 매개 변수로 넘겨주는 값의 데이터 타입을 바꾸어 볼 수 없다는 것을 의미한다. 예를 들어, 매개 변수로 문자열 대신에 정수를 사용하는 것은 컴파일러 단계에서 에러가 발생하므로 테스트로서는 의미가 없다.

```
calculateSimilarity(3, 5); // 정수는 문자열이 아니므로 컴파일되지 않음
```

또한 함수의 매개 변수 개수도 일치해야 하므로 매개 변수 개수를 바꿔가면서 탐험할 수도 없고, 따라서 매개 변수의 개수에 '0, 1, 다수 휴리스틱'을 적용할 수도 없다.

```
calculateSimilarity(); // 매개 변수 두 개가 필요하므로 컴파일되지 않음
```

더 정확하게 말하자면, 앞서와 같이 바꾸어서 탐험해 볼 수는 있지만 이렇게 탐험하면 자바 컴파일러를 탐험하는 것이지, 우리가 탐험하고자 하는 함수를 탐험하는 것은 아니다. 그래서 이런 생각은 아예 머릿속에서 떨쳐 버리고, 두 문자열을 어떻게 변경해서 탐험할 수 있을지 더 고민했다.

　문자열 안에 들어 있는 문자 개수에 따라 문자열 길이는 서로 다르다. 또한 문자열 길이와 문자열에 포함되어 있는 문자들에 따라 유사성이 높을 수도 있고, 유사성이 낮게 나와서 둘이 서로 많이 다름을 나타낼 수도 있다. 마지막 결과인 유사성을 나타내는 숫자도 입력 문자열에 따라 계속 변할 것이다. 그래서 먼저 결과에 초점을 맞추기로 결정했고, 어떻게 하면 0이나 1이라는 결과를 얻을 수 있는지 찾아보자고 제안했다.

콜린과 나는 함수를 호출해서 결과를 반환해 주는 간단한 프로그램을 작성했다. 우선은 다음과 같이 결과로 1을 반환해야 하는, 완벽하게 일치하는 두 개의 매개 변수 값을 가지고 테스트했다.

```
calculateSimilarity("a", "a");
```

예상대로 이 함수는 1을 반환했다. 다음으로는 프로그램을 수정해서 완전히 다른 두 매개 변수 값을 가지고 함수를 호출했다.

```
calculateSimilarity("a", "z");
```

이 경우에도 예상대로 0을 반환했다. 하지만 이 테스트들은 너무나 간단해서, 콜린이 조금씩 지루해 하는 것처럼 보였다. 콜린은 우리가 이제 막 탐험을 시작했다는 것이 전혀 실감 나지 않는 것 같았다. 나는 다시 프로그램을 수정해서 빈 문자열 두 개를 비교할 수 있도록 함수를 호출했다.

```
calculateSimilarity("", "");
```

함수는 완전하게 일치한다는 의미로 1을 반환했다. 그래서 이번에는 null 값을 사용해서 테스트를 해 보았다.

```
calculateSimilarity(null, null);
```

자바 프로그램이 예외exception를 발생시키면서 종료되었다. 그제서야 콜린이 뭔가를 적는 것 같았다.

다음으로는 입력 문자열 길이를 변경한 후에 테스트를 진행했다. 아무 의미도 없는 단어들을 나열해서 문단을 작성한 후에 이 문단을 값으로 가지는 변수를 만들었다.

```
String myString = "a very long paragraph ...
calculateSimilarity(myString, myString);
```

(실제로는 약 100개 정도의 단어로 이루어진 문단을 사용했다.)

매개 변수로 사용된 문자열이 매우 길기는 하지만 완전히 동일하기 때문에, 프로그램은 우리가 예상했던 대로 두 문자열이 완벽하게 동일하다는 의미로 결국에는 1을 반환했다. 하지만 결괏값이 반환되기 전에 프로그램이 상당한 시간 동안 멈추는 것을 발견했다.

그래서 훨씬 더 긴 문자열을 비교해 보기로 마음먹었다. 브라우저를 실행해서 Gutenberg.org[2] 사이트에 접속한 후에 마크 트웨인Mark Twain의 고전 『톰소여의 모험The Adventures of Tom Sawyer』이라는 책의 1장을 전부 복사했다. 이렇게 복사한 1장 전체를 변수의 값으로 붙여넣기를 한 후에, 프로그램을 실행해 동일한 1장 전체를 가지는 문자열 두 개를 비교했다. 프로그램을 실행한 후 지켜보면서 기다렸지만, 프로그램이 마치 아무 일도 하지 않는 것처럼 보였다. 확인해 보기 위해 윈도 성능 모니터 프로그램을 실행했다. 컴퓨터의 CPU는 100% 모두 사용되고 있었다. 무엇인가를 하고 있기는 한 것 같은데, 무슨 일을 하고 있는지 알 수가 없었다.

그때 콜린이 무엇인가를 다시 적기 시작했다.

"아무래도 성능 문제가 있는 것 같아요"라고 내 생각을 이야기해 주었다.

콜린도 고개를 끄덕이며, "아마 논문이나 책이 표절인지 아닌지 확인하는 경우 같이 데이터가 큰 경우에 이 프로그램을 사용한다면, 아주 심각한 문제가 될 것 같네요"라고 이야기했다. 내가 돌아보았을 때에도 "학생들의 과제물이 표절인지 아닌지 여러 가지 원문과 비교하는 경우라면, 프로그램이 실행되는 데 너무 오래 걸려서 사용하기가 힘들 것 같네요"라고 이야기를 이어나갔다. 콜린은 매우 진지하게 깊은 생각에 빠져 있는 것 같았다.

"자, 이제 프로세스를 강제로 종료하고, 몇 가지 테스트를 더 진행해

---

[2] 문학 작품을 비롯한 여러 고전의 원문을 구할 수 있는 훌륭한 곳이다.

봅시다"라고 제안했다. "강세accent 부호가 있는 문자, 한국어 · 일본어 · 중국어 문자, 탭이나 줄바꿈처럼 인쇄되지 않는 문자, 다르게 표현되는 여백들 같은 서로 다른 여러 종류의 텍스트는 어떻게 처리하는지 확인하는 것이 좋을 것 같네요"라고 내 계획을 설명했다.

콜린이 웃으면서 "그럴 필요가 없을 것 같은데요. 이제는 선생님 말씀을 믿을 수 있을 것 같네요"라고 이야기했다. "탐험적 테스팅이 그래픽 사용자 인터페이스에만 적용되는 건 확실하게 아니네요. 탐험에 대해 나중에 더 자세하게 알아보고 싶어졌어요. 자, 이제 콘퍼런스로 다시 돌아갈 시간이네요"라면서 콘퍼런스 장소로 내 팔을 잡아끌었다.

10.2 프로그래밍 언어 탐험하기

프로그래머로서 어떤 프로그래밍 언어나 라이브러리를 사용하든지, 사용하는 방법뿐 아니라 내부 구조까지 속속들이 이해하는 것은 매우 중요하다. 새로운 기술이 어떻게 동작하는지 확실하게 이해하지 못하고 잘못 사용하면 버그가 발생할 확률이 매우 높다.

게리 번하르트Gary Bernhardt는 'WAT'라는 영상[3]에서 웃음을 유도하지만 핵심을 찌르면서, 비논리적인 자바스크립트와 루비가 어떻게 될 수 있는지 보여준다. 이 비디오는 경솔한 프로그래머들이 흔히 저지를 수 있는 실수들을 찾아내기 위해 프로그래밍 언어를 탐험하는 아주 훌륭한 예제다.

이 영상에 영감을 받아서 자바스크립트에서 정렬을 해 주는 sort() 함수를 탐험해 보기로 마음먹었다. 간단한 경우부터 먼저 탐험을 시작했다.

```
["b", "c", "a"].sort()
```

---

[3] https://www.destroyallsoftware.com/talks/wat/

예상대로 다음과 같은 결과를 보여줬다.

a,b,c

아직까지는 별 문제없이 아주 좋았다. 그래서 이제 내가 변경해서 테스트할 수 있는 것들에는 어떤 것들이 있는지 브레인스토밍을 해 보았다. 머릿속에 "배열이 가지는 아이템 개수(0개, 1개, 여러 개)", "문자열에 포함되어 있는 문자들(내용이나 문자 집합 character set)", "객체 타입(문자열, 숫자, 객체, 배열)" 같은 것들이 떠올랐다.

먼저 정렬되어야 하는 항목들의 개수를 바꾸어 보았다. 내가 직접 테스트한 조건들과 그에 해당하는 결과들은 다음과 같다.

```
> [].sort()
> ["a"].sort()
a
> Array(99999).sort()
,,,,,,,,,,,, // 배열의 개수가 99999개이므로 더 많은 쉼표가 화면에 나타난다.
```

무엇인가 흥미를 끌 만한 특별한 결과가 아직까지는 눈에 보이지 않았다. 그래서 데이터 타입으로 시선을 옮겨보았다. 다음과 같이 숫자 타입을 먼저 테스트해 보았다.

```
> [7, 3, 11].sort()
11,3,7
```

와우! 자바스크립트는 숫자를 크기 순서대로 정렬하지 않고, 문자로 인식해서 알파벳 순서로 정렬한다는 것을 발견했다. 11은 숫자로 생각하면 7보다 커서 7보다 뒤에 나와야 하지만, 알파벳 순서로 비교하면 3보다 앞에 나오는 것이 맞다. 확인하자마자 인터넷에서 정보를 찾아보니 자바스크립트에서 알파벳 순서 정렬이 아닌 숫자 정렬을 사용하려면 다음과 같이 또 다른 함수를 먼저 호출한 후에 sort() 함수를 호출해야 했다.

```
> [7, 3, 11].sort(function(a,b){return a-b})
3,7,11
```

이런 것이 바로 내가 찾고 있었던 예상하지 못했던 상황이고, 모르고 그냥 사용했다면 심각한 상황을 야기할 수 있는 프로그래밍 언어의 허점이다. 알파벳 정렬과 숫자 정렬은 정렬해야 하는 숫자의 자릿수가 다른 경우에만 다른 결과를 만들어내기 때문에, 그 미묘한 차이를 찾아내기가 훨씬 더 어렵다.

조금 더 나아가서 여러 데이터 타입을 가지고 있는 경우도 살펴보자. 자바스크립트에서 배열에 넣는 값은 어떤 타입이든지 상관없고, 여러 타입을 동시에 함께 배열에 넣는 것도 가능하다. 그래서 숫자 타입과 문자 타입을 동시에 함께 가지는 배열도 가능하다. 그래서 다음과 같은 배열을 정렬해 보기로 했다.

```
> [1.1, 0, "a"].sort()
0,1.1,a
```

이번에는 예상했던 대로 결괏값이 나와서 관심을 가지고 볼 만한 것은 없었다. 그렇다면 배열에 또 다른 배열이나 객체, 특별한 값 같은 것들을 넣어보면 어떻게 될까?

```
> ["a", {"foo": "bar"}, Infinity].sort()
Infinity,[object Object],a
```

이번에는 아주 흥미로운 결과가 나왔다. 무한대를 나타내는 특수한 값인 Infinity가 문자 값을 가지고 있는 객체보다 더 작다고? 조금 더 자세히 살펴보니 이번에도 그냥 알파벳 순서로 결괏값들이 정렬되어 나왔음을 알 수 있었다. 영문자 I가 알파벳 순서로 O보다 먼저이므로, 무한을 나타내는 특수한 값인 Infinity가 객체를 나타내는 Object보다 작다는 결과가 나온 것이었다. 여기에서 이전에서 사용했던 문자가 아닌 숫자로 비교해주는 함수를 다시 한 번 호출해 보면 어떨까?

```
> ["a", {"foo": "bar"}, Infinity].sort(function(a,b){return a-b})
a,[object Object],Infinity
```

여기에서 배울 수 있는 중요한 교훈은 자바스크립트는 배열에 어떤 타입의 데이터들이 들어있든지 상관없이 기본적으로 문자열 타입으로 변환한 후에 알파벳 순서대로 정렬한다는 것이다. 다른 순서로 정렬하고 싶다면 정렬 함수를 다시 정의하고 구현해서 사용해야 한다.

이 예제에서 잊지 말아야 하는 중요한 다른 한 가지는, 내가 작성한 코드만 탐험할 것이 아니라 이미 작성되어 있는 코드들도 탐험이 필요하다는 것이다. 이미 코드로 구현되어 사용 중인 기술이 어떤 기능을 수행할 수 있고 어떤 제약 사항을 가지고 있는지 확인하고 싶을 때, 탐험하는 기법이 아주 큰 도움을 줄 수 있다.

10.3 웹 서비스 탐험하기

여기까지 왔으니 아마도 이제 다음과 같은 패턴이 있음을 눈치챘을 것이다. 어떤 종류의 것을 탐험하든지 상관없이, 어떤 인터페이스를 가지고 있든지 상관없이, 무엇인가를 변경해서 탐험을 진행해 보면 무엇인가 흥미로운 것들을 찾아낼 수 있다. 한 가지 예를 더 살펴보자. 몇 년 전에 웹 서비스를 탐험하고 있을 때였다. 웹 서비스를 사용하려면 입력값으로 다음과 같은 XML을 사용해야 했다.

```
<searchFilters>
  <filterBy>
    <fieldName>category</fieldName>
    <value>vacuums</value>
```

```
    </filterBy>
</searchFilters>
```

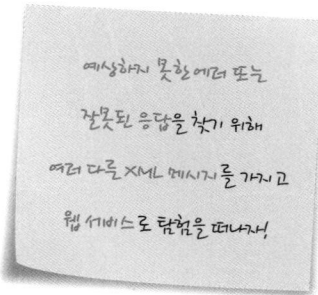

나는 다음과 같은 차터를 작성했다.

변수를 찾아내기 위한 세션을 바로 시작했고, 재빨리 브레인스토밍을 해서 다음과 같은 다양한 경우를 찾아냈다.

- filterBy 노드의 개수: 하나도 없을 때, 한 개일 때, 여러 개가 있을 때
- fieldName과 value의 다양한 문자열: 빈 문자열, 유니코드^{unicode} 문자 포함, SQL 인젝션 공격 포함, 기타 등등
- filterBy 노드의 값이 실제 사용 가능한 필드 이름과 일치할 때와 일치하지 않을 때
- XML이 유효한 XML인 경우와 유효하지 않은 XML인 경우
- 검색 결과로 나온 데이터 개수(하나도 없을 때, 한 개일 때, 여러 개가 있을 때)
- 검색이 대소문자를 구분하는지 구분하지 않는지

여기까지 작성하고 멈추었다. 목록은 이미 충분해 보였고, 아직 탐험에 첫 발을 내딛지도 못했기 때문이었다. 다시 한 번 살펴봐도 탐험해야 하는 범위가 너무 넓은 것 같아서, 검색 결과가 올바른지 확인하는 테스트

를 따로 떼어내서 다음에 하기로 결정하고, 잊어버리지 않기 위해 다음과 같은 차터를 따로 적어 놓았다.

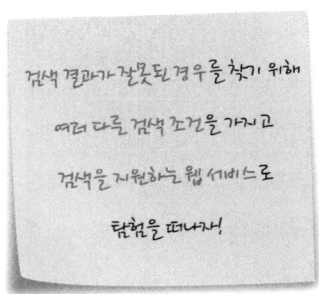

이렇게 정리를 다 해 놓고서야 비로소 가장 기본적인 테스트를 시작할 수 있었다. 우선 결과를 쉽게 확인할 수 있도록 가장 기본적인 조건을 만족하는 경우를 테스트했고, 기대했던 결괏값을 얻을 수 있었다. 이렇게 가장 기본적인 검색 기능이 동작하는 것을 확인한 후에, 더 깊숙한 곳으로 탐험을 떠날 수 있었다.

첫 번째로 filterBy 노드가 없는 XML 메시지를 테스트했다.

```
<searchFilters>
</searchFilters>
```

그다음으로는 filterBy 노드 안에 조건이 없는 메시지도 테스트했다.

```
<searchFilters>
    <filterBy>
    </filterBy>
</searchFilters>
```

카테고리 이름에 특수 문자인 앰퍼샌드(&)를 포함하는 메시지도 테스트했다.

```
<searchFilters>
   <filterBy>
    <fieldName>category</fieldName>
    <value>cleaning & supplies</value>
   </filterBy>
</searchFilters>
```

계속해서 몇 가지 단순한 조건을 더 테스트했다. 이런 일련의 과정을 통해 웹 서비스가 어떻게 동작하는지에 대해 조금 더 자세하게 알 수 있었다. 웹 서비스 시스템은 서비스 요청 XML 메시지가 유효하지 않은 경우에는 적절한 에러 메시지를 제공하므로 기본적인 SQL 인젝션 공격에는 위험하지 않다는 것을 알 수 있었다. 하지만 앰퍼샌드(&) 같은 특수 문자를 포함하고 있는 경우에 UTF-8으로 인코딩하지 않으면 제대로 처리하지 못한다는 사실도 발견했다(예를 들어 설명하면 앰퍼샌드(&) 문자는 UTF-8으로 인코드하면 %26이 되는데, 앰퍼샌드(&) 문자가 아닌 %26으로 보내야만 올바르게 처리되었다). 시스템에 대한 이해도가 커질수록, 서비스를 요청하는 XML 메시지에 더 많은 변화를 줄 수 있었을 뿐 아니라, fieldName 노드와 value 노드 값을 함께 변경해 가면서 탐험의 범위를 더욱 더 넓혀갈 수 있었다.

10.4 버그 찾아내기

보통의 경우 문제점을 찾아내려고 탐험을 한다. 하지만 때로는 문제가 있다는 것을 이미 알고 있는 상황에서, 어떤 문제인지 더 깊게 알아보기 위해 탐험을 하는 경우도 있다. 이 책에서 소개한 탐험 기법들은 두 가지 경우 모두에 적용될 수 있다.

예를 들어, 서버 프로세스가 시작된 후에 시간이 흐르면 흐를수록 더 느려지는 웹 서비스가 있다고 가정해 보자. 대다수 팀원들은 서버가 아주 심각하게 느려지면, 이러한 서버 성능 문제를 해결하기 위해 서버 프로세스를 다시 시작하면 된다는 것을 이미 모두 알고 있었다. 그래서 팀원 중 한 프로그래머가 일련의 테스트 계획을 세웠다. 사실 이 팀원은 탐험적 테스팅을 머릿속에 떠올리지도 않았지만, 이 프로그래머가 실행한 것이 바로 탐험적 테스팅이었다.

이 프로그래머는 차터라는 이름으로 부르지는 않았지만, 이미 차터도 만들어 사용하고 있었다.

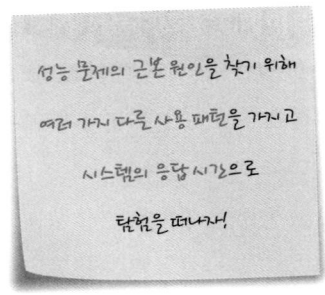

이 프로그래머는 GET 요청과 POST 요청을 여러 차례 반복해서 서버에 보내는 간단한 스크립트를 작성했다. 각각의 GET 요청과 POST 요청의 데이터 값들을 조금씩 바꾸어 가면서 일정한 시간을 정해두고 테스트를 실행했다. 아주 긴 시간 동안 실행해 보기도 하고, 짧은 시간 동안 실행해 보기도 했다. 서버 설정에서는 캐시 기능을 사용해서 테스트하기도 하고, 캐시 기능을 비활성화한 후에도 테스트했다. 또한 서버에 보내는 데이터의 양을 더 늘려보기도 했다.

마침내 이 프로그래머는 서버에 있는 하드웨어 관련 라이브러리가 때때로 주어진 시간 안에 응답하지 않고 타임아웃을 일으켜서 서버 부하가 증가한다는 것을 알아냈다. 서버에서 타임아웃이 발생하기 시작하면, 응답 시간이 매우 느려졌다.

이전에 소개했던 예제와 마찬가지로 이번에도 탐험적 테스팅이 사용자 화면 없이 진행되었다. 프로그래머가 작성한 스크립트가 GET 요청과 POST 요청을 HTTP 서버에 보냈을 뿐이었다. 하지만 이 프로그래머는 그래픽 사용자 인터페이스가 있을 때에도 적용할 수 있는 분석 기법과 휴리스틱들을 동일하게 고려했다. 즉, 요청 메시지를 서버에 보낼 때 요청 메시지 개수, 크기, 빈도, 타이밍들을 바꾸어 가면서 확인할 수 있도록 테스트를 설계했다.

탐험적 테스팅을 그래픽 사용자 인터페이스에만 적합한 무엇인가 아주 특별한 것으로 너무 쉽게 간주해 버리거나, 탐험적 테스팅을 테스트를 주 업무로 하는 팀원들만이 할 수 있는 것으로 생각하기가 쉽다. 하지만 이 장에서 본 것처럼 둘 다 틀린 말이다. 이 책에서 소개하는 탐험적 테스팅 기법들은, 전체 시스템을 테스트하는 것부터, 소스 코드에서 볼 수 있는 개별 함수의 동작에 이르기까지 모든 레벨에 적용할 수 있다. 또한 프로젝트의 모든 팀원이 이 기법을 활용할 수 있다.

다음 장에서는 이미 만들어진 시스템의 기능을 찾아내서 분류하기 위해 여기에서 소개한 기법들을 적용하는 더 많은 방법을 알아보자.

10.5 실제 적용을 위한 조언

> 무엇인가 예상하지 못한 것들을
> 찾기 위해
> 이 책에서 소개한 모든 기술을 가지고
> 그래픽 사용자 인터페이스 화면이
> 없는 곳으로 탐험을 떠나자!

'9장 소프트웨어 생태계 탐험하기'에서 그렸던 콘텍스트 다이어그램을 다시 한 번 살펴보자. 시스템과 연결되어 상호 작용할 수 있는 모든 인터페이스를 주의해서 살펴보자. API, 일괄 처리 프로그램, 서버 같은 사용자가 볼 수 있는 화면이 없는 인터페이스들을 찾아보자. 이렇게 찾아낸 인터페이스 중 하나를 선택해서 이 책에서 소개한 모든 기법을 가지고 탐험을 떠나자.

11
기존 시스템 탐험하기

소프트웨어 탐험을 시작하기 가장 좋은 때는 소프트웨어 개발이 진행 중일 때이고, 그럴 여건이 되지 않는 경우라면 무엇인가 실행할 수 있는 것이 만들어지자마자 탐험을 시작하는 것이 좋다. 소프트웨어 개발 주기에서 되도록 조금이라도 일찍 탐험을 시작하면, 문제가 아직은 커지지 않고 작을 때 조금이라도 수월하게 문제에 대처할 수 있고, 하나의 문제로부터 야기되는 여러 가지 수많은 문제를 미연에 방지할 수 있다.

하지만 아쉽게도 항상 이렇게 일찍 탐험을 시작할 수 있는 것은 아니다. 때로는 이미 다 만들어져 있는 시스템을 탐험해야 하는 경우도 있다. 이런 상황에서 만나게 되는 소프트웨어는 십중팔구 소프트웨어에 대한 정보가 매우 부족하다. 이미 소프트웨어는 사용 중이고, 사용자들의 필요를 채워주고 있지만, 소프트웨어가 어떤 일을 하고 어떻게 동작하는지 완벽하게 이해하고 있는 팀원은 없다. 소프트웨어 개발에 참여했던 팀원들은 이미 오래전에 다른 팀으로 옮겼거나 아예 다른 회사로 옮긴 지 오래되었다. 엎친 데 덮친 격으로 문서들도 너무 오래되어 쓸모가 없다. 심지어는 가장 경험이 많은 각 분야의 전문가들도 소프트웨어가 어떤 일을 하는지 전체적으로는 알지 못하고 일부분만 이해하고 있을 뿐이다.

이 장에서는, 기존 시스템이 할 수 있는 것들과 하지 못하는 것들을 찾을 때, 탐험하는 기법을 적용하는 체계적인 접근 방법에 대해 알아보자. 정찰 세션recon session이 무엇인지, 정찰 세션이 시스템을 이해하는 데 어떤 도움을 주는지, 또한 시스템을 완벽하게 탐험하기 위해 어디까지 탐험을 해야 하고, 얼마만큼 노력이 필요한지 판단하는 데 어떻게 도움을 주는지도 알아보자. 시스템의 현재 상태를 꿰뚫어 보는 데 꼭 필요하면서도 정말 중요한 통찰력을 하나하나 얻기 위해, 이해관계자들을 인터뷰하는 방법도 배우게 된다. 어떤 문제가 있는지 확실하게 정의하기가 매우 어려운 이미 만들어진 기존 시스템에서, 문제를 야기하는 상황이나 주기적으로 발생하는 장애를 정확하게 찾아내기 위해 탐험 기법을 어떻게 사용할 수 있는지도 소개하겠다.

11.1 정찰 세션으로 시작하기

현재 개발 중인 기능을 탐험하는 것과 기존 시스템의 기능을 분석하려고 탐험하는 것 사이에 가장 큰 차이점은, 찾고자 하는 정보의 종류가 다르다는 것이다. 보통 새롭게 개발하는 기능을 탐험할 때에는 설계할 때나 구현할 때 결정했던 사항들이 이후에 문제가 될 수 있는 위험 요소나 취약한 부분을 가지고 있지는 않은지 찾아야 한다. 하지만 기존 시스템을 탐험할 때에는 당연히 위험 요소도 찾아야 하겠지만, 그보다도 먼저 어떤 기능이 있는지, 어떤 인터페이스들을 가지고 있는지, 각 하위 시스템과 모듈이 서로 어떻게 연결되어 있는지를 먼저 찾는 것이 필요하다.

정찰 세션은 시스템 영역을 정의하면서 시작하는 아주 특별한 세션이다. 정찰 세션이 끝나면 탐험이 필요한 영역이 어디인지 더 확실하게 알 수 있고, 계속되는 세션에서 어떤 기법들을 사용할지 찾아내는 것을 시작할 수 있다. 또한 적어도 시스템의 각 부분이 어떻게 함께 동작하는지 통찰력을 얻을 수 있다. 더 나아가 시스템의 전체적인 품질 수준에 대한 기본 아이디어를 구상할 수도 있다.

정찰 세션을 위한 차터는 대체로 다음과 같다.

> 어떻게 동작하는지를 찾기 위해
> 모든 문서를 가지고
> 또는 이 분야 전문가와 함께
> 기존 시스템으로 탐험을 떠나자!

정찰 세션에서는 계속되는 다른 세션과 앞으로 수행해야 하는 임무들에 대한 준비를 할 수 있다. 이 차터를 실행하고 나면 다음과 같은 것들을 알 수 있다.

- 테스트 중인 소프트웨어가 속해 있는 생태계와 소프트웨어가 호출하고 제어할 수 있는 인터페이스: 현재 테스트 중인 소프트웨어가 어떤 다른 시스템들과 연결되어 있는가? 어떤 시스템 자원들을 사용하고 있는가? 시스템이 제공하는 공개 인터페이스와 내부 인터페이스 중에서, 실행 후 지켜보면서 어떻게 동작하는지 확인할 수 있는 것들에는 어떤 것들이 있는가('9장 소프트웨어 생태계 탐험하기'를 참고하자)?
- 변수들: 변경할 수 있거나 변경을 야기하는 것들. 시스템의 입력값과 출력값 또는 환경 설정과 관련된 변수들은 너무 명백해서 쉽게 찾아낼 수 있다. 하지만 시스템에서 일련의 동작들, 타이밍, 데이터 속성과 관련된 변수들은 찾아내기가 훨씬 더 어렵다('4장 눈여겨볼 변수 찾아내기'를 참고하자).
- 명백하게 보이는 취약한 부분들과 잠재적 위험 요소들: 앞으로 계속 진행해야 하는 다음 세션들에 대한 차터를 어떻게 만들어야 하는지 도와준다.

> **이지 버튼Easy Button 영상**
>
> 제임스 바크와 존 바크는 새로운 제품을 조사하는 데 처음에 필요한 몇 개의 세션을 설명하기 위해 정찰 세션이라는 말을 새로 만들어 사용했다. 그리고 스테이플스Staples, Inc.에서 만든, 단 하나의 버튼만 가지는 이지 버튼Easy Button이라는 제품에 실제로 적용했던 정찰 세션을 보여주는 4분 정도의 짧은 비디오를 만들었다.[1]
>
> 이 비디오에서는 총 10여 개가 넘는 각 테스트 기법의 이름을 자막으로 보여준다. 비디오를 보면서 다음과 같은 몇몇 중요한 기법을 눈여겨보자.
>
> - 클레임 테스팅: 시스템의 실제 동작과 포장 박스 또는 마케팅 인쇄물에서 소개하는 기능을 비교한다.
> - 문서 리뷰: 시스템에서 기대할 수 있는 일반적인 사용 방법을 이해하기 위해 문서를 꼼꼼하게 확인한다.
> - 제품 분석: 시스템을 구성하는 각 컴포넌트가 어떻게 함께 구성되어 있는지, 서로 상호 작용하기 위해 사용 가능한 메커니즘에는 어떤 것들이 있는지 이해하기 위해 시스템을 조사한다.
> - 현실적인 시나리오 테스팅: 실제 부하 조건을 포함하는 현실적인 사용 시나리오와 일치하는 방법으로 시스템을 테스트한다.
> - 부하 테스팅: 시스템에 부하를 주거나 시스템을 부적절한 방법으로 테스트해보는 접근 방법이다. 극단적인 예로는, 신발로 키보드를 눌러서 테스트하는 제임스 바크의 악명 높은 '신발 테스트'가 있다.
>
> 심지어 이 영상은 버튼 하나만 가지고 있는 단순한 제품을 탐험하는 경우이지만, 제임스와 존은 제품을 완벽하게 조사하려면 그 제품의 여러 측면을 살펴보기 위한 다양한 접근 방법이 왜 꼭 필요한지를 보여준다.

---

[1] http://www.youtube.com/watch?v=Vy0I2SB5OLo

첫 번째 정찰 세션을 마치고 나면 소프트웨어 생태계의 대략적인 그림과 계속 이어지는 세션에서 바꾸어 볼 수 있는 흥미로운 변수 목록, 그리고 탐험이 필요한 차터 목록을 얻을 수 있다. 하지만 다음과 같은 질문들에 확실하게 대답하기가 어렵다면, 좀 더 많은 정찰 세션을 가져보는 것이 좋다.

- 이 시스템은 무슨 일을 하는가?
- 입력값은 어떻게 받아들이는가?
- 출력값은 어떻게, 어디에서 만들어지는가?
- 간단한 입력값은 무엇인가? 간단하게 실행해 볼 수 있는 일련의 동작들에는 어떤 것들이 있는가? 또한 간단한 입력값에 대한 결괏값은 무엇이고, 일련의 동작들을 실행했을 때 결과는 무엇인가?
- 환경이나 설정들이 결괏값에 어떤 영향을 미치는가?
- 공개 인터페이스를 사용하지 않고 다른 방법으로 시스템과 상호 작용할 수 있는가?(예를 들어, 수정 가능한 숨겨진 설정 파일들이 있는가? 공개 인터페이스를 통하지 않고, 직접 접근할 수 있는 곳에 저장된 데이터들이 있는가? 일반적으로 자주 사용되는 공개 인터페이스를 우회해서 직접 접근할 수 있는 개별 컴포넌트가 시스템에 존재하는가?)
- 에러가 발생하는 상황을 어떻게 재연할 수 있는가?
- 의도하지 않은 방법이나 고의적으로 에러를 일으키는 방법을 통해 시스템에 접근한다면, 무슨 일들이 일어날 것 같은가?

이런 종류의 질문들에 쉽게 대답할 수 있다면, 이제 시스템의 특정한 부분에 초점을 맞춰 다음 세션을 진행할 모든 준비가 된 것이다. '2장 탐험을 위한 차터 작성'에서 소개했던 가이드라인들을 사용해서, 이어지는 세션들에 대한 차터를 작성할 수 있다.

11.2 관찰 결과 공유

기존 시스템을 가능한 한 빨리 분석하고 싶다면, 여러 탐험가와 함께 탐험을 하면서 내가 탐험하면서 찾아낸 것들을 공유하고 함께 생각을 나누는 것이 최고의 방법이다. 더 많은 탐험가가 있다면 동일한 장소를 더 빨리 탐험할 수 있는 것은 너무나도 당연한 이야기다. 각 탐험가는 자신만의 독특한 관점과 기술이 있어서 다른 탐험가들은 찾아내지 못했던 것들을 찾아내곤 한다.

하지만 이 이야기가 탐험가들이 많아서 각자가 탐험해야 할 영역이 적어진다는 말은 아니다. 다른 탐험가들과 함께 탐험을 떠나면 새로운 것을 찾아내는 속도가 더욱 더 빨라진다. 함께 탐험을 떠난 탐험가 그룹에 있는 탐험가들은 정보를 함께 공유한다. 한 팀으로 함께 일하면, 시스템의 다른 측면들을 혼자서 일일이 모두 탐험했을 때보다, 동일한 시간에 더 많은 것을 찾아낼 수 있다. 각 사람이 가지고 있는 정보와 통찰력을 한곳에 모음으로써, 시간을 더욱 더 효과적으로 사용할 수 있다. 실제로도 이런 경우를 수없이 많이 목격했지만, 특별히 테스팅 강의를 진행하면서 정보 공유의 힘을 가장 크게 느낄 수 있었다.

탐험적 테스팅에 관한 강의를 진행할 때, 학생들에게 손바닥 크기만한 기기에서 실행되는 전자 오락 게임을 탐험하도록 한 적이 있다. 내가 선택한 게임은 스크래블 플래시Scrabble Flash라는 소형 전자 기기에서 실행하는 단어 게임이고, 게임을 하는 사람은 전자 타일을 다섯 개 가지고 있고 각 타일은 알파벳 한 글자를 보여주는데, 이렇게 알파벳 다섯 개를 조합해서 단어를 만드는 게임이다. 화면에 보이는 알파벳 다섯 개로 단어를 만드는 데 성공하면 점수를 얻을 수 있다.

이 게임이 탐험적 테스팅에 안성맞춤인 이유는 게임이 단순하면서도 탐험이 필요한 상호 작용이 거의 끝없이 일어나기 때문이다. 타일은 따로

떨어져 있을 때와 바로 옆에 붙어 있을 때 각각 의미가 달라진다. 각 타일은 알파벳이라는 하나의 상태를 가지고 있고, 모든 타일이 모이면 단어라는 또 다른 상태를 가진다. 예상할 수 있듯이 이런 상태들은 흥미로운 방법으로 서로 상호 작용한다. 또한 수없이 많은 변수가 있는데, 타일의 상대적인 위치, 타일의 각도, 각 타일이 서로 떨어져 있는 거리, 새로운 게임을 시작하면 보이는 알파벳, 현재 점수, 게임에서 가능한 최고 점수 등이 있다. 게임 자체가 미리 알 수 있는 것이 아무것도 없어서, 마치 안을 들여다볼 수 없는 검은색 상자 안에 있는 것처럼 느껴지기 때문에, 탐험적 테스팅에 더욱 적합하다. 이 게임으로 진정한 블랙 박스 테스팅black-box testing2을 경험해 볼 수 있다.

강의를 시작하면서 첫 번째 실습으로 정찰 세션을 진행했다. 모든 참여자가 다음과 같은 차터를 가지고 탐험을 떠났다.

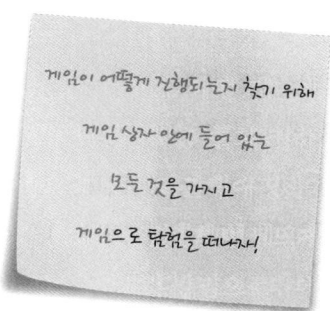

2 소프트웨어 테스팅 방법 중 하나로 어떤 소프트웨어를 내부 구조나 작동 원리를 모르는 상태에서 소프트웨어의 동작을 테스팅하는 방법을 이르는 말이다(출처: 위키백과).

서로 다른 여러 접근 방법을 지켜보는 것은 매우 흥미로운 일이다. 몇몇 참여자는 게임 설명서를 먼저 읽는 것으로 탐험을 시작한다. 이 참여자들은 세션을 시작하자마자, 처음 몇 분 또는 몇 십분 동안을 휴지처럼 얇은 종이에 깨알처럼 적혀 있는 모든 지시 사항을 이해하려고 노력하는 데 투자한다. 어떤 참여자들은 게임 설명서는 완전히 무시하고, 게임 상자 안에 들어 있는 전자 타일들을 가지고 직접 부딪혀서 게임을 해 보는 것으로 탐험을 시작한다.

15분이 지난 후에, 나는 모든 참여자에게 하던 일을 멈추고 지금까지 찾아낸 것들을 발표하는 시간을 가지기 위해 모여달라고 이야기했다. 대다수 참여자가 찾아낸 내용은 매우 비슷했다. (1)각 전자 타일이 서로 통신하는 것 같다. (2)모든 전자 타일은 크기와 모양이 동일하다. (3)세 가지 다른 게임이 있다. 하지만 틀림없이 몇몇 참여자는 다른 참여자들이 알아차리지 못한 것들을 이야기한다. (1)모든 전자 타일이 완전히 똑같아서 다른 참여자의 전자 타일과 바꾸고 난 후에 게임을 진행해도 아무 문제가 없다. (2)전자 타일 다섯 개를 모두 사용하는 것이 아니라 네 개만 사용해서도 할 수 있는 게임이 있다. (3)게임이 정답으로 인정하는 단어에는 사실 약간은 이해하기 어려운 단어들도 있다(예를 들어, Rin이라는 단어는 없는 단어처럼 느껴지지만, 스크래블 사전^{Scrabble dictionary}에서는 Rin이라는 단어가 존재하기 때문에 정답으로 인정된다).

가끔은 첫 15분 동안 게임을 아주 깊이 있게 파악하는 참여자들도 있다. (1)전자 타일의 방향이나 전자 타일 간의 거리가 바뀌었을 때 게임이 어떻게 바뀌는지 알아낸다. (2)전자 타일 뒤에 있는 리셋 버튼을 찾아낸다. (3)시간을 조절해서 테스트를 하거나 전자 타일 사이를 가로막는 방해물과 같은 것들을 이용해 테스트한다.

각 참여자가 새로운 정보를 발표하면, 듣고 있던 참여자들은 그 새로운 정보에서 영감을 얻어서 자신들이 가지고 있는 전자 타일들을 가지고 스스로 직접 테스트해 보는 데 푹 빠져 있었다. 30분 정도 지나자, 모든 참여자가 하나같이 게임을 진행하는 기본 원리를 아주 확실하게 이해하게 되었고, 더욱 더 철저하게 조사하기 위해 훨씬 더 높은 수준의 탐험을 떠날 준비가 되었다. 각자가 찾아낸 것과 새로운 아이디어를 서로 공유하면서 함께 탐험했던 것이 이런 상황을 가능하게 만들었다. 만약 각자 따로 따로 탐험하도록 참여자들을 내버려 두었다면, 모든 정보를 개별적으로 찾아내는 데는, 참여자들마다 조금씩은 다르겠지만, 아마도 평균 몇 시간 이상은 걸렸을 것이다.

11.3 이해관계자들을 인터뷰해서 궁금증 찾아내기

탐험할 시스템이 어떻게 동작하는지 충분히 이해하게 되면, 이해관계자들이 시스템에 대해 어떤 질문들을 가지고 있는지 알아보기 위해 이해관계자들을 인터뷰할 준비가 된 것이다. 이해관계자들이 가지고 있는 질문들에 대한 답변을 준비해야 하는 것은 이제 우리 역할이고, 이해관계자들의 질문들은 탐험을 더 효과적으로 진행하는 데 있어 큰 도움이 될 것이다.

다음은 고려해 볼 수 있는 이해관계자들의 목록이다.

- 탐험해야 하는 시스템을 결정하고 탐험하라고 지시를 내린 사람
- 문제가 발생했을 때 사용자나 고객에게 대답해야 하는 기술 지원 팀원
- 시스템을 유지보수해야 하는 프로그래머
- 시스템을 실제로 현업에서 사용하고 있는 직원
- 시스템 변경이 필요한 새로운 요구 사항의 밑그림을 그려야 하는 제품 관리자 또는 시스템 분석가
- 시스템 기능들이 제대로 동작하는 것과 관계가 있는 모든 사람

앞서 언급한 모든 이해관계자와 이야기하려고 많은 시간을 미리 비워둘 필요는 없다. 우선은 격식을 차리지 말고 가벼운 대화로 내가 묻고 싶은 것들에 대해 먼저 이야기하고, 만약 특정 질문에 대해서는 더 깊이 있게 대화를 나누는 것이 서로에게 도움이 된다고 생각되면, 다른 시간을 정해 이야기를 계속 이어나가는 것이 좋다.

이해관계자들을 인터뷰하는 것도 또 다른 탐험이라고 생각하면 도움이 될 것이다.

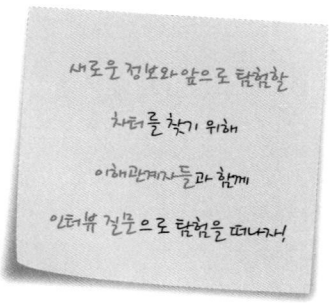

이렇게 하려면, 이미 찾아낸 것들에 대한 정보를 함께 나눌 수 있으면서도, 동시에 이해관계자들이 그들이 생각하기에 무엇인가 관련이 있는 것들을 먼저 공유하게 만드는 개방형 질문open-ended question을 세밀하게 공들여 만들어야 한다. 이런 질문들을 만들어 내려면 수많은 연습이 필요하다.

다음과 같은 상황을 가정해 보자. 회사에서 현재 사용 중인 결제 시스템billing system을 탐험하고 있다고 생각해 보자. 결제 시스템이 없다면 현금 흐름을 알 수 없기 때문에, 회사가 아주 좋지 않은 상황까지 갈 수도 있다. 그러므로 결제 시스템은 회사의 아주 중요한 핵심 시스템이다. 결제 시스템은 회사에서 운영하는 비즈니스에서 발생하는 현재 진행 중인 모든 변화를 반영해서 최신 정보를 가지고 있는 것이 필요하다. 하지만 최신 정보를 반영하기 위해 결제 시스템이 어떻게 동작해야 하는지 이해하는 직원이 회사 내에 아무도 없다. 그래서 결제 시스템을 수정해야 하는 상황이 발생했음에도 불구하고, 결제 시스템을 수정하는 것이 매우 어렵고 위험한 상황이다. 자, 이제부터 해야 할 일은 결제 시스템을 수정한 이후에 예상하지 못한 결과들을 가져올 수 있는 위험 요소들을 최대한 줄이기 위해, 결제 시스템의 동작을 아주 자세히 분석하는 것이다.

이해관계자들 중 하나인 고객 서비스 부서의 부서장을 만나는 것으로 일을 시작해 보자. 사실 고객 서비스 부서의 부서장은 결제 시스템에는 크게 관심이 없다. 하지만 기업이 고객 서비스를 어디까지 지원하느냐에 따라 고객 서비스 부서의 팀원들이 고객과 상담을 진행할 때, 결제나 지급 내역에 접근해야 하는 경우도 있다. 다음 중 어떤 대화 스타일이 더 유익하고 효과적인 대화를 이끌어낼 수 있는지 생각해 보자.

"그렇다면 고객 서비스 부서에서 어떻게 결제 시스템을 사용하는지에 대해 제가 꼭 알아야만 하는 것들 중에는 어떤 것들이 있을까요?"

또는...

"저는 지금 결제 시스템이 고객 관리 시스템 같은 우리 회사의 주요 비즈니스 시스템과 어떻게 연동되는지 이해하기 위해 결제 시스템을 탐험하고 있습니다. 탐험하면서 주문 내역, 청구서 내역, 결제 내역 같은 기능들이 결제 시스템과 고객 관리 시스템, 두 가지 시스템 모두와 연결되어 있다는 것을 발견했습니다. 고객 서비스 부서 팀원들이 어떻게 결제 시스템을 사용하는지, 특히 고객의 주문 내역, 청구서 내역, 결제 내역을 어떤 경우에 사용하는지에 대해 좀 더 자세하게 설명해 주실 수 있나요?"

첫 번째 질문의 경우 너무나도 개방형 질문이기 때문에 이 질문에 대한 답변을 어디에서부터 어떻게 시작해야 할지 참 난감하다. 반면에 두 번째 질문은 앞으로 무엇을 더 논의해야 하는지 윤곽을 잡는 역할을 톡톡히 하고 있다. 두 번째 질문은 다음과 같은 목적들에도 부합한다는 사실을 기억하자.

1. 상황을 결정한다. 왜 우리가 지금 이렇게 여기에 함께 있는가? 이 대화를 이끌어 나가기 위해 무엇을 하고 있는가?
2. 이미 알고 있는 것들을 요약해서 정리할 수 있다. 이것을 통해 지금까지 내가 분석했던 것들에 대해 다시 한 번 확인할 수 있고, 또한 다른 사람에게 내가 어느 정도 수준의 정보까지 받아들일 준비가 되었는지에 대한 단서를 제공한다.
3. 시스템에서 탐험이 필요한 곳이 있다면 어디든지 그 부분에 대한 대화를 이끌어낼 수 있는 구체적이면서도 개방적인 질문을 한다.

대화가 진행될수록, 또 다른 이해관계자나 팀원들이 대화에 동참해서 그들도 다음과 같은 것들에 대해 허심탄회하게 이야기를 공유할 수 있게 하는 질문을 하자. 시스템에 대한 이해도, 시스템에 대한 자신의 의견, 시스템을 사용하면서 만족한 부분이나 불만이 있었던 부분, 자신이 기대하는 것 또는 관심 있게 지켜보는 것, 전체적인 품질에 대한 생각, 직접 경험했지만 이해하거나 설명하기 어려울 정도로 복잡하게 얽힌 문제를 공유해 보자.

이런 대화를 통해, 다른 사람들이 이야기한 시스템의 기능들 중에서 아직 탐험하지 못했던 것들(때로는 생각조차 하지 못했던 것들), 또는 탐험을 통해 답변을 얻을 수 있는 질문들을 기록해 놓자.

11.4 테스트 기법 선택하기

몇 번의 정찰 세션을 진행하고 이해관계자들과 논의를 하고 나면, 적어도 탐험이 필요한 영역에 대한 큰 그림을 이해할 수 있는 더 폭넓은 시야가 생긴다. 이렇게 더 폭넓어진 시야는 더 깊은 통찰력을 발견해 내기 위해 여러 가지 분석과 테스트 설계 기법을 적용할 수 있는 적합한 곳을 찾아낼 수 있게 해 준다. 탐험하는 데 도움을 주는 가장 적합한 기법들의 조합을 어떻게 선택할지, 그리고 어떤 질문들에 대한 해답을 찾아야 하는지 알아내는 것이 관건이다.

시스템이 타이밍에 매우 민감해 보인다면, '8장 상태와 전이 발견하기'를 참고하자.

기능을 실행하는데 순서를 변경할 수 있는 기회가 있거나, 사용자가 직접 사용하는 시스템이라면, '6장 순서와 상호 작용 다양하게 바꿔보기'를 참고하자.

시스템의 많은 부분이 데이터에 매우 의존적이라면, '7장 개체와 개체들 사이의 관계 탐험하기'를 참고하자.

시스템이 광범위하게 다른 시스템과 상호 연동하고 있다면, '9장 소프트웨어 생태계 탐험하기'를 참고하자.

이러한 과정들을 겪으면서, 아마도 탐험의 종류는 다르겠지만 동일한 휴리스틱을 여러 번 사용하게 될 것이다. 0·1·다수 휴리스틱, 일부·없음·모두 휴리스틱, 처음·중간·끝 휴리스틱 등. 하지만 깊숙하게 숨어 있는 버그를 찾으려고 노력하기보다는, 앞으로의 수정이 가져올 여러 가지 변화를 미리 예상할 수 있도록 시스템을 충분히 이해하는 것이 먼저라는 사실을 꼭 기억하자.

11.5 찾아낸 것들 기록하기

탐험해야 할 시스템에 관한 문서가 아예 없거나 충분하지 않아서 시스템을 분석하는 데 오랜 시간이 걸리는 것을 이미 경험해 보았으므로, 다음에 시스템을 담당할 직원을 위해 찾아낸 것들을 기록해 놓으면, 나중에 자신이 될지 다른 직원이 될지는 모르겠지만 시스템을 다시 분석하는 데 큰 도움이 될 것이다. 아마도 회사의 형식적인 절차를 모두 따르는 방법도 있겠지만 시간이 너무 많이 걸리는 작업이므로, 너무 형식에 치우치지 말고 우선은 가볍게 시작하는 것도 좋은 접근 방법이다. 최소한의 노력으로 찾아낸 정보를 기록하는 몇 가지 팁을 소개한다.

찾아낸 정보를 팀원들에게 설명하면서, 화이트보드whiteboard에 소프트웨어 생태계나 상태 모델 같은 중요한 모델들을 그려보자. 설명이 다 끝나면, 화이트보드에 그린 그림을 사진으로 찍어서, 팀 위키wiki 같이 팀원들이 함께 접근할 수 있는 곳에 사진 파일을 올려서 공유하자. 사진 파일을 올리면서 간단한 설명도 추가해 보자. 시스템을 이해하기 위해 꼭 필요한 핵심 내용들을 공유하는 데 30분이면 충분하다. 이후에 필요하다면 이렇게 만들어진 각각의 그림이나 다이어그램을 좀 더 다듬어서 공식적인 문서로 만들 수 있다.

시스템이 입력값과 몇 가지 조건을 가지고 출력값을 결정하는 여러 규칙을 포함하고 있다면, 이런 규칙들을 설명하는 대표적인 예제 몇 개를 테이블 형태로 만들어보자. 가능하다면 더 나아가서, 이런 테이블 형태의 데이터를 가지고 자동으로 테스트를 실행해 주는 기능을 지원하는 피트니스(Fitnesse, http://www.fitnesse.org), 큐컴버(Cucumber, http://cukes.info), 로봇(Robot, http://robotframework.org) 같은 기능 테스트 자동화 프레임워크를 사용하면 큰 도움이 된다. 테스트를 자동화하는 것은 쉬운 일이 아니다. 하지만 테스트를 진행하는 동안에 일련의 동일한 동작을 여러 번 반복해야 하는 경우라면, 더 큰 이득을 아주 쉽게 얻을 수 있다.

새롭게 찾아낸 정보를 잘 사용하면, 짧지만 애매하게 되풀이되는 일련의 동작을 찾아내거나 시스템의 핵심 기능들을 포함하는 회귀 테스트regression test를 진행하는 데 도움이 된다. 이렇게 새롭게 찾아낸 정보들을 간단하면서도 손쉬운 방법으로 기록해 보자(즉 모든 과정에 대해 일일이 모든 방법을 문서화하기보다는, 더 높은 추상화 레벨에서 각 테스트의 가장 중요한 것을 기록하자). 이렇게 만들어진 테스트 목록을 회귀 테스트 자동화의 출발점 또는 코드를 업데이트하고 난 후에 다시 확인해야 하는 항목들을 포함하는 체크리스트 작성의 출발점으로 활용할 수 있다.

11.6 재현 불가능한 끔찍한 버그?

재현 불가능함.

버그 리포트를 확인하면서 만난, 생각만 해도 끔찍한 상황이다. 무엇인가 문제가 발생했다. 하지만 어디에선가 오로지 단 한 번만... 이 문제를 다시 한 번 만들어 내는 데는 모두가 실패한 것 같다.

내가 버그를 직접 눈으로 확인했는데, 지금 다시 한 번 동일한 버그를 만들어 내지는 못하는 상황이라고 보면 된다. 또는 재현되지 않는 버그가 팀원이나 다른 부서에서 제출한 리포트에 있거나, 더 좋지 않은 상황으로는 고객이 직접 경험하는 경우도 있다. 코드 속에 숨어 있는 이 치명적인 문제를 누가 발견했든지 간에, 중요한 것은 무슨 일이 일어나고 있는지 전혀 알 수 없다는 것이다. 하지만 문제가 발생하지 않았던 것처럼 그냥 넘어갈 수는 없다. 지금 이 버그를 재현할 수 없다는 것이, 이 버그가 다시는 발생하지 않는다는 것을 의미하지는 않기 때문이다.

이렇게 불가사의하게 간헐적으로 발생하는 문제를 밝혀내는 데 있어

가장 중요한 것은 동일한 문제를 100% 다시 만들어 낼 수 있는지 알아내는 것이고, 이마저도 이 문제에 영향을 미치는 모든 변수를 찾아낼 수 있고 제어할 수 있는 경우에만 가능하다.

컴퓨터에서 실행되는 유틸리티 프로그램을 테스트할 기회가 있었을 때의 이야기다. 이 프로그램은 백그라운드에서 조용히 실행되어 시스템을 모니터링하는 프로그램이었고, 긴급하게 사용자들에게 알릴 필요가 있는 문제가 발생했을 때만 사용자에게 드러나도록 설계되고 개발되었다. 실시간으로 바이러스를 모니터링하는 프로그램처럼, 이 유틸리티 프로그램도 모니터링해야 하는 문제들에 대한 최신 정보를 특정 서버에서 가져왔다.

이 프로그램의 목적은 문제를 예방할 수 있도록 사용자들을 돕는 것이었다. 아이러니하게도 때로는 이 프로그램이 문제를 야기했다. 정확하게 어떤 상황인지는 알 수 없었지만 특정 상황에서 프로그램이 아무 도움도 되지 않고, 사용자의 두려움만 가중시키는 에러 화면을 보여주면서 그냥 종료되었다. 기술 팀 전체가 간헐적으로 발생하는 프로그램 종료의 원인을 찾기 위해 투입되었지만, 결국은 원인을 찾아내는 데 실패하고 말았다. 사용자의 사용 패턴과 소프트웨어 종료도 전혀 연관성이 없는 것 같았고, 다른 어떤 패턴도 발견할 수가 없었다.

결국 포기할 수 밖에 없었다. 디지털 시대의 도깨비불will-o'-the-wisp 같은 이런 문제를 계속 따라다닐 만한 충분한 시간이 없어서, 소프트웨어를 그냥 출시하는 것 외에 다른 선택의 여지가 없었다. 소프트웨어를 출시하고 난 후에, 이 문제가 아주 가끔 발생하는 것이 아니라 실제 사용자들에게는 너무나도 자주 발생한다는 것을 알게 되었다. 마치 모든 사용자가 이 문제를 겪고 있는 것 같았다. 하는 수 없이 다시 이 문제의 원인이 무엇인지 찾아내기로 결정했다. 팀원들 중에서 가장 유능하고 경력이 많은 네 명을 선발했고, 이들이 일주일 동안 한방에 모여서 소스 코드를 한 줄

한 줄 들여다보며 발생 가능한 원인을 브레인스토밍했다.

이러한 노력 끝에, 네 명의 팀원이 숨어 있던 근본 원인을 드디어 찾아냈다. 시스템의 한 부분에서 사용하기 위해 이미 락lock을 해 놓은 데이터 저장소가 있었는데, 시스템의 다른 곳에서 동일한 데이터 저장소를 독점으로 사용하려고 락을 요청할 때 발생하는 문제였다. 다음과 같은 두 가지 변수 때문에, 회사 내부 테스트 팀에서 프로그램을 테스트할 때보다, 실제 사용자가 프로그램을 사용할 때 이 문제가 더 빈번하게 발생했다. (1)컴퓨터가 사용되는 시간과 (2)서버에서 다운로드되어야 하는 업데이트 개수 때문이었다.

문제를 정확하게 찾아낸 이후에, 간단한 상태 분석 다이어그램을 그렸다. 지나고 나서 보니 버그가 발생하는 이유는 너무나도 명백해 보였지만, 분석해서 변수들을 찾아내기 전까지는 전혀 감을 잡을 수 없었다.

비정상적인 종료의 근본 원인을 이해하기는 했지만, 여전히 유틸리티 프로그램을 직접 사용해 동일한 비정상적인 종료를 재현할 수는 없었다. 관련 있는 변수들을 찾아내기는 했지만, 찾아낸 변수들을 제어할 수가 없었던 것이었다. 하지만 다행스럽게도 문제 발생과 관련 있는 여러 변수를 찾아냈다면, 동일한 문제를 원하는 즉시 재현하는 것은 힘들지라도, 동일한 문제가 더 자주 발생하도록 만들기에는 충분했다.

만약 간헐적으로만 발생하는 비슷한 종류의 문제들을 만났을 때, 다음과 같은 기법들을 사용하면 원인을 찾아내는 데 큰 도움을 받을 수 있다.

증거 수집하기

과거에 문제가 발생했을 때를 포함해서 문제가 발생할 때마다, 증거가 될 만한 모든 흔적을 찾아서 기록해 놓자. 로그 파일, 스크린샷, 입력 데이터, 콘솔 에러 등 무엇이든 상관없다. 찾아내기 어려운 숨어 있는 힌트를 찾기 위한 팁은 '3장 세심하게 관찰하기'에서 더 찾아볼 수 있다.

찾을 수 있는 모든 데이터를 수집한 후에는, 패턴 찾기를 시작해 보자. 다음 질문들을 조금 더 깊이 생각해 보자.

- 문제가 특정한 시간이나, 특정한 요일이나, 특정한 날짜에 더 자주 발생하는가?
- 문제가 특정한 컴퓨터나, 특정한 환경 설정이나, 특정한 사용자가 로그인했을 때 더 자주 발생하는가?
- 발생한 문제와 사용자가 사용하는 타이밍 또는 사용자가 얼마나 자주 사용하는가 사이에 어떤 상관관계를 볼 수 있는가?

관련 있는 변수 브레인스토밍하기

프로그램에서 발생하는 문제에 영향을 미친다고 생각하는 모든 변수의 목록을 만드는 것부터 시작하자. 흥미로운 변수들의 종류에 대한 아이디어를 얻으려면, '4장 눈여겨볼 변수 찾아내기'를 참고하자.

보통 간헐적으로 발생하는 문제들은 단 하나의 원인 때문에 발생하는 것이 아니라, 여러 가지 복합적인 원인 때문에 발생한다는 것을 기억하자. 그래서 한 개의 변수를 찾아내는 것도 결코 쉽고 간단한 일이 아니다. 앞서 예로 들었던 비정상적으로 종료되던 유틸리티의 경우에도, 상황을 다 이해하고 나면 문제가 어떻게, 왜 발생했는지 이야기하는 것은 매우 간단하고 쉽지만, 이 경우에도 두 개의 주요 변수가 있었다. (1)컴퓨터가 사용되는 시간, (2)서버에서 다운로드되어야 하는 업데이트의 개수가 바로 그것이다.

타이밍을 이해하기 위해 상태 모델 사용하기

간헐적으로 발생하는 문제들은 대부분 어떻게든 한 가지 이상의 방법으로 타이밍과 관련을 맺고 있는 것 같다. 모든 조건이 딱 맞아떨어지는 순간에 에러가 발생하고, 조건이 맞아떨어진다는 것은 그 순간에 어떤 동작이 실행된다는 것을 의미하므로, 동작의 타이밍을 포함한다. '8장 상태와 전이 발견하기'에서 소개한 상태 다이어그램은 타이밍의 미묘한 차이를 이해하는 데 도움을 주는 아주 훌륭한 도구다. 특별히 오래 지속되지 않는 일시적인 상태들, 즉 직접 제어할 수도 없고 짧은 시간 동안에만 나타나는 상태들을 주의해서 살펴보자.

서로 협력하기

앞서 예로 들었던 탐험적 테스팅에 관한 강의에서 손바닥 크기만한 기기를 탐험했던 이야기를 떠올려보면, 혼자서 탐험을 진행하는 것보다 팀원 여러 명이 함께 모여서 정보를 공유하고 서로 협력하는 것이 문제의 근본 원인을 찾아내는 데 있어 훨씬 더 효율적임을 알 수 있다. 특히 전문 분야가 서로 다르고, 자신에게는 없는 기술과 경험이 있는 팀원들과 함께 일하는 경우에 서로 협력한다면 아주 큰 효과를 경험할 수 있다.

유틸리티 프로그램에서 발생하던 간헐적인 비정상적 종료의 근본 원인을 훌륭하게 찾아낸 네 명으로 이루어진 팀의 구성원들을 살펴보면, 시스템을 전체적으로 아주 깊게 잘 이해하고 있는 선임 테스트 엔지니어 두 명과 유틸리티 프로그램이 사용하고 있는 데이터 저장소의 스레드thread 모델을 완벽하게 이해하고 있는 선임 개발자 두 명으로 이루어져 있었다. 이 팀이 만들어지기 전에는 개개인이 따로따로 떨어져서 문제를 찾아내기 위한 일들을 진행했다. 하지만 한 팀으로 함께 모여서 문제를 철저하게 분석하는 데 도움이 되는 관련 있는 모든 기법을 한 테이블 위에 꺼내 놓고 협력하기 전에는 문제를 찾아내는 데 실패하고 말았다.

11.7 실제 적용을 위한 조언

날마다 사용하는 소프트웨어든지 이전에는 한 번도 사용해 보지 않았던 소프트웨어든지 상관없이 두 가지 모두 이 장에서 소개한 아이디어들을 적용해 볼 수 있다.

간헐적으로 발생하는 문제가 꽤 오랫동안 지속되고 있는 경우라면, 문제를 재현하기 위해 이 책에서 소개한 아이디어들을 사용해 보자. 문제를 야기하는 원인이 될 수 있는 변수들, 특히 미묘한 차이를 가지고 있거나 숨겨진 변수, 환경 설정, 일련의 동작들, 타이밍과 관련 있는 변수들을 찾아보자.

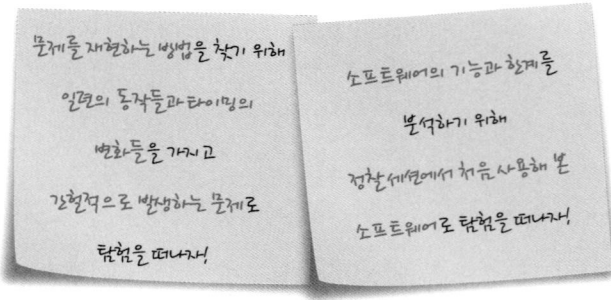

또한 새로운 게임, 처음 사용하는 오픈 소스 유틸리티, 처음 보는 웹 애플리케이션 같이, 무엇인가 새로운 것을 만났을 때에도 이 장에서 소개한 기법들을 사용해 보자. 내가 만든 것이 아닌, 다른 사람이 만든 모든 것에 적용해 볼 수 있다. 그룹 활동으로 할 수만 있다면 더 재미있고 유익한 시간이 될 것이므로, 함께할 수 있는 친구나 동료들을 모으도록 하자.

정찰 세션으로 시작해 보자. 탐험이 필요한 곳들을 정리하자. 변수들을 찾아내자. 소프트웨어의 기능과 제약 사항들에 대해서도 알아보자. 어떻게 동작하는지 이해할 수 있는지 살펴보고, 동작에서 어떤 패턴을 찾아내서 테스트에 활용할 수 있는지도 살펴보자("아하!"하고 무릎을 딱 치며, "이 애플리케이션은 키보드 키를 누르거나 마우스를 클릭할 때마다 데이터를 서버로 다시 보내고 있어. 그렇다면 내가 키보드를 아주 빠르게 타이핑하거나 인터넷 연결 속도가 아주 느린 경우에는 어떤 일이 일어날지 궁금하네. 내가 오래전에 사용하던 인터넷 연결 속도가 아주 느린 예전 전화 접속 모뎀을 어디에 두었더라"하고 생각할 수 있다).

소프트웨어가 어떻게 동작하는지 충분히 이해했다면, 좀 더 구체적인 차터를 작성해서 또 다른 세션을 가져보자. 심각한 상황을 가져올 수 있는 소프트웨어 문제를 찾아내기 위해, 소프트웨어를 강제로 종료도 시켜보고, 오류를 일으키는 데이터를 사용해 보는 등 결코 일어나지 않을 것 같은 상황을 만들어서 소프트웨어를 탐험해 보자. 다른 한편으로는 어떤 목표를 이루기 위해 또는 특정한 목적을 위해 소프트웨어를 사용할 수 있는지 확인하기 위해 소프트웨어를 탐험해 볼 수도 있다.

탐험을 진행하면서, 이 장에서 소개한 모든 아이디어를 사용해 보자. 소프트웨어를 모니터링하고 제어하는 방법들을 찾아보고, 찾아낸 변수들을 '부록 2 테스트 휴리스틱 치트 시트'에서 소개하고 있는 아이디어들을 사용해서 여러 가지로 변경한 후에 살펴보자.

12
요구 사항 탐험하기

사용자의 요구 사항을 분석할 때 탐험적 테스팅 기법들이 어떤 도움을 줄 수 있는지 전혀 이해하지 못했던 테스터를 만난 적이 있다. 그가 나에게 "왜 요구 사항 회의에 참석해 시간을 낭비해야 하죠?"라고 질문을 던졌다. "내가 도움을 줄 수 있는 것이 없어요. 회의에 참석해서 자세한 요구 사항들이 나올 때까지 듣기만 하고 기다렸다가 명세서specification가 나오면 읽을 뿐이죠. 회의에 초대를 받기는 하지만 가야 할 이유를 잘 모르겠어요. 보통 그런 회의들은 매우 길고 지루할 뿐이죠. 아시겠지만 때로는 영화를 보는 것보다 책을 읽는 것이 나을 때가 있어요"라고 이야기를 이어나갔다.

나는 이 테스터가 위험 요소 예측도 잘하고, 탐험에도 능숙하다는 것을 알고 있었다. 갑자기 이 테스터가 회의에 참석하는 것이 다른 팀원들에게는 어떤 도움이 되는지 궁금했다. 그래서 나는 "명세서를 기반으로 테스트를 작성할 때, 명세서에서 일관성이 없는 부분이나 에러를 발견한 적이 있나요?"라고 되물었다.

그가 고개를 끄덕였다.

"명세서에서 궁금했던 것이 있었나요?"

그가 다시 고개를 끄덕였다.

"궁금했던 것을 물어봤을 때, 그 질문에 대한 답변이 새로운 요구 사항으로 이어진 적이 있었나요?"

그는 이번에도 고개를 끄덕였다.

생각할 시간을 주기 위해 질문을 잠깐 멈추었다. 그는 잠시 생각에 빠진 것 같았다. 사실 너무나도 당연해서 굳이 답변이 필요 없는 질문을 던지면서 이야기를 마무리하는 것이 좋겠다고 생각했다. "그런 정보를 나중에 얻기보다는 가능하면 빨리 알아내는 편이 훨씬 더 도움이 될 것이라고 생각하지 않나요?" 여러 가지 테스팅 기법에 대해 이미 충분한 경험이 있는 이 테스터도 당연히 이렇게 생각하고 있었겠지만, 대신 내가 대답을 하는 것이 좋을 것 같아서, "이런, 이건 마치 테스트를 진행하고 있는 것 같네요"라고 내가 한 질문에 대해 내가 대답을 했다. 그의 반응을 보기 위해 잠시 기다렸다.

그제서야 그의 얼굴이 금세 밝아지면서, 흥분된 목소리로 이야기를 이어나갔다. "아, 이제서야 알 것 같아요. 왜 이전에는 이런 생각을 하지 못했던 걸까요. 이건 요구 사항을 테스트하는 것이라고 볼 수 있네요. 요구 사항 회의에서 이렇게 했었더라면, 수많은 문제를 예방할 수 있었을 텐데 말이죠."

너무도 당연한 이야기다. 아직 아무것도 구현된 것이 없고 탐험을 떠날 준비가 되어 있지 않은 상황에서도, 소프트웨어에 대한 아이디어를 탐험하는 것은 가능하다. 이 장에서는 프로젝트의 아주 초기인 요구 사항 분석 단계에서, 탐험적 테스팅 기법들을 어떻게 적용할 수 있는지 알아보자. 준비가 아직 되지 않았을 때 어떻게 요구 사항 회의에 적극적으로 참여하는지, 그리고 회의에 참석하면 무엇을 해야 하는지 배워보자. 결정 사항들이 미치는 영향에 대해 생각하게 하고, 실제 위험 요소로 나타나기 전에 잠재적 이슈들을 찾아낼 수 있도록 도와주는 "만약 ~한다면?" 같은 종류의 질문들을 어떻게 하면 프로젝트의 초기 단계부터 던질 수 있는지 알아보자. 또한 기능이 구현됨에 따라 수시로 바뀌는, 탐험하기에 가장 가치 있는 차터를 찾아내는 데 있어, 요구 사항을 분석하는 회의가 어떻게 도움을 주는지도 알아보자.

12.1 요구 사항 분석 회의에 참여하기

지금 속해 있는 팀이나 회사에서 어떤 소프트웨어 개발 방법론을 사용하든지 상관없이, 요구 사항 회의를 한다는 것은 의심할 여지가 없다. 보통 '요구 사항 회의'라 부르지만, 때로는 '설계 회의'라 부르기도 한다. 회사가 애자일 방법론 중 하나를 사용 중이라면, '사용자 스토리 워크숍user story workshop'이라는 용어가 더 친숙할 것이다. 어떤 이름으로 불리든지 간에, 이 회의는 주요 이해관계자들이 만나서 앞으로 개발될 기능들에 대해 함께 이야기를 나누어서 모두가 동일한 수준으로 이해할 수 있도록 만들어 주는 자리다.

현재 탐험 중인 소프트웨어와 관련해 이런 종류의 회의가 있는데 참석하지 않고 있다면, 꼭 참석하기 바란다. 회의에 참석해서 회의에서 오가는 대화를 직접 듣는 것이 좋고, 회의에서 얻은 탐험적인 마음가짐을 자신이 속한 팀에 전파해야 한다. 아이디어의 극과 극을 탐험하고, 가정에 대해 이것저것 질문을 던져보고, 새로운 설계 개념을 기존 구현과 연결해 보는 데 몇 분 정도 시간이 들겠지만, 무엇인가 잘못되어서 다시 작업을 하는 데 허비되는 몇 주의 시간을 이러한 시간이 절약시켜 주기도 한다.

회의에서 제외되었을 때 발생하는 문제들

내가 직접 경험했던 다음과 같은 상황을 예로 들어보자.

수년 전에 나는 대다수 직원들이 요구 사항 회의는 시간 낭비라고 생각하는 회사에서 일했던 적이 있었다. 여러 다른 부서의 이해관계자들이 함께 모여서 회의를 여는 대신에, 제품 관리자가 혼자서 요구 사항 명세서를 작성하고 난 후 한두 명의 프로그래머를 직접 만나 작성한 문서를 형식적으로만 확인하곤 했다. 회의를 가능하면 간단하고 비공식적으로 진행함으로써, 제품 관리자는 회의가 아주 만족스러우면서도 길지도 않고 집중도 잘 되었다고 느끼고 있었다.

이제 회의는 아주 짧게 진행되었고 참석한 사람들이 원하는 것만 집중적으로 다루었다. 몇 달 후, 마지막으로 남아 있던 여러 문제를 어떻게 해결할지 논의한 후에 기능을 구현하고 테스트하려고 전체 팀이 모였는데, 불행하게도 회의에 새롭게 참여한 사람들이 그간 미처 생각하지 못했던 새로운 의견들을 내놓아서 다시 제기된 동일한 주제를 또 다시 다루어야 했다. 결과적으로는 다시 작업하는 데 수많은 시간을 허비하고 말았다.

사실 그 당시 최악이었던 것은 서버 사이드 기능을 구현했던 팀이, 이미 한 번의 변경이 있어서 벌써 동일한 부분을 두 번이나 구현했음에도 불구하고, 변경 사항들을 또 다시 구현하기 위해 준비 중이었다는 것이다.

그 기능은 서버에서 제공되는 콘텐츠 요소들의 성공률을 측정하는 것으로 마케팅 팀에서 여러 가지 메시지의 효율성을 비교하는 데 사용됐다. 한 메시지의 여러 가지 변형 중에서 어떤 것이 가장 효율적인지 정확하게 비교하기 위해 서버가 동일한 메시지의 두 가지 버전 중에서 무작위로 하나를 선택하는 것인데, 보통 A/B 테스트라고 부른다. 사실 마케팅 부서에서 자주 요구하는 기능 중 하나다.

이렇게 프로젝트가 진행된다면, 이 기능이 어떻게 동작하는지 상세하게 기술한 제품 관리자가 이 기능의 주된 수혜자가 될 예정이었다.

제품 관리자와 개발 팀장이 이미 둘이서 만나 이 기능에 대해 의논했고, 어떻게 동작할지에 대해 이미 의견 일치를 보고 합의에 도달했다. 이 기능을 테스트하는 것이 나에게 주어진 일이었다. 기술 명세서를 살펴보았을 때, 아주 난처한 상황에 빠진 것을 깨달았다. 내가 보기에는 내가 생각했던, 제품 관리자가 원하는 기능과 기술 명세서에 설계된 기능이 전혀 동일해 보이지 않았기 때문이었다.

1:1 회의에서 발생하는 오해들

나는 바로 제품 관리자를 찾아갔다("짐"이라고 부르자). 인사를 나누고 바로 본론으로 들어가서 다음과 같이 이야기를 시작했다. "짐, 잘 지내요? 서버에서 A/B 테스트에 필요한 측정 기준과 관련된 기능을 테스트할 계획인데, 이 기능을 어떻게 사용할 계획인지 설명해 줄 수 있나요?"

짐은 메시지 내용이 바뀌면서 사용자 응답이 어떻게 변하는지 여러 가지로 확인할 수 있는 시스템에 큰 기대를 가지고 있어서 아주 기쁜 얼굴로 이야기를 시작했다. 이 새로운 기능이 구현되면 마케팅 팀에서 얼마나 효율적으로 사용할 수 있는지 15분 동안 끊임없이 이야기를 이어나갔다.

내 걱정은 점점 더 커져만 갔다. 나는 "기술 명세서를 읽어봤습니다"라고 이야기를 시작했다. "하지만 지금 설명하신 A/B 테스트 같은 기능은 없고, 현재 기능에서 크게 달라진 점이 별로 없는 것 같습니다."

짐이 얼굴을 찌푸리며 나를 노려보는 게 느껴졌다. 그러면서 "내가 어제 이 문제로 개발 팀장을 만났어요"라고 이야기했다. "걱정할 필요 없어요. 이 기능을 알아서 잘 포함시켜 줄 거에요. 그나저나 언제 테스트를 시작할 수 있어요? 마케팅 팀에서 이 기능이 정말 필요하거든요."

결국 내가 걱정하고 있는 것을 짐에게 이해시키고 내 질문에 대한 대답을 듣는 데 실패하고 말았다. 그는 퉁명스럽게 딱 잘라 내 부탁을 거절했다. 그는 나와 계속 이야기할 시간이 없다고 했다. 짐은 개발 팀장을 철썩 같이 믿고 있었다. (지금부터는 개발 팀장을 "칼라"라고 부르자) 짐은 내가 그 기능에 대해 제대로 이해하지 못하고 있다고 이야기하면서, 내가 이 기능을 어떻게 테스트해야 하는지 확실하게 이해하기 위해 칼라에게 도움을 받으라고 했다.

하는 수 없이 이 기능에 대해 칼라와 이야기하기로 마음먹었다. 칼라를 만나서 짐이 새로운 기능으로 구현하고 싶어 하는 것들에 대해 이야기했다. 그녀는 팔을 내저으며 내가 쓸데없는 걱정을 하고 있다는 듯이 웃으면서 "아, 짐이랑 이야기하셨군요"라고 이야기했다. "그가 복잡하고 세련된 모든 기능을 원한다고 이야기했죠? 하지만 사실은 그렇지 않아요. 내가 진짜로 그에게 필요한 것들만 정확하게 만들어줄 거에요."

역시나 칼라에게도 내가 걱정하고 있는 것들을 이해시키는 데 실패하고 말았고, 그녀는 결코 받아들일 생각이 없어 보였다. 그녀는 바빠서 더는 이야기할 수 없다고 딱 잘라 말했다. 그녀는 "명세서가 있잖아요. 명세서에 적혀 있는 대로 테스트하시면 돼요"라고 이야기하며 떠났다.

그때서야 짐과 칼라가 서로 이야기를 나눈 것이 아주 오래전이었음을 깨달았다. 그래서 다시 요구 사항 회의를 열려고 초대 이메일을 보냈지만, 짐과 칼라 모두 요구 사항 회의 초대를 거부했다. 그들은 이미 나 없이 둘이서 만났기 때문에 또 다른 회의가 필요하지 않다고 이야기했다. 미리 챙기지 못한 내 실수였다.

나는 점점 자포자기 상태에 빠지고 있었다. 이렇게 기능 구현과 테스트를 마치게 되면, 약속한 기능을 구현하는 데 실패한 지난 두 번의 경험과 동일하게 또 한 번 실패할 것이 확실했다. 동일한 기능을 다시 한 번 구현했는데 잘못되어 또 다시 버리게 된다면, 그 외에 나머지 약속한 기능들을 시간 내에 구현해서 전달하는 것이 불가능할 것 같았다. 어쩔 수 없이 테스트 리뷰 회의를 만들기로 마음먹었다. 테스트와 요구 사항은 동전의 양면처럼 따로 떨어져 있는 것이 아니다. 테스트는 요구 사항을 반영해서 표현한다고 볼 수 있다. 그렇게 때문에 테스트에 대해 이야기한다고 하면서 짐과 칼라를 불러 함께 한 테이블에서 만날 수 있도록만 한다면, 어쩔 수 없이 그 회의는 요구 사항 회의로 바뀔 것임을 믿어 의심치 않았다.

다행스럽게도 내 모험은 성공적이었다. 짐과 칼라가 여러 번 회의를 요청하는 내가 너무 딱해 보였는지 기능에 대한 테스트를 정의하기 위해 나를 포함해서 프로젝트에 참여하고 있는 다른 테스터들과 다 함께 만나기로 동의했다.

테스트 리뷰가 요구 사항 리뷰가 되다

회의가 시작되고 내가 먼저 화이트보드 앞에 섰다. 간단한 유스 케이스 use case에 대한 몇 가지 테스트를 설계하고 싶다고 이야기하고 설명을 이어나갔다. "짐, 우리가 만났을 때 앞으로 서비스되었으면 좋겠다고 생각하고 있는 기능들에 대한 아이디어를 함께 이야기한 적이 있죠? 그것들 중 하나를 여기에서 직접 설명해 줄 수 있나요?"라고 이야기하며 화이트보드 펜을 들었다.

짐은 우리가 만났을 때 나에게 설명했던 A/B 테스트 시나리오 중 비교적 간단한 시나리오를 요약해서 설명해줬다. 짐이 이야기를 할 때, 나는 화이트보드에 그가 한 이야기를 기록했다.

이번에는 칼라에게로 다가갔다. "칼라, 지금 짐이 이야기한 시나리오를 실행하기 위해 현재 설계된 어떤 기능을, 어떻게 사용하면 되는지 알려줄 수 있나요?"라고 이야기를 이어나갔다. 짐은 대답을 듣기도 전부터 미리 예상하고 미소를 지었다.

칼라는 어딘가가 불편한지 의자를 앞뒤로 움직였다. 그녀는 잠시 짐을 바라본 후에 고개를 떨구고, 발도 앞뒤로 끌면서 불안해했다. 결국 결심을 하고 조용하게 "아니요. 이 기능은 없어요"라고 이야기했다.

짐의 미소가 갑자기 사라졌다. 잠시 침묵했지만 얼마 가지 않아서 "뭐라고요?"라고 소리치며 폭발하고 말았다. 우리 모두가 함께 한자리에 모여서 이야기하기 전에는, 짐과 칼라가 서로 매우 크게 오해하고 있다는 사실을 짐이 전혀 깨닫지 못했던 것 같다. 모든 가정에 대해 항상 질문을 던지고, 짐이 필요로 했던 것과 칼라가 구현하려고 계획했던 것 사이에 있는 아주 큰 차이를 찾아내려면 탐험가의 사고방식 mindset을 지닌 누군가가 필요했다.

내가 그랬던 것처럼 요구 사항 회의에서 제외되고 있다면 가장 좋은 전략은 그들 모임으로 조용히 들어가는 것이다(내가 줄 수 있는 한 가지

팁이 있다면 쿠키나 과자 같은 것들을 들고 가는 것이다. 초콜릿을 들고 간다면, 회의에서 쫓겨날 가능성이 거의 없다고 보면 된다). 어디에서 요구 사항 회의를 하는지 모른다면, 목적이 동일한 테스트 리뷰 회의를 직접 만들 수도 있다. 마지막으로 기능 구현이 너무 많이 완료되기 전에 요구 사항 회의나 테스트 리뷰 회의를 열어야 한다는 사실을 꼭 기억하자.

12.2 요구 사항 회의에서 해야 하는 것들

우선 요구 사항을 논의할 수 있는 자리에 어떻게든 찾아갈 수 있는 나만의 방법이 있다면 팀이 애매모호함, 가정, 의견 차이들을 찾도록 도와줄 수 있는 기회를 얻었다고 볼 수 있다. 소프트웨어에서 절대 일어나지 않아야 하는 것들과 항상 일어나야 하는 것들을 찾아볼 수 있고('5.1 결코 발생하지 않거나 항상 발생하거나...' 참고), 그렇게 함으로써 모든 회의 참여자가 절대 깨지지 않는 시스템의 규칙에 대한 분명한 비전vision도 확실하게 가질 수 있도록 도와줄 수 있다. 또한 구현된 소프트웨어를 탐험하기 위해 사용하는 수많은 휴리스틱은 입력값과 조건들의 실제적인 예제를 사용하여 예상되는 동작에 대한 좀 더 구체적인 질문들을 만드는 데 도움이 된다.

이 절에서는 소프트웨어가 제공하려고 하는 핵심 가치와 "만약 ~한다면?" 질문을 통해 특정 조건과 관련 있는 예상되는 동작을 찾아내기 위해, 지금까지 배운 탐험 기법들을 어떻게 사용할 수 있는지 알아보자.

핵심 가치 찾아내기

모든 소프트웨어는 만들어진 이유가 있다. 비즈니스 프로세스 자동화, 일반 하드웨어가 아닌 맞춤 하드웨어 지원 또는 오락 거리 제공 같은 이유가 있다.

각 요구 사항 뒤에 숨겨져 있는 이유를 이해함으로써, 모든 팀원이 각 요구 사항이 정말 필요로 하는 것들을 어떻게 구현해야 하는지 확신할 수 있다. 더 나아가서 가장 중요한 사용 시나리오에 초점을 맞추어서 탐험을 알맞게 수정할 수 있다. 더 나은 대표 데이터, 더 나은 환경 설정, 더 나은 실행 순서를 선택할 수 있다. 실제 상황에서 심각한 문제를 야기할 확률이 가장 높은 위험 요소를 찾아내는 것도 가능하다.

시스템의 핵심 가치를 발견할 수 있는 최고의 장소는 바로 요구 사항 회의다. 비즈니스 이해관계자들에게 소프트웨어가 비즈니스에 제공해 주기를 원하는 핵심 가치를 물어보자. 소프트웨어가 어떻게 전체적인 비즈니스 전략과 같은 길을 갈 수 있는지 이해하도록 노력해 보자. 아마도 84쪽 '핵심 기능'에서 소개한 질문들을 던져보는 것도 도움이 될 것이다.

비즈니스 이해관계자들이 이야기하는 것들을 들으면서 빠짐없이 메모를 하자. 중요한 특징이나 기능들에 대한 이야기는 귀 기울여 듣도록 하자. 그것들이 바로 앞으로 더 깊게 탐험해야 할 것들이다. 시스템의 다른 기능들이 동작하지 않는다 해도 이 기능들은 확실하게 동작해야 한다.

또한 '-성'으로 끝나는 단어들도 집중해서 들어야 한다. 품질 기준과 관련된 신뢰성, 규모 가변성, 사용성, 정확성 등의 단어들이다. 이러한 단어들에 귀를 기울이면 이해관계자들에게 어떤 종류의 정보가 가장 중요한지 알 수 있다. 정확성이 가장 중요한 소프트웨어를 탐험하는 중에 소프트웨어가 정확하지 않은 결과를 가져오는 어떤 상황을 발견했다면, 이 정보는 굉장히 중요하고 가치가 있다.

"만약 ~한다면?"이라고 질문을 던지자

테스트 설계 기법을 적용해 볼 수 있는 최적의 시간은 요구 사항에 대해 논의하는 시간이다. 전형적인 조직이라면 해피 패스happy path라는 이상적이고 완벽한 환경과 조건에서 소프트웨어가 어떻게 동작하는지에만 모든 팀원이 관심을 둔다. 물론 안전한 경로에서도 제대로 동작하는지 살펴보고 이해하는 것도 중요하다. 하지만 모든 것이 완벽하게 준비되지 않은 상황에 직면했을 때, 소프트웨어가 어떻게 동작할지 이해하는 것도 매우 중요하다. 한계를 뛰어넘기 위해 탐험적 사고방식을 활용할 수 있다. 가능한 에러 상황을 예측하기 위해 테스트 설계 기법을 사용하여 "만약 ~한다면?"이라는 질문을 던져보자.

- 만약 사용자가 전혀 예상하지 못한 무엇인가를 한다면 어떻게 되는가? 예를 들어, 이미 로그인에 성공한 사용자가 다시 한 번 로그인을 시도하면 어떻게 되는가? 이미 로그인에 성공한 사용자가 다시 로그인을 시도하는데 비밀번호가 틀렸을 경우에는 어떻게 되는가? 여전히 로그인에 성공한 사용자라고 할 수 있을까(이런 종류의 아이디어에 대해 더 많이 알고 싶다면, '6장 순서와 상호 작용 다양하게 바꿔보기'를 참고하자)?
- 만약 소프트웨어가 필요한 자원에 대한 접근 권한이 없다면 어떻게 되는가? 예를 들어, 소프트웨어가 시작될 때 필요한 정보를 가져와야 하는 환경 설정 파일을 읽을 수 없다면 어떻게 되는가? 환경 설정 파일이 없어졌거나, 잠겨서 읽을 수 없거나, 데이터가 손상되어 있다면 어떻게 되는가(이런 종류의 아이디어에 대해 더 많이 알고 싶다면, '9장 소프트웨어 생태계 탐험하기'를 참고하자)?
- 만약 사용자가 입력한 데이터가 소프트웨어가 기대하고 있는 것과 전혀 다르다면 어떻게 되는가? 예를 들어, 소프트웨어가 최대로 처리할 수 있는 레코드 개수보다 더 많은 레코드나, 최소한으로 필요한 레코드 개수보다 더 적은 개수의 레코드가 입력값으로 들어왔다면 어떻게 되는가? 또는 웹 페이지를 요청하는 XML이 더는 유효하지 않거나 필수 노드가 빠져 있다면 어떻게 되는가(이런 종류의 아이디어에 대해 더 많

이 알고 싶다면, '4장 눈여겨볼 변수 찾아내기'를 참고하자)?

요구 사항을 논의하면서 동시에 효과적으로 탐험하려면 가능한 테스트 시나리오를 즉시 만들 수 있어야 한다는 것도 꼭 기억하자. 구현에 대한 대략적인 아이디어를 생각해낼 수 있어야 하고, 머릿속에서는 가능한 테스트 케이스들의 목록을 바로 생각해 낼 수 있어야 한다. 그런 후에 머릿속에 그린 테스트 케이스들 중에서 가장 흥미롭거나 가장 관련이 있는 케이스를 선택해서 "만약 ~한다면?" 시나리오로 만들어 내야 한다. 사실 이런 일련의 과정에 익숙해지기까지는 수많은 노력과 연습이 필요하다.

이야기를 나누면서 동시에 즉시 테스트를 설계하는 데 완전히 익숙해지면 두 가지 보상을 받을 수 있다. 첫 번째로, 발생 가능한 위험 요소들에 대해 물어보는 것만으로도 버그를 예방하기 위해 탐험적 기법을 적용할 수 있다. 두 번째로, 내 질문에 대한 답변을 가지고 시스템이 처리할 수 있는 것과 처리할 수 없는 것을 구분하는 능력을 기르는 데 큰 도움이 된다. 다시 말해 내가 작성한 차터가 꼭 필요한 것을 모두 다루고 있다는 것을 확신할 수 있다.

서로의 기대치 조정하기

론 제프리즈Ron Jeffries는 프로그래머이자 코치이고 애자일 선언문Agile Manifesto 서명자들 중 한 명이다. 그는 소프트웨어 개발과 관련된 메일링 리스트에서 활발하게 활동하면서 수많은 조언을 하고 있다. 그도 때로는 논쟁에 참여하기도 한다. 마이클 볼튼(Michael Bolton, 가수 마이클 볼튼이 아니라 테스터의 이름이다)과 논쟁을 한 적이 있는데, 론이 "테스터들이 억지로 지어내는 것을 그만두었으면 좋겠어요!"라는 의견을 남긴 적이 있었다.

론은 아마도 농담 반 진담 반으로 가볍게 의견을 남겼을 것이다. 하지만 그 당시 나는 그 말이 테스터를 비난하는 것 같아서 매우 충격을 받았고 방어를 해야겠다고 생각했다. 수년간 숨어 있는 오류들을 찾아내면서 쌓이고 쌓였던 모든 불만이 밖으로 표출되고 말았다. 그 당시 나는 부엌 식탁에 혼자 앉아서 그 글을 읽고 있었다. 내 주위에는 내가 말하는 것을 들을 만한 사람이 아무도 없었지만, 빈집에서 마치 누구한테 이야기하는 것처럼 "우리는 절대 억지로 지어내지 않아요!"라고 소리쳤다.

그때 갑자기 내가 참여했던 한 프로젝트가 떠올랐다. 1990년대 후반부에 나는 HTML 구문 해석 프로그램parser program을 테스트하고 있었다. 그 당시에는 HTML이 아주 새로운 기술이었고, HTML 파일을 읽으려면 요구 사항에 딱 맞는 구문 해석 프로그램을 따로 개발해야만 했다. 내가 테스터로 프로젝트에 참여하기 전에, 이미 프로그래머는 몇 달 동안 구문 해석 프로그램을 개발하던 중이었다.

나는 간단한 태그(테이블, 단락, 목록, 수평선)들을 포함하고 있는 HTML 파일을 가지고 거의 완성 단계에 있는 구문 해석 프로그램을 탐험하기 시작했다. 버그 몇 개를 찾아낼 수 있었다. 프로그래머가 버그를 수정했고 나는 중첩 테이블, 중첩 리스트, 이미지, 자바스크립트 같이 더 복잡한 입력값을 가지고 테스트를 계속했다. 버그가 더 많이 발견되었고 더 많은 수정이 필요했다.

프로그래머, 관리자, 나, 이렇게 세 명은 매주 모여서 내가 일주일 동안 찾아낸 버그에 대해 의견을 나누었다. 매주 만날 때마다 프로그래머는 나에게 매우 불쾌한 표정을 지었다. 몇 주가 지나자, 프로그래머의 언짢은 얼굴이 더욱 더 우거지상이 되었고, 더 나아가서 노골적으로 나를 째려보고 있었다. 나는 프로그래머의 적의를 느끼면서 내 자리에 서 있었지만, 프로그래머가 기분이 안 좋다고 해서 내가 찾아낸 버그들을 그냥 모른 척 넘길 수는 없었다.

프로젝트는 계속 진행되었다. 나는 더 복잡하고 어려운 곳을 탐험했다. 유효하지 않은 다양한 HTML을 가지고 테스트하기 시작했다. 닫히지 않은 태그, 존재하지 않는 태그, 잘못된 장소에 있는 태그, 유효하지 않은 속성 등을 테스트했다. 나는 더 많은 버그를 찾아냈고, 찾아낸 버그 중 몇 개는 심각한 데이터 손상을 야기할 정도로 매우 좋지 않은 상황이었다. 내 생각에 이런 버그들은 해결하지 않으면 안 되는 치명적인 것들이었고, 그래서 사용자들이 프로그램을 사용하기 전에 이런 심각한 버그들을 찾아낸 내 자신이 자랑스러웠다.

내가 찾아낸 버그들 중에서 더 어처구니없는 버그들에 대해 논의하는 회의에서, 프로그래머는 무뚝뚝하고 불쾌한 표정으로 팔짱을 끼고 있었다. 하지만 결국은, 그중에서도 유효하지 않은 HTML을 처리할 때 발생하는 버그에 관한 리포트를 리뷰하는 도중에, 프로그래머가 화를 참지 못하고 "아무도 이 구문 분석 프로그램이 유효하지 않은 HTML도 처리해야 한다고 얘기한 적이 없다고요!"라고 소리쳤다.

그 당시에 나는 프로그래머가 그렇게 낮은 수준의 품질을 기대하고 있었다는 데 너무 화가 났었다. 하지만 부엌에 홀로 앉아서 론 제프리즈가 쓴 글을 읽고 있으니, 갑자기 그 프로그래머의 마음을 이해할 수 있을 것 같았다. 우리가 만나서 했던 모든 회의에서, 나는 우리가 품질과 버그에 대해 의논하고 있다고 생각했다. 하지만 그 프로그래머는 다르게 느끼고 있었던 것 같다. 즉, 내가 작고 간단한 여러 가지 기능에 대한 요구 사항을 계속 추가하고 있다고 느꼈을지도 모른다는 생각이 들었다.

다시 말하면, 프로그래머 입장에서는 내가 억지로 무엇인가를 계속 만들어 내고 있는 것이었다. 내가 제출했던 유효하지 않은 HTML에 관한 버그 리포트는 새로운 요구 사항을 의미하는 것이었고, 따라서 프로젝트 범위가 조금씩 늘어나고 있었던 것이었다. 내가 버그를 찾아낸 것은 좋은 일이었지만, 미리 프로젝트 범위에 대해 충분한 대화를 하고 문제를 해결했다면 더욱 더 좋았을 것이다.

각자가 기대하는 것들에 대해 다른 팀원들과 함께 미리 조정하는 시간을 가지지 않는다면, 아마도 나와 비슷한 상황으로 마무리될 가능성이 아주 높다. 프로젝트를 돌이키기에는 너무 늦은 상황에서 버그에 대해 이야기하는 경우라면, 실질적인 프로젝트 범위에 대해 논쟁하게 될 것이다. 팀이 내가 찾은 버그에 관한 리포트를 인정하고 그에 맞게 수정하기로 결정했다면, 프로젝트 완료에 조금이라도 영향을 미치게 된다. 만약 내가 찾은 버그를 무시하고 프로젝트가 진행된다면, 난 시간 낭비를 한 것이 된다.

12.3 요구 사항 논의하면서 차터 작성하기

소프트웨어가 꼭 해야 하는 것과 하면 안 되는 것들에 대해 질문을 하면서, 나중에 탐험할 차터에 대해 미리 기록해 놓을 수 있다. 요구 사항 논의를 하면서 차터의 '~을(를) 가지고' 부분에 들어갈 수 있는 모든 것을 주의 깊게 확인하자('그림 8. 차터의 ~을(를) 가지고 부분').

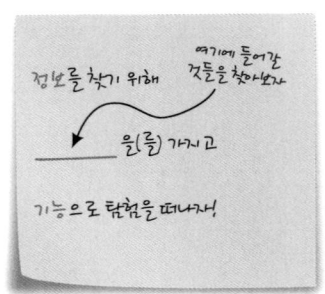

그림 8. 차터의 '~을(를)' 가지고 부분

- 요구 사항을 논의하는 중에 나오는 기능이나 영역과 상호 연동되는 시스템의 다른 기능들이나 영역들

- 실제 운영 서버의 데이터 스냅샷snapshot 또는 기존에 사용했던 테스트 데이터
- 핵심 사용자들의 환경 설정 파일 또는 소프트웨어를 배포할 때 포함할 환경 설정 파일 같이 특별히 더 중요한 환경 설정 파일들
- 특별하게 더 중요한 유스 케이스나 퍼소나

또한 차터 템플릿에서 '~을(를) 찾기 위해' 부분에 들어갈 수 있을 것 같은 정보들에 대해서도 주의를 기울이자.

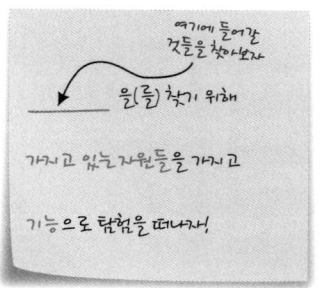

그림 9. 차터의 '~을(를) 찾기 위해' 부분

- 결코 발생하지 않거나 항상 발생해야 하는 조건들
- "만약 ~한다면 성능에는 어떤 영향이 있을까?" 같은 품질 기준과 관련 있는 개방형 질문들
- 이해관계자들이 궁금해 하는 것들이나 걱정하는 것들, 예를 들어 "이 기능에 대한 새로운 사용자 인터페이스는 다른 기능들과도 원활하게 문제없이 동작하나요?"

탐험해야 하는 차터에 대해 기록하고 난 후에, 이렇게 적어 놓은 차터들을 다른 이해관계자들과 조정하는 시간을 가지는 것도 아주 좋은 아이디

어다. 탐험을 통해 찾을 수 있는 수많은 정보가 이해관계자들에게 어떤 가치를 가지는지에 대해 깊은 통찰력을 얻을 수 있다. 더 나아가서, 요구 사항의 범위에 대해 더 깊은 대화를 이끌어 낼 수도 있다. 이해관계자들이 기대하는 것을 확인할 수 있는 한 가지 방법은 아주 직설적으로 간단명료하게 질문하는 것이다.

> "이 문제에 대해 다음과 같이 차터를 만들었습니다. 구현할 때 꼭 시간을 내서 이 차터를 가지고 탐험하는 것에 동의하시나요?"

또 다른 방법은 탐험을 통해 찾아낼 수 있는 위험 요소 같은 것들에 대해 질문을 던지는 것이다.

> "이 기능과 검색 저장 기능 사이에 연동과 관련된 문제가 발견된다면 알려드릴까요?"

이렇게 질문을 해서 차터를 조정하면 이해관계자들이 전혀 관심을 두지 않는 소프트웨어의 문제들을 탐험하는 데 시간을 낭비하지 않을 수 있다. 또한 테스터들이 내가 관심 있게 살펴보는 위험 요소들을 탐험하는 데 집중할 것이라는 사실을 이해관계자들이 알 수 있게 되므로, 이해관계자들의 자신감을 높이는 데 큰 도움이 된다. 팀 안에서 모든 팀원들이 동일하게 이해할 수 있도록 만들어주는 방법으로, 차터를 조정하는 방법을 사용해 보는 것도 고민해 보자. 즉, 어떤 종류의 위험 요소들이 우리에게 중요한지에 대해 동일하게 이해하고 있는지 분명하게 하는 것이다.

12.4 능동적 읽기

얼굴을 마주보고 바로 대화하는 것이 요구 사항에 대한 정보를 정확하게 전달할 수 있는 최고의 방법이다. 하지만 때로는 내가 팀에 합류도 하기 전에 이미 요구 사항이 결정되어 있는 경우도 있다. 이미 결정된 요구 사항들이 문서로 작성되어 있다면, 요구 사항에 대한 정보를 대화를 통한 논의보다는 문서에서 더 잘 얻을 수 있다. 이러한 상황에서 이미 글로 작성된 문서에서 원하는 요구 사항이 무엇인지 찾아내야 한다면, 능동적 읽기 기술이 아주 큰 도움이 된다. 이 절에서는, 글로 작성된 요구 사항 문서에서 탐험할 만한 가치가 있는 차터를 찾을 수 있도록 도와주는 능동적 읽기 기술을 어떻게 활용할 수 있는지 알아보자.

문서에 질문하기

능동적으로 읽는다는 것은 문서를 읽으면서 동시에 문서에 계속해서 질문을 던진다는 것을 의미한다. 사실 대화를 나누는 것과 매우 비슷하지만, 실제 사람과 대화를 나누는 것이 아니라 적혀 있는 글과 대화를 나눈다는 것이 다른 점이다. 듣는 것 대신에 글을 읽는 것이다. 요구 사항 회의에서 하는 것과 동일하게 새로운 정보를 검토하고 질문들을 만들어 보자. 답변을 얻기 위해 준비한 질문을 소리 내서 사람에게 물어보는 대신에, 문서에서 답변을 찾도록 하자.

이미 소개한 "만약 ~한다면?"이라고 질문을 던지는 방법도 동일하게 사용할 수 있다. 시스템에서 항상 참^{true}이어야 하는 것들에 대한 문장을 찾아냈을 때는, 만약 그 문장이 거짓^{false}이 되었을 때 어떤 일이 발생할지 생각해 보자. 예를 들어, 데이터의 최대 크기나 최대 사용자 수에 대해 범위를 한정하는 문장을 찾아낸다면, 이 범위를 벗어나는 경우가 발생했을 때 어떤 일이 일어나는지를 알려주는 문장을 찾도록 노력해 보자.

문서를 분석해서 정보 분류하기

문서에 있는 정보를 카테고리에 따라 나누는 것은, 더 깊게 파헤치고 필요한 것에 더 집중하는 데 도움이 된다. 요구 사항 문서를 능동적으로 읽는 것이 특히 더 잘 적용되는 한 가지 모델은 바로 입력, 처리, 출력 모델이다. 이 모델을 사용하기 위해 우선 종이 한 장을 준비해서 (1)입력, (2)처리, (3)출력, (4)질문, 이렇게 네 구역으로 나누어보자. 관련 주제를 이 네 가지 구역에 각각 나누어서 기록하자.

입력은 소프트웨어가 받아들이는 것이라면 어떤 것이든 모두 입력에 해당한다. 예를 들어, 사용자가 제공한 데이터(시스템의 다른 곳에서 실행되는 일괄 처리 프로그램이 만드는 파일이나 시스템이 모니터링하는 이벤트)에 관한 참고 자료들을 문서에서 찾아낼 수 있을 것이다.

출력은 소프트웨어가 만들어 내는 모든 것이 출력에 해당한다. 리포트, 사용자에게 보이는 메시지, 로그나 콘솔에서 사용되는 메시지 또는 시스템의 다른 부분으로 전달되는 이벤트 같은 것들이 모두 출력에 포함될 수 있다.

처리는 소프트웨어가 어떻게 입력을 출력으로 바꾸는지 설명하는 모든 것이 다 처리에 해당한다. 알고리즘, 소프트웨어가 겉으로는 보이지 않아도 내부에서 하는 일들, 임시 데이터에 대한 자료 등에서 찾아낸 모든 정보가 처리에 해당한다.

마지막으로 입력, 처리, 출력에 대한 정보를 찾으면서 나온 모든 질문을 질문 영역에 기록하자. 아마도 더 많은 "만약 ~한다면?" 질문을 찾아낼 수 있거나, 문서에 있는 정보가 명확하지 않다는 것도 발견할 수 있을 것이다.

문서에 있는 정보를 모두 카테고리에 맞게 분류한 후에 적어놓은 것들을 다시 검토해 보자. 이 모델은 정보들 사이에 차이가 어디에서 발생하는지 확인하는 데 도움이 된다. 주어진 카테고리에서 찾은 정보가 충분하지 않을 때, 더 많은 질문이 필요하다는 사실을 알게 될 것이다. 예를 들어 시스템이 받아들이는 입력들에 대해서는 아주 긴 목록이 있지만, 출력에 대한 정보가 거의 없다고 가정해 보자. 아마도 목록에 있는 모든 입력 데이터를 시스템이 어떻게 사용하고, 사용자가 어디에서 결과들을 볼 수 있는지에 대해 더 자세하게 질문하고 싶어질 것이다.

모델 그리기

능동적으로 문서를 읽어 나가면서 상태 다이어그램('8장 상태와 전이 발견하기' 참고)이나 콘텍스트 다이어그램('9장 소프트웨어 생태계 탐험하기' 참고) 같이 그림으로 표현된다면 뜻이 더 잘 통할 것 같은 문장이나 단락을 찾아보자. 글로 적혀 있는 설명을 그림으로 바꾸어서 표현하는 것은 소프트웨어 설계에 있어 또 다른 시각을 가지게 해준다.

프로젝트에서 사용하는 프로토콜을 기반으로 클라이언트와 서버를 모두 포함하는 상태 모델을 그리는 것은, 팀 전체가 새로운 시각으로 프로토콜을 볼 수 있도록 도와준다. 사실 팀은 오래전부터 글로 쓴 프로토콜에 대한 설명을 가지고 프로토콜을 이해하고 사용하고 있었다. 하지만 클라이언트를 개발하는 프로그래머와 서버를 개발하는 프로그래머가 글로 쓴 프로토콜 명세서를 이해하는 방법이 약간 달랐고, 그 미묘한 차이로 인해 만들어진 작은 틈새에 잠재적인 버그가 숨어 있었다. 그림으로 표현된 다이어그램 덕분에 팀 전체가 클라이언트와 서버 사이에 상호 작용을 좀 더 완벽하게 탐험할 수 있었다.

12.5 실제 적용을 위한 조언

이 장에서 소개한 기법들을 연습해 볼 수 있는 가장 좋은 방법은 실제 요구 사항을 분석해 보는 것이다.

> 앞으로의 탐험에 필요한 차터를
> 찾기 위해
> 소프트웨어 요구 사항으로
> 탐험을 떠나자!

- 다음 요구 사항 회의에서, '부록 2 테스트 휴리스틱 치트 시트'에서 소개한 휴리스틱을 활용하여 테스트 아이디어를 메모해 두자. 회의에 참여한 다른 팀원들과 테스트 아이디어를 공유하자.
- 다음 요구 사항 회의에 포스트잇을 준비해 가서, 요구 사항에 대해 논의하는 동안에 차터의 밑그림을 그려서 초안을 만들어 보자.
- 능동적 읽기를 연습할 수 있는 요구 사항 문서나 기술 명세서를 능동적으로 찾아보자.

13
처음부터 끝까지 탐험 적용하기

여기까지 이 책과 함께 탐험을 하면서, 다음과 같은 탐험을 위한 전술tactic, 즉 탐험할 소프트웨어를 분석하고, 휴리스틱을 적용하고, 차터를 만들 수 있는 실제적이고 구체적인 기법들을 배웠다.

자, 이제 시야를 좀 더 크게 넓혀서 다음과 같은 전략strategy에 관한 질문들에 집중할 시간이다. 언제 탐험을 해야 하는가? 탐험적 테스팅이 어떻게 소프트웨어 개발 생명 주기 전반에 걸쳐 적용될 수 있는가? 탐험을 통해 찾아낸 정보들을 어떻게 공유하고 사용할 수 있을까? 누가 탐험을 해야 하는가?

이 책의 마지막인 이번 장에서는, 탐험적 테스팅을 전체적인 소프트웨어 개발 주기에 통합하는 데 필요한 조언들을 얻을 수 있다. 또한 탐험을 통해 얻은 피드백을 어떻게 사용해야 소프트웨어뿐 아니라 개발 프로세스도 개선할 수 있을지 배워보자. 마지막으로 탐험이 어떻게 개인 활동이 아닌, 팀 활동이 될 수 있는지에 대해서도 알아보자.

13.1 테스트 전략의 일부분으로서의 탐험

'1.1 테스트 수행의 양면성'에서 어떻게 테스트가 (1)확인하기와 (2)탐험하기, 두 가지로 이루어져 있는지 살펴보았다. 확인하기는 소프트웨어가 의도한 대로 동작하는지에 관한 질문들에 답변을 준다. 탐험하기는 이전에는 아무도 생각하지 못했던 질문들에 대해 답변을 하면서 위험 요소들을 찾아준다.

테스트 전략이 확인하기와 탐험하기, 두 가지 모두를 포함하고 있고, 팀이 테스트를 통해 찾아낸 정보를 최대한 받아들이면, 그 결과로 믿을 수 없을 만큼 품질이 좋은 소프트웨어를 만나게 될 것이다.

실제 있었던 이야기

미시간Michigan 주, 그랜드 래피즈Grand Rapids에 있는 애토믹 오브젝트Atomic Object라는 회사에서 실제로 겪었던 이야기를 소개하겠다. 내가 그 회사를 처음 방문했을 때, 칼린 폭스Karlin Fox라는 프로그래머가 나를 반겨줬다. 칼린이 나를 자신의 컴퓨터로 데려갔고, 최근에 실제 서비스를 시작한 시스템을 소개해줬다. 소프트웨어에 대한 간단한 소개를 마치고, 자기는 회의가 있어서 가봐야 한다고 하며 나에게 그 소프트웨어를 탐험해봐도 괜찮다고 했다.

먼저 정찰 세션을 시작했다. 사실 나는 어떤 소프트웨어를 탐험하든지 상관없이, 대부분의 경우 처음 몇 분 이내에 여러 가지 버그를 찾아내곤 했다. 하지만 이번에는 아니었다. 그래서 좀 더 깊게 탐험에 들어갔다. 30분 정도 지난 후에, 어떤 소프트웨어든지 처음 몇 분 이내에 버그를 찾을 수 있다는 내 생각을 버릴 수밖에 없었다. 이 소프트웨어에서는 버그라고 할 만한 것을 찾을 수가 없었다. 분하기도 하고 아쉬움과 기쁨이 섞인 알 수 없는 새로운 감정을 경험했다. 소프트웨어에서 버그를 찾지 못해서 분하고 아쉬웠지만, 이렇게 버그 없이 거의 완벽하게 동작하는 소프트웨어를 만나게 되어 매우 기뻤다.

칼린이 돌아왔을 때 나는 호기심으로 가득 차 있었다. 우선 현재 팀에서 사용 중인 프로세스에 대해 물어보았다.

사실 이 팀이 익스트림 프로그래밍Extreme Programming, XP에 매우 익숙하다는 것을 이미 알고는 있었다. 프로그래머들은 짝 프로그래밍을 실천하고 있었고, 그래서 모든 소스 코드가 저장소로 보내지기 전에 하나하나 피어 리뷰peer review되고 있었다. 또한 모든 것을 테스트 주도 개발Test-Driven Development, TDD로 개발하고 있어서, 새로 추가되는 코드가 해야 할 것들을 확인하는 테스트를 먼저 개발해서 그 테스트가 실패하는 것을 눈으로 보기 전에는 한 줄의 코드도 미리 작성하지 않았다. 그리고 각자가 작성한 코드를 지속적 통합Continuous Integration을 활용해서 한곳으로 모은 후에, 모든 변경 사항을 확인하기 위해 자동화된 테스트를 실행했다.

하지만 최고의 익스트림 프로그래밍 팀이라고 해도, 이 소프트웨어처럼 아주 높은 수준의 품질을 유지하는 것은 매우 어려운 일이었다. 이 팀은 무엇인가를 더 하고 있는 것이 확실했다.

칼린이 나를 보며 밝게 웃었다. 그리고는 나에게 자기 팀에 탐험적 테스팅을 하는 테스터가 있다고 이야기했다. "그가 우리를 바보로 만들 때가 많아요! 항상 무엇인가를 찾아낸단 말이죠"라고 고백했다. 칼린이 나를 보며 잠깐 멈추었다. 입가에 웃음이 번졌다. "아주 대단해요!" 밝게 웃던 모습이 약간 슬퍼지면서 "비록 그것들 모두 다 우리가 해결해야 하는 버그들이지만 말이죠"라고 이야기를 이어나갔다. 그는 내가 놓쳤던 버그들을 보여주었다. 그것들은 아주 미묘해서 무시한다 해도 뭐라고 하지 못할 아주 사소한 것들이었다. 나는 더 놀랄 수밖에 없었다. 남아 있는 버그들을 보여주는 칼린에게서 그의 팀의 기술력과 수준이 얼마나 높은지 알 수 있었다.

애토믹 오브젝트의 이야기는 앞에서 소개했던 테스트 팀이 고립되어 있는 경우가 아니었다. 나는 샌프란시스코에 있는 피보탈 랩Pivotal Labs에서 칼린이 설명한 것과 거의 동일한 프로세스를 사용하는 팀에서 일했다. 우리도 짝 프로그래밍을 실천했고, 모든 코드를 테스트 기반으로 작성했고, 지속적인 통합도 따랐고, 또한 주기적으로 소프트웨어를 탐험했다.

이 프로세스가 수준 높은 소프트웨어를 꾸준하게 만들어 내는 결과로 이어졌다. 특히 내가 기억하는 어떤 프로젝트는 믿을 수 없을 만큼 순조롭게 진행되었다. 소프트웨어가 출시되고 처음 6개월 동안, 계획에 없던 유지보수를 위한 패치 버전을 발표해야 했던 버그는 단 하나뿐이었다.

더 놀라운 것은 그나마 하나 발견된 그 버그도 아주 적은 수의 사용자들에게만 영향을 미쳤고 아주 쉽게 고칠 수 있는 버그였다. 10년 정도 전에 수행했던 그 프로젝트에서, 팀은 그 버그가 아주 심각한 문제가 아니라고 판단하고, 계획된 다음 업데이트에서 수정하기로 결정했다. 하지만 소프트웨어 품질 수준에 대한 팀원들의 기대치가 너무 높아서 그런지, 이 버그가 팀원들에게는 눈엣가시처럼 여겨졌다. 그래서 우리는 이 버그를 바로 수정할 수밖에 없었다. 사실 이 프로젝트는 5년 정도 전에 끝났지만, 소프트웨어는 아직도 사용되고 있고, 아무런 문제없이 믿을 만한 서비스를 제공하고 있다.

모든 개발 과정에 (1)확인하기와 (2)탐험하기 두 가지 모두 적용하기

애토믹 오브젝트와 피보탈 랩, 두 회사 모두 익스트림 프로그래밍에서 추천하는 구체적인 실천 방법을 따르고 있다. 이 실천 방법들은 모든 개발 과정에 걸쳐 테스트를 강조하고 있다. 특별히 다음과 같은 새로운 개념이자 기술들을 강조한다.

- 테스트 주도 개발: 프로그래머들은 구현을 시작하기 전에, 구현하고자 하는 기능을 확인할 수 있는 자동화된 테스트를 먼저 작성한다. 아직 구현된 부분은 없고 테스트만 작성되어 있으므로, 테스트를 실행하면 테스트가 실패할 것이다. 이렇게 테스트가 실패하는 것을 확인한 이후에야 비로소 테스트를 통과할 수 있는 코드를 작성한다.
- 회귀 테스트 자동화: 테스트 주도 개발을 따르고 실천하면 팀이 단위

테스트 수준까지 완벽하게 자동화된 테스트를 가지게 된다. 게다가 소프트웨어의 핵심 기능을 확인할 수 있는 상위 레벨high level 테스트(시스템의 한쪽 끝에서 다른 한쪽 끝까지, 하지만 때로는 상황에 따라 그래픽 사용자 인터페이스는 테스트에서 제외하기도 한다)까지도 자동화한다.

- 지속적 통합: 모든 프로그래머는 소스 코드 관리 시스템에서 최신 코드를 자주 가져와서 자신이 작업 중인 컴퓨터에서 직접 수정한 코드들과 통합해야 한다. 이렇게 통합한 소스를 가지고, 보통 몇 초밖에 걸리지 않고 전체 소스 코드를 모두 테스트하는 일련의 단위 테스트를 실행한다. 이렇게 자신이 작업 중인 컴퓨터에서 테스트를 실행하면 내가 새롭게 작성하거나 수정한 코드가 전체 소스 코드의 다른 부분들에 영향을 미치지는 않는지 손쉽고 빠르게 알 수 있다. 단위 테스트 중에 하나라도 실패한다면, 내가 변경한 소스 코드를 소스 코드 관리 시스템에 올리기 전에 수정해야 한다.

- 빌드 자동화: 각 코드가 소스 코드 관리 시스템으로 보내지면, 빌드 자동화 서버가 변화된 소스 코드를 인지하고 전체 테스트를 수행한다. 이러한 테스트들은 보통 프로그래머가 소스 코드를 서버에 보내기 전에 실행했던 단위 테스트보다 훨씬 더 많은 것을 테스트하므로 시간도 더 많이 걸린다. 어떤 이유에서든지 자동화된 빌드가 실패하면, 보통 가장 최근에 소스 코드를 서버에 보낸 팀원이 모든 일을 멈추고 바로 수정해야 한다. 모든 팀원은 소스 코드 관리 시스템에는 테스트에 실패한 코드가 존재하지 않도록 유지하고, 빌드를 했을 때의 결과 또한 녹색, 즉 빌드가 항상 성공하는 상태로 유지하는 데 높은 가치를 두어야 한다.

이러한 실천 방법들을 통해 쌓이는 결과물들이, 팀이 각 단계에서 한 일들을 확인할 때 필요한 것들과 동일하다. 모든 것을 확인했다는 것은 소프트웨어를 탐험할 준비가 다 되어 있다는 것을 의미한다. 소프트웨어의 목적, 즉 소프트웨어가 실행해야 하는 것들을 팀이 정확하게 이해하고 있고, 그래서 팀원들이 탐험하는 도중에 제기되었던 위험 요소에 대한 해결 방안과 질문에 대한 답변을 나눌 준비가 되어 있다는 것이다.

앞서 이야기한 개발 시 적용될 수 있는 훌륭한 실천 방법들을 개발 시에 전혀 사용하지 않은 프로젝트라고 할지라도, 탐험적 테스팅 실천 방법들을 적용할 수 있다는 것은 기억해둘 만한 가치가 있다. 하지만 내 경험에 비추어 보면, 팀이 소프트웨어를 아주 엄격하게 확인하는 것과 숙련된 탐험 기술을 잘 결합하면(그리고 물론 이러한 노력을 통해 드러나는 단점에 더 집중하면), 결과물의 품질이 아주 훌륭할 가능성이 더욱 높았다.

탐험을 일찍 시작하고, 자주 탐험하기

보통의 경우 사람들은 프로젝트가 거의 끝나갈 때까지 탐험을 미루는 게 합리적으로 보이는 이유들을 이야기한다. 심지어 어떤 사람들은 탐험적 테스팅은 소프트웨어가 출시될 때까지 시간이 좀 남아 있는 경우에만 하는 것이라고 생각한다. 아마도 그들은 너무 이른 시간에 탐험을 시작하면, 탐험을 통해 이미 그들이 알고 있는 것들만 찾아낼 수 있다고 생각하는 것 같다. 즉, 소프트웨어 개발이 아직 완료되지 않았다는 것이다. 또는 소프트웨어의 모든 부분이 다 완료되기 전에는 탐험이 가능하지 않다고 생각하기도 한다. 어떤 사람들은 탐험을 너무 일찍 시작하면, 탐험을 통해 얻을 수 있는 것들에 한계가 있을 것이라고 생각하기도 한다. 그 외에도 여전히 많은 사람이 그들이 온 길을 다시 되돌아가야 한다는 사실에 대해 많이 걱정한다. 어차피 개발이 완료되면 모든 것을 다시 탐험해야 하기 때문에, 탐험을 너무 일찍 시작하면 일이 너무 많아진다고 주장한다.

하지만 앞서 언급한 이유 중 어떤 것도 미루는 것을 정당화하기에는 충분하지 않다. 탐험의 결과로 무엇인가 아주 놀랄 만한 것을 찾아내기 위해 소프트웨어 개발 주기의 마지막까지 기다린다면 이미 너무 늦었다. 찾아낸 문제들을 해결하기에는 남은 시간이 너무나도 부족하다. 게다가 탐험하면서 발견한 시스템적인 차이를 없애기 위해, 개발 프로세스를 조정하기에도 시간은 충분하지 않다.

간단하게 말하면 탐험을 시작하기에 너무 이른 시간이란 절대 없다. '12장 요구 사항 탐험하기'에서 이야기한 것처럼, 요구 사항을 의논할 때에도 탐험을 시작할 수 있다.

다시 말해, 소스 코드 관리 시스템으로 올릴 수 있는 단 한 줄의 코드라도 있다면, 어떻게 동작하는지 탐험을 시작할 수 있다. 즉, 사용자 화면이 나올 때까지 기다릴 필요가 없다.

내 첫 번째 애자일 프로젝트에서, 내가 맡은 것은 보고서 기능이었는데, 보고서에서 보일 데이터를 입력할 수 있는 기능이 구현되기도 전에 보고서 기능에 대한 탐험을 시작했다. 이전에 내가 참여한 몇몇 프로젝트에서는 데이터를 입력하는 사용자 화면이 구현될 때까지 테스트를 미루는 것이 보통의 실천 방법이었다. 하지만 이 경우에도 나는 탐험의 시작을 몇 주 정도로 오랫동안 미루지 않고, 며칠 정도만 미루었을 뿐이었다.

사실 나는 관계형 데이터베이스에 데이터를 추가할 수 있는 SQL 문장을 알고 있었기 때문에, 바로 보고서 기능을 탐험할 수 있었다. 그렇게 함으로써, 보고서가 특정 자료형data type을 보여주는 데 문제가 있다는 사실을 더 일찍 찾아낼 수 있었다. 프로그래머도 소프트웨어가 더 복잡해지기 전에 조금이라도 일찍 이 문제가 있는 부분을 수정할 수 있었다. 더 중요한 것은 프로그래머가 특정 부분과 관련되어 발생할 가능성이 있는 다른 문제들을 조금이라도 더 빨리 예방할 수 있었다는 것이다. 탐험을 일찍 시작하는 것은, 단지 버그를 조금이라도 더 빨리 찾아내서 수정하려는 것만은 아니다. 더 나아가서 개발 프로세스의 아주 초기부터 소프트웨어 품질을 정립할 수도 있다.

요컨대 가능한 한 빨리 탐험을 시작하고 조금이라도 미리 위험 요소와 마주치는 것이 필요하다. 이렇게 하면 갑자기 심각한 문제가 발생해서 마음을 졸이는 일도 적어지고, 전체적으로 예측 가능한 것이 많아져서 더 나은 소프트웨어를 만들 수 있다.

탐험에만 전념하는 시간 가지기

아주 강력한 품질 보증 부서 또는 훌륭한 테스트 부서가 있는 조직에서, 탐험은 전문 테스터만이 할 수 있는 일이라는 것은 따로 말하지 않아도 기본 전제로 생각한다.

사실 전문 테스터가 테스트에 대해 한 번도 연구해 보지 않은 동료보다는 탐험에 훨씬 더 익숙하고, 탐험을 훨씬 더 잘한다는 것은 어쩌면 너무나도 당연한 일이다. 누군가를 훌륭한 탐험가로 만드는 핵심 기술은 훌륭한 테스터가 지니고 있는 핵심 능력을 반영한다. 바로 분석력, 관찰력, 비판적인 사고력, 테스트 설계 능력, 의사 소통 능력이다.

하지만 애토믹 오브젝트와 피보탈 랩, 두 회사가 성공할 수 있었던 핵심 요인 중 하나는 아주 초기부터 팀에 탐험적 테스팅 기술을 가진 아주 훌륭한 팀원들이 함께 있었다는 것이다. 물론 두 회사 모두 따로 분리되어 있는 테스터나 탐험가들로 만들어진 특별한 팀이 있지는 않았다.

칼린의 팀은 탐험적 테스팅만을 담당하는 테스터를 따로 두어서 성공을 거두었다. 피보탈 랩에서 내가 일했던 팀은 팀원 모두가 프로그래머이자 자기 자신이 테스터였다. 우리는 개발한 것들을 정기적으로 탐험했다. 더 나아가서 팀원 모두가 탐험적 테스팅 기술을 습득하고 연마하기 위해 열심히 노력했다.

아마도 대부분의 팀이 칼린의 팀처럼 탐험적 테스팅만을 전담하는 탐험가와 함께 일할 것이다. 또는 내가 일했던 팀처럼 팀원 모두가 탐험가인 경우도 있을 것이다. 어느 쪽이든 탐험은 아주 초기부터 개발 프로세스의 일부분이고, 할지 안 할지를 나중에 다시 생각하기보다는 우선 먼저 해야 하는 활동으로 간주해야 한다. 즉, 탐험적 테스팅만을 하는 탐험가가 필요할 수도 있고 아니면 필요 없을 수도 있지만, 탐험과 탐험적 테스팅 기술을 향상시키는 데 전념할 수 있는 시간이 필요하다는 것은 확실하다.

13.2 짝 탐험

모든 팀원을 탐험의 세계로 끌어들이는 한 가지 방법은 탐험을 함께 떠날 짝을 지어주는 것이다. 특히 전문 테스터와 테스터가 아닌 팀원을 짝으로 만들어주면 아주 효과적이다.

테스터와 비즈니스 분석가가 함께 짝이 된다면, 테스터는 소프트웨어에서 기대하는 것과 비즈니스에 대해 더 배울 수 있을 것이고, 동시에 비즈니스 분석가는 어떻게 하면 효과적으로 테스트 케이스를 설계할 수 있는지에 대해 더 배울 수 있을 것이다. 소프트웨어에서 기대하는 것들에 대해 대화를 계속 나눈다면, 비즈니스 분석가는 실제 사례를 가지고 구체적인 요구 사항을 마음속에 그릴 수 있는 방법도 배우게 될 것이다.

테스터와 프로그래머가 짝으로 함께 탐험을 하면, 프로그래머는 위험 요소에 대한 통찰력을 얻을 수 있고, 테스터는 소프트웨어 아키텍처에 관한 통찰력을 얻을 수 있다.

내가 가장 즐겨 이야기하는 내 경험 중 하나는, 내가 나보다 프로그래밍 실력은 훨씬 뛰어나지만 테스트는 별로 경험해 보지 못한 다른 프로그래머와 짝 프로그래밍을 했을 때 이야기다. 그 당시 우리는 웹 애플리케이션을 위한 코드를 작성하고 있었다. 내가 지금까지 우리가 작성한 코드를 외부에서 바라보는 시선으로 몇 분간 탐험해 보자고 제안했다. 내 생각에는 아무래도 우리 애플리케이션이 자바스크립트 인젝션 공격에 취약해 보였다.

몇 초도 지나지 않아서 내 의심이 틀리지 않았다는 것을 확인할 수 있었다. 자바스크립트에서 사용자에게 정보를 보여줄 때 사용하는 'alert' 명령어를 사용자 프로필에 있는 텍스트 필드에 들어가는 내용 뒤에 추가해서, 간단하게 애플리케이션의 홈페이지에서 경고 대화 상자가 나타나도록 만드는 데 성공했다.

나는 소프트웨어를 출시하기 전에 보안에 취약한 부분을 발견하게 되어서 매우 기뻤지만, 내 짝인 프로그래머는 전혀 이해하지 못하고 있었다. 그는 "누가 왜 그런 일을 하겠어요?"라고 물었다. 나는 크로스 사이트 스크립팅 공격cross-site scripting attack에 대해 설명하고, 어떻게 이렇게 아무 것도 아닌 것 같아 보이는 취약한 부분이 보안에 있어 아주 심각한 위험 요소가 될 수 있는지 설명했다.

그제서야 내 짝이 이해하며 고개를 끄덕였다. 나는 우리가 방금 발견한 것과 같은 취약한 부분을 찾아내 주는 몇 가지 자동화된 테스트를 작성해서, 방금 발견한 것과 비슷한 더 많은 취약점을 찾아보자고 제안했다. 바로 그때 내 짝이 또 다른 의견을 냈다. 내 짝은 악의가 있는 자바스크립트에서 우리가 사용했던 테스트 데이터를 가져와서 현재 우리가 가지고 있는 자동화된 테스트를 실행해 보자고 제안했다. 그 제안을 흔쾌히 받아들여서 자동화 테스트를 실행했더니 몇 분도 채 되지 않아서, 애플리케이션에서 비슷한 취약점이 있는 부분이 30개가 넘게 발견되었다. 두 시간 정도에 걸쳐서 발견된 모든 취약한 부분을 수정했다. 앞으로 새롭게 만드는 소스 코드에서도 비슷한 취약점이 발견되면 바로 잡아낼 수 있도록, 테스트 데이터에 악의를 가지고 있는 자바스크립트도 남겨 놓았다.

이 이야기는 짝으로 함께 일할 때 얻을 수 있는 것들을 설명하고 있다. 프로그래머가 아닌 테스터로서 더 많은 경험이 있는 사람으로서, 나는 내 짝이 알지 못하는 위험 요소의 모든 종류에 대해 더 잘 알고 있었다. 경험이 많고 기술이 아주 풍부한 프로그래머로서, 내 짝은 테스트 자동화에 대해 나보다 훨씬 더 많이 알고 있었고 다른 시각으로 볼 수 있는 능력도 있었다. 만약 우리가 따로 떨어져서 일했다면, 몇 시간 동안 함께 일해서 얻어낸 결과와 동일한 결과를 얻기 위해 며칠이 걸렸을지도 모른다. 우리가 함께 만들어 낸 마지막 결과물은, 내가 혼자서 일하면서 작성했을 때의 테스트 자동화보다 더 훌륭하고 더 유연한 구조였다.

그래서 누군가가 나에게 "탐험적 테스팅이 꼭 필요한 사람은 누구인가요?"라고 물으면, "모두가 탐험적 테스팅을 꼭 해야 합니다"라고 대답한다. 아마도 대부분의 팀에 탐험만 전담해서 수많은 탐험을 진행하는 전문 테스터가 있을 것이다. 하지만 탐험이 꼭 그 전문 테스터들에게만 제한되어 있는 것은 아니다. 프로그래머, 비즈니스 분석가, 그리고 품질이 높은 제품을 출시하는 데 관심이 있는 팀원이라면, 탐험에 참여해서 큰 도움을 얻을 수도 있고 줄 수도 있다.

13.3 시스템적인 문제 찾아내기

탐험이 테스트를 통해 소프트웨어가 지니고 있는 위험 요소에 대한 정보를 찾아낸다는 데는 의심의 여지가 없다. 하지만 논란의 여지가 남아 있는 것은 탐험적 테스팅이 소프트웨어가 만들어지는 프로세스 자체를 평가하는 방법이 될 수 있느냐는 것이다.

아마도 '1.1 테스트 수행의 양면성'에서 회귀 테스트를 그물망으로 표현한 그림을 기억할 것이다. 다시 한 번 다이어그램을 살펴보자.

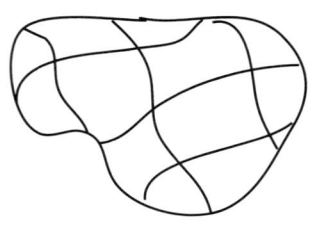
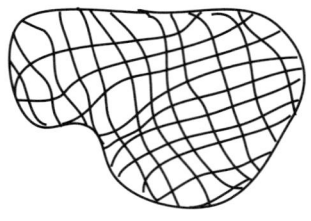

느슨하게 짜인 그물망　　촘촘하게 짜인 그물망

탐험을 진행하면서 이전 테스트에서는 발견되지 않은 예상하지 못한 문제를 찾아낸다면, 그물망에서 구멍을 찾아냈다고 볼 수 있다.

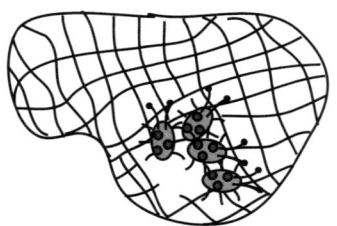

아주 큰 구멍이 있는 그물망

발견된 버그를 수정할 때, 그물망에 난 구멍을 막을 수 있는 테스트를 추가함으로써, 발견된 버그 또는 관련 있는 비슷한 버그가 다시는 소프트웨어에서 발견되지 않도록 확실하게 확인해야 한다.

　탐험을 하면서 아주 많은 수의 예상치 못한 문제를 발견한다면, 아마도 그물망에 구멍 이상의 그 무엇인가가 있다는 것을 의미한다. 즉, 그물망이 너무 느슨하게 짜여 있거나 그물망에 큰 구멍이 너무 많다는 의미다. 이 경우에는 단순하게 그물망에 있는 구멍을 살짝 고친다고 해결될 문제가 아니라 그물망 전체를 더 촘촘하게 짜야 한다.

　이것이 바로 탐험적 테스팅이 소프트웨어에 대한 통찰력뿐 아니라 소프트웨어를 만들기 위해 사용하는 프로세스에 대한 통찰력도 주는 이유다. 탐험을 통해 찾아낸 예상하지 못한 문제가 아주 적다면, 소프트웨어를 만드는 데 사용한 프로세스가 아주 잘 동작하고 있는 것이다. 반대 경우로 탐험을 통해 수많은 이슈가 발견된다면, 소프트웨어 자체의 문제뿐 아니라 소프트웨어를 만들기 위해 사용한 프로세스에도 심각한 문제가 있다는 것이다.

13.4 탐험 추정하기

내가 가장 많이 받는 질문 중 하나가 "그러면 탐험을 하는 데 시간이 얼마나 걸리는지 어떻게 어림잡을 수 있나요?"라는 질문이다.

이 질문에 대해 모든 상황에 딱 맞아 떨어지는 완벽한 정답은 없다. 이 질문에 대한 대답은 현재까지 작성한 코드 품질, 시스템 복잡도 또는 탐험에서 다루어야 하는 변수의 개수에 따라 너무나도 달라진다. 자신이 탐험 중인 소프트웨어를 자신이 만족할 만한 수준까지 탐험하기 위해 얼마만큼 시간이 필요할지는 당사자가 누구보다 훨씬 더 잘 알고 있을 것이다.

보통 내가 이렇게 대답하면, 질문한 사람도 고개를 끄덕이며 동의한다. 하지만 "그래요. 당신 말이 맞는 것 같아요"라고 이야기를 이어나가며, "그렇다면 제가 시간을 어떻게 그리고 얼마나 배분해야 할까요?"라고 다시 질문한다.

어떤 기능이나 영역을 탐험하는 데 시간이 얼마나 걸릴지 대강이라도 그 규모를 추정할 수 있는 한 가지 방법은, 탐험해야 하는 차터들의 목록을 브레인스토밍하고 이렇게 만들어진 차터들을 가지고 탐험을 하는 데 정해진 시간의 세션이 몇 개나 필요할지 추정해 보는 것이다.

이런 방법으로 탐험에 필요한 시간과 노력을 추정할 때의 문제점은 탐험을 할 때 걸리는 실질적인 시간에 영향을 미치는 요인들이 무시될 수도 있다는 것이다. 프로그래밍, 확인하기, 탐험하기, 이 세 가지는 구분 짓기 매우 애매할 정도로 서로 밀접하게 관련되어 있다. 더 좋은 개발 방법이란 더 짧은 시간에 더 많은 곳을 탐험할 수 있다는 것을 의미한다. 다른 한편으로는, 확인하기와 탐험하기, 이렇게 두 가지를 하는 데 시간이 더 오래 걸린다는 것은 불안정한 소스 코드로 가는 지름길이다.

그래서 탐험적 테스팅을 따로 진행하는 데 걸리는 시간을 추정하려고 노력하기보다는, 탐험적 테스팅을 포함하여 전체 개발에 걸리는 시간과 노력을 추정하는 것을 추천한다. 이렇게 하기 위해 다음과 같은 것들을 시도해 보자.

1. 추정에 관하여 논의할 때 팀 전체, 즉 테스터, 프로그래머, 최종 산출물 작성에 참여하는 모든 사람을 초대하자. 미래를 완벽하게 예측할 수 있는 사람은 아무도 없다. 하지만 여러 종류의 다양한 견해에서 나오는 의견을 더 많이 수렴하면 할수록 더 나은 결과를 얻을 수 있다.
2. 전체적으로 걸리는 시간과 노력의 적절한 규모를 추정하기 위해 모든 팀원에게 물어보자. 일반적인 추정 방법으로는 티셔츠 치수 기법(대, 중, 소)이나 피보나치 수열 등을 사용한다(추정하는 방법에 대한 더 많은 아이디어를 얻으려면 마이크 콘의 책 『Agile Estimating and Planning』[Coh05](『불확실성과 화해하는 프로젝트 추정과 계획』, 이병준 옮김, 인사이트 펴냄)을 참고하자).
3. 모든 정보를 기반으로 내가 할 수 있는 최선으로 먼저 추정하자. 그런 후에 더 많은 정보를 얻게 되면, 추가된 정보를 기반으로 다시 추정하자.

팀원 모두가 함께 추정하고 면밀하게 살펴보고 적합하게 조절하는 팀은 보통 시간이 지날수록 추정의 정확도가 높아진다.

하지만 추정에 관한 문제가 전혀 발생하지 않는 경우도 있다. 내 동료인 데일 에머리Dale Emery는 추정과 관련해서 문제를 가지고 있다고 이야기하는 많은 팀이 사실은 협상negotiation 문제를 가지고 있는 것을 많이 목격했다. 매니저가 추정에 대해 팀원들에게 질문을 한다. 팀원들은 "나흘 정도 걸릴 것 같습니다"라고 대답한다. 매니저가 "이틀 안에 할 수 있겠어요?"라고 대안을 제시한다. 상황이 이렇게 되면 더는 추정에 관한 논의라고 볼 수 없다. 이제는 협상이 되어 버린 것이다.

13.5 언제쯤 충분히 탐험했다고 이야기할 수 있을까?

탐험에 걸리는 시간과 노력을 추정하기가 매우 어려운 이유 중 하나는 탐험이 끝없이 계속될 수도 있기 때문이다. 언제든지 더 많은 변수를 가지고 계속 탐험할 수 있다. 즉 무한한 가능성이 있다는 이야기다. 더 많은 변수를 찾아낼 수 있고, 여러 가지 관점에서 분석할 수 있을 뿐 아니라, 더욱 더 깊은 곳을 더 철저하게 조사할 수도 있다. 그래서 탐험을 언제 그만두어야 할지 알 수만 있다면 아주 큰 도움이 될 것이다.

아마도 대부분의 경우 탐험할 시간이 더 이상 없을 때 탐험을 그만두게 된다. 하지만 불행하게도 시간이 더는 허락하지 않을 때 탐험을 그만둔다는 것은, 대부분의 경우 소프트웨어의 기능, 제약 사항, 위험 요소를 완벽하게 파악하지 못하고 소프트웨어를 출시한다는 것을 의미한다. 팀의 노력으로 소프트웨어가 출시는 되었지만, 어떤 기능을 가진 소프트웨어가 출시되었는지 아주 정확하게 아는 사람은 아무도 없는 상황이 되어 버린다. 결과는 불 보듯 뻔하다. 고객들이 실제로 이 소프트웨어를 사용하게 되었을 때 미처 예상하지 못했던 문제들이 나타나서, 매우 실망한 사용자와 화난 이해관계자들을 만나게 될 것이다.

즉 시간이 한정되어 있다는 사실은 이해하지만 아마도 탐험을 그만두어야 할 때를 결정할 때 사용하는 최악의 기준은 시간이 부족하다는 것이다. 대신 적어도 지금 이 순간에, 주어진 영역에서 충분히 탐험을 했다고 결정하는 것이 필요할 때, 다음에 소개하는 가이드라인을 사용해 보자.

- 탐험을 통해 모든 개방형 질문에 대한 해답을 얻었고, 모르는 것이 더는 없다.
- 무엇인가 새롭게 배우는 것이 더는 없다. 현재까지 개발된 소프트웨어의 기능, 제약 사항, 위험 요소도 이미 다 찾아서 정리했다. 결과적으로, 적어도 지금 상황에서는 새롭게 발견될 만한 것이 더는 없고, 이미 다 알고 있는 것들만 다루고 있는 것 같다.
- 더 많은 정보가 있다고 해도 바뀌는 것이 더는 없을 것이다. 아마도 더 많은 정보를 얻을 수는 있겠지만 어떠한 의미도 없다. 이해관계자들이 이미 탐험을 통해 더 많은 정보를 얻을 필요도 없고, 원하지도 않는다고 대놓고 이야기했다. 또한 탐험가 자신도 앞으로 찾아내는 어떤 정보도 자신을 포함해 어떤 누구에게도 사용되지 않을 것이라는 사실을 이미 알고 있다.
- 다른 정보들이 더 큰 가치가 있다. 아마도 주어진 영역에서 더 많은 정보를 찾을 수도 있겠지만, 다른 영역이나 다른 차터에서 더 다양하고 많은, 시급한 질문을 다룰 수 있다.

언제 탐험을 끝내야 할지 결정하기 위해 앞서 소개한 기준들을 사용하는데, 일정상으로는 이미 끝냈어야 하는데 탐험을 아직 끝내지 못한 경우가 발생한다면, 탐험이 너무 오래 걸린 것이 아니라 추정이 너무 짧았다는 것을 의미한다.

13.6 이해관계자들에게 보고하기

사실 탐험은 그 자체로 테스트 실행 통계가 있는 논리 정연한 현황 보고서를 제공하지는 않는다. 얼마나 많은 차터나 테스트 세션을 가지고 있는지 세는 것도, 성공이나 실패를 측정할 수 있는 근거가 될 수 없다. 차터나 세션은 결코 성공이나 실패로 결론지을 수 없기 때문이다.

하지만 현재 진행 상황을 보고해야 하므로 다른 방법이 필요하다. 이해관계자들은 탐험을 통해 얻게 되는 정보에 아주 관심이 많다. 반면 관리자들은 팀원들이 어디에 어떻게 시간을 사용하고 있는지에 관심이 많다. 결과적으로 많은 사람이 탐험적 테스팅을 진행하면서 현재 상황을 어떻게 보고할 수 있는지 궁금해 한다.

일일 스탠딩업 회의에서 보고하기

많은 팀이 팀에서 하고 있는 모든 일을 팀원들과 조화롭게 나누고 관리하는 수단으로 일일 스탠딩업 회의daily standup meeting라는 실천 방법을 도입해 사용하고 있다. 스탠딩업 회의에서는 전형적으로 다음과 같은 세 가지 질문이 가장 흔하게 사용된다.

- 어제 한 일은 무엇인가요?
- 오늘 해야 할 일은 무엇인가요?
- 하고 있는 일을 방해하는 것들은 무엇인가요?

아마도 다음과 같은 대답을 유도하는 것 같다. "어제는 탐험을 했습니다. 오늘은 탐험을 할 예정입니다. 탐험을 방해하는 다른 일은 없었습니다." 하지만 이런 대답은 프로그래머가 다음과 같이 아주 무의미하게 이야기하는 것과 전혀 다를 바가 없다. "어제는 코드를 작성했습니다. 오늘은 코드를 작성할 예정입니다. 코드 작성을 방해하는 다른 일은 없었습니다."
만약 "어제는 탐험을 해서 버그 세 개를 발견하고 정리했어요"라고 이야기한다 해도, 여전히 우리에게 필요한 자세한 정보는 아니다. 팀이 효율적으로 관리되기 위해 팀은 더 많은 정보를 필요로 한다.

앞서 소개한 세 가지 질문에 대해 각자가 무엇을 했는지 그냥 형식적인 보고서를 가지고 이야기를 나누는 대신에, 어떻게 하면 그 시간을 자신이 찾아낸 정보의 주요 항목을 팀원들과 나누는 데 사용할 수 있을지 고민해 보자. 고민을 시작하기 전에 머릿속에 떠오르는 질문들을 다음과 같이 다시 구성해 보자.

- 어제 소프트웨어를 탐험하면서 찾아낸 가장 흥미로운 사실은 무엇인가?
- 오늘은 어떤 위험 요소들을 탐험할 계획인가?
- 시간을 좀 더 효율적으로 사용하기 위해 필요한 것들이 있나? 이 질문에 대한 답변에는 (1)더 많은 정보, (2)테스트 가능성testability을 향상시킬 수 있는 방법들, (3)테스트 환경 같은 자원들, 또는 (4)지금 찾고 있는 정보가 팀에 가치가 있는지 없는지에 대한 반응들이 포함될 수 있다.

예를 들어, 스탠딩업 회의를 진행하면서 아마도 다음과 같은 이야기를 나눌 수 있다.

"어제는 주어진 형식을 따르지 않는 데이터를 사용해서 가져오기 기능을 탐험했습니다. 가져오기 기능을 사용해서 내용이 아무것도 없는 비어 있는 파일을 가져오는 경우에, 프로세스가 종료되는 것을 발견했습니다. 일괄 작업 도중에 이 문제가 발생하면 나머지 파일들에 대해서는 가져오기 기능이 실행되지 않는 것을 확인했습니다. 그래서 이 문제에 대한 버그 보고서를 이미 제출했습니다. 오늘도 계속해서 주어진 형식을 따르지 않는 데이터를 가지고 탐험을 계속 진행할 계획입니다. 아마도 이 문제와 관련 있는 다른 문제들이 더 있을 것 같습니다. 하지만 계속 탐험을 진행하기 전에, 이와 관련된 버그들을 더 찾아내는 것이 팀에 도움이 되는지 알고 싶습니다."

의사 결정자들에게 보고하기

아주 중요한 의사 결정 순간에는, 아마도 핵심 의사 결정자들에게 보고하는 것이 필요할 것이다. 보고할 때는 다음과 같이 조금은 어려운 질문들에 답변을 주어야 한다. 소프트웨어가 실제 서비스를 시작할 준비가 되어 있는가, 아니면 서비스를 시작하기 전에 해야 할 것들이 더 남아 있는가? 소프트웨어가 우리의 품질 기준들을 만족하는가? 자동화된 테스트가 충분히 넓은 영역을 다루고 있는가, 아니면 테스트 자동화 영역을 더 넓힐 필요가 있는가? 소프트웨어가 베타 테스트에 들어갈 수 있을 정도로 충분히 안정적인가?

    대체적으로 이해관계자들은 간결하고 짧은 것을 높이 평가한다. 그들은 산만하고 두서없는 이야기를 들으면서 앉아 있을 만큼 참을성이 없다. 그래서 소프트웨어의 현재 상태에 대해 간결하게 핵심이 되는 현재 기능들, 제약 사항들, 위험 요소들만 뽑아서 보고할 수 있도록 준비해야 한다. 보고하면서 다음의 것들을 대해서도 빼놓지 않고 이야기해야 한다.

- 지금까지 탐험한 것이 무엇인가?
- 그래서 찾아낸 것이 무엇인가?
- 더 탐험해야 하는 남아 있는 것들은 무엇인가? 다시 말해, 아직도 모르는 것들은 무엇인가?

이 세 가지 질문을 탐험의 결과를 짧고 간결하게 요약해 주는 템플릿으로 사용할 수 있다.

첫 번째 질문인 지금까지 탐험한 것이 무엇인가라는 질문에 대답할 때는, 탐험했던 영역이나 차터에 대한 개괄적인 견해를 이야기하고, 또한 얼마나 깊게 탐험했는지도 대략적으로나마 언급하는 것이 좋다. 예를 들어 다음과 같이 대답할 수 있다. "우선 중요한 기능을 담당하는 부분들과 새로운 인증 체계와 이 인증을 포함하고 있는 각 기능이 서로 어떻게 동작하고 있는지를 탐험했습니다. 대부분의 시간을 웹 인터페이스에 초점을 맞추어서 탐험을 진행했고, API에 대해서는 아직 거의 신경을 쓰지 못했습니다."

두 번째 질문인 탐험을 하면서 찾아낸 것들에 대해 이야기할 때는, 매우 중요한 버그에 대해 언급할 뿐 아니라, 기대했던 동작들과 관련해서 알아낸 것들에 대해서도 이야기하는 것이 좋다. 예를 들어, "시스템이 새로운 인증 체계를 사용함에 있어서 어떠한 큰 차이점도 발견할 수가 없었습니다. 지난번에 세션이 제대로 만료되지 않아서 발생하는 심각한 버그 두 개를 보고했는데, 이미 수정한 것을 확인했습니다."

마지막 질문과 관련해서는, 앞으로 더 탐험해야 하는 남아 있는 부분들과 그 부분에서 발생 가능한 위험 요소들에 대해 명확하게 이야기해야 한다. 어느 부분에서 정보가 부족한지 이해관계자들에게 확실하게 이야기하는 것이, 이해관계자들이 내리는 결정에 차이를 만들어 내기도 한다. 예를 들어, "지금까지 API보다는 웹 인터페이스에 초점을 맞추어서 탐험했기 때문에, API 영역에 대한 탐험이 많이 부족합니다. 특히나, 웹 인터페이스에서 세션 만료와 관련 있는 문제가 발생했기 때문에, API 영역에서도 세션 만료와 관련 있는 동일한 문제가 발생할 가능성이 높습니다."

논의를 하는 동안에도, 외부로부터 확인 가능한 사실들에 대해서도 초점을 맞추어야 한다는 것을 꼭 기억하자. 의사 결정자들이 결정을 내릴 수 있도록 도와주는 조언자이기는 하지만, 결론으로 자기 판단을 이야기하는 것에는 매우 신중해야 한다. "아직 출시할 준비가 되어 있지 않습니다"라는 말과 "탐험하는 동안 출시에 영향을 미칠 수 있는 중요한 결함인 ~들을 발견했습니다"라는 말에는 하늘과 땅만큼의 차이가 있다. 전자는 결론, 즉 판단을 포함하고 있다. 반면에 후자는 결론을 이끌어내려고 사용하는 정보다. 의사 결정자들은 우리가 찾아낸 근거들에 대해 알아야 할 필요가 있다. 이 근거들을 가지고 그들 자신만의 결론에 도달해야 하기 때문이다.

  탐험을 통해 찾아낸 문제들을 보고할 때, 이해관계자들의 반응에 주의를 기울이자. 이해관계자들이 가장 중요하게 생각하는 문제가 무엇인지 찾을 수 있는 단서를 발견하기 위해, 이해관계자들의 의견을 귀 기울여 들어보면, 그들이 어떤 종류의 정보에 가치를 두고 있는지 알 수 있다. 찾아낸 버그를 보고하는데, 이해관계자들이 "와! 어떻게 이렇게 유용한 정보를 찾아냈어요!"라고 반응한다면, 그들이 이런 종류의 정보들에 더 가치를 두고 좋아한다는 의미로 받아들일 수 있다. 반대로, "별로 놀라운 정보는 아니네요. 지금 생각하는 그런 방법으로는 해결책을 찾기 어려울 것 같네요"라는 반응을 보인다면, 지금 보고한 정보에 가치를 두고 있지 않을 뿐 아니라, 보고를 하고 있는 탐험가와 보고를 받고 있는 이해관계자 모두의 시간을 낭비하고 있다고 느낄 가능성이 크다.

  물론 그런 종류의 위험 요소를 찾지 않는 것이 일을 게을리하는 것이라고 생각한다면, 당연히 꼭 빼놓지 말고 이야기해야 한다. 더불어서 왜 이런 종류의 위험 요소를 중요하게 생각하는지 그 이유도 자세하게 설명해야 한다. 이런 종류의 위험 요소를 무시한다면 어떤 결과가 발생하는지도 설명하자. 구체적이면서도 실제적인 용어들을 사용해서 설명해야 한다는 것도 잊지 말자.

13.7 유용한 지식들을 정리해서 공유하기

탐험을 하면서 시스템 동작과 관련된 정보뿐 아니라 다른 유용한 정보들도 얻을 수 있다는 것은 너무나도 당연하다. 하지만 대부분의 경우 시스템 동작과 관련이 없는 정보들은 그냥 노트북에 저장만 되고 공유되지 못한 채 묻혀버리는 경우가 많다.

한 프로젝트에서 사용자 화면에는 보이지 않는 시스템 데이터를 확인하기 위해, 그래픽 사용자 인터페이스가 없는 커맨드 라인 SQL 인터프리터를 사용해 데이터베이스에서 데이터를 가져온 적이 있다. 사실 데이터베이스에서 어떻게 하면 내가 원하는 데이터를 가져올 수 있는지, 그 방법을 찾기 위해 동료 개발자들에게 수많은 질문을 해야만 했다. 심지어 어떤 정보를 가져오기 위해서는 두세 시간 동안 시행착오를 반복해야 했고, 그런 후에야 원하는 것을 얻을 수 있었다. 하지만 나는 내가 이 프로젝트에 합류한 지 얼마 되지 않았기 때문에, 이렇게 고생한 후에 유용하고 도움이 되는 정보를 얻을 수 있다는 것을 당연하게 생각했다. 얼마 후에야 나를 제외한 프로젝트의 모든 팀원이 화면에는 보이지 않은 시스템 데이터들이 어떻게 변하는지 확인하기 위해 데이터베이스를 자세히 들여다보는 방법을 이미 모두 알고 있었다는 사실을 알게 되었다.

일주일 정도 후에 개발자 중 한 명(사실 지난주에 내가 여러 질문을 던졌던 바로 그 개발자들 중 한 명이다)이 내가 했던 것과 동일한 일을 하려고 애쓰고 있는 것을 발견하고는 놀라움을 감출 수가 없었다. 그 개발자는 데이터베이스에 접근하여 데이터베이스를 사용하는 몇 가지 기술과 지식 중 일부는 알고 있었지만, 내가 시행착오를 반복해서 알아낸 모든 것을 알고 있지는 못했던 것이다.

내가 데이터베이스 쿼리를 이용해서 데이터베이스에서 원하는 데이터를 가져왔던 방법을 정리해서 팀 위키 사이트에 올려 공유했다면, 아마도 그 개발자는 많은 시간을 절약할 수 있었을 것이다. 그 개발자가 필요로 하는 것이 무엇인지 확실해지자마자, 그 개발자가 필요로 했던 바로 그것을 보여줄 수 있었다. 이번에는 이 정보가 다음에 참조될 수 있도록, 내가 했던 것을 그대로 정리해서 팀 위키를 통해 공유했다.

탐험가들이 찾아내는 가장 가치 있는 정보 중 하나가 효과적으로 탐험을 할 수 있는 방법이다. 다른 팀원들이 사용할 수 있도록 내가 발견한 효과적으로 탐험하는 방법들을 찾아내고 정리해서 공유하는 시간을 갖도록 하자.

13.8 실제 적용을 위한 조언

보고하는 것도 연습이 필요하다. 회사에 출근해서 엘리베이터를 타려고 하는데, 사장님을 만나서 단둘이 함께 엘리베이터를 탔다고 상상해 보자. 사장님이 아마도 "안녕하세요. 요즘에는 어떤 일을 하고 있어요?"라고 물어볼 것이다. 엘리베이터는 2층까지만 운행한다. 즉, 사장님에게 솔직하고 균형 있는 보고를 하기에는 60초의 시간밖에 없다. 과연 무슨 이야기를 할 수 있을까?

다른 사람들은 모르는 무엇인가를 찾아서 정리한 후에 적어보자. 아마도 테스트 환경의 중요한 일부분을 설정하는 방법을 알고 있을 수도 있다. 어쩌면 실제 사용되는 데이터와 비슷한 데이터를 만들어 내는 방법을 알고 있을 수도 있다. 또는 탐험에 필요한 실질적인 데이터를 만들어주는 스크립트처럼 간단한 것일 수도 있다. 무엇이 되었든 간에, 같은 팀에 속해 있는 다른 팀원들이 가치가 있다고 인정하는, 나만이 알고 있는 무엇인가가 있을 것이다. 정말 유용한 지식들이 무엇인지 알아내서, 모든 팀원이 함께 사용하고 있는 정보 저장소 information repository에 올려 공유해 보자.

마지막으로, 팀원 한두 명과 함께 '1.4 실제 적용을 위한 조언'을 다시 한 번 살펴보자. 내 테스트 전략이 어떤 질문들에 대한 답변이 될 수 있는지 다시 한 번 잘 생각해 보자. 그리고 그런 질문들에 더 효과적으로 답변해 주는 전체 프로세스에, 어떻게 조금이라도 더 일찍, 그리고 더 많은 탐험을 적용할 수 있을지도 고민해 보자.

부록 1

탐험적 테스팅 기법 면접하기

채용 담당자로서 수백 명의 테스터를 면접하고 그중에서 십여 명만 채용했던 적이 있다.

테스터들을 면접하고 채용하는 일은 항상 흥미롭지만 매우 어려운 일이다. 테스터가 해야 하는 일은 실질적으로 눈에 보이거나 매우 구체적인 그런 일이 아니다. 물론 테스터가 작성한 버그 보고서나 테스트 스크립트 같은 것들은 눈에도 보이고 매우 구체적일 수도 있다. 하지만 이런 문서나 산출물들이 테스터가 실제 테스트를 얼마나 잘 수행하는지에 대해서는 그리 많은 것을 알려주지는 않는다. 그런대로 괜찮은 테스터와 훌륭한 테스터 사이의 차이점은 소프트웨어와 시스템을 연구하고 분석할 때 그들이 어떤 접근 방법을 가지고 있는지를 보면 알 수 있다.

지원자들의 테스트 기술을 평가하는 최고의 방법은 그들에게 무엇인가 실제로 테스트할 것을 맡겨서 직접 테스트를 진행하도록 하는 것임을 알게 되었다. 일리가 있다고 생각하지 않는가? 지원자들에게 내가 그들을 채용한 후에 맡기려는 일을 잘할 수 있는지 실제로 보여달라고 하는 것은 아주 오래전부터 사용되고 있는 면접 방법이다.

나는 거기에서 한 걸음 더 나아가서, 면접을 아주 특별한 차터를 가지고 진행하는 탐험적 세션으로 생각하기로 했다.

> 지원자가 유능한 탐험가가
> 될 수 있는지를 확인하기 위해
> 지원자와 함께
> 시스템으로 탐험을 떠나자!

여기에서 소개하는 면접 방법은 내가 테스터를 채용하면서 만들어서 사용했지만, 탐험할 수 있는 능력이 아주 큰 도움이 되는 프로그래머, 제품 관리자 같은 다른 분야의 인재를 채용할 때도 이 면접 방법을 활용할 수 있다.

A1.1 면접에서 '짝 탐험적 테스팅' 진행하기

면접의 목표는 지원자가 효율적으로 탐험을 진행할 수 있는지 평가하는 것이다.

1. 지원자가 시스템에서 취약점과 예상하지 못했던 것들을 찾아내기 위해 체계적으로 탐험할 수 있는가?
2. 지원자가 찾아낸 것들에 대해 효율적으로 의사소통을 할 수 있는가?
3. 지원자가 이미 찾아낸 정보들을 피드백을 기반으로 조정하는가?

효과적인 탐험적 면접 세션을 구성하기 위해 다음과 같은 단계들을 진행하자.

준비하기

가능하다면, 직접 지원자를 만나서 면접을 진행하는 것이 가장 좋은 방법이다. 직접 만나서 면접을 진행하면, 지원자가 편안한 마음으로 면접에 임하고 있는지를 쉽게 알아차릴 수 있다. 지원자가 자신의 실력을 충분히 발휘할 수 있도록 만들어 주는 것이 중요하므로, 지원자가 무엇인가 불편해 보인다면 지원자에게 약간의 휴식 시간을 주는 것도 좋은 방법이다.

테스트할 무엇인가를 선택하자. 실제로 출시된 소프트웨어를 사용할 수도 있고, 실제로는 사용되지 않는 데모 시스템을 사용할 수도 있다. 무엇을 선택하든지 상관은 없지만, 지원자가 채용이 된다면 실제로 탐험해야 하는 것과 관련 있는 무엇인가를 선택해야 한다. 지원자가 실제로 채용된다면 웹 애플리케이션을 탐험해야 하는데, 지원자에게 휴대용 기기를 탐험해 보라고 한다면 지원자가 웹 애플리케이션을 얼마나 잘 탐험할 수 있는지에 대해 많은 것을 알아내기가 불가능하다.

지원자가 어떤 탐험을 보여줄지 기대하며 "자, 45분에서 한 시간 정도 함께 탐험을 떠나도록 하죠"라고 이야기하며 시작하자.

시작하기

우선은 직접 키보드 앞에 앉자. 면접 주최자로서 지원자가 제어권을 요구할 때까지 탐험을 이끌어 나가면 된다.

지원자에게 "제가 먼저 탐험을 진행할 테니, ○○○ 씨는 우선 시스템에 대해 생각하는 데 집중하면 됩니다. ○○○ 씨가 원할 때 언제든지 말씀하시면 키보드 제어권을 넘겨드리겠습니다. 필요할 때 이야기해주세요"라고 이야기하자.

지원자와 함께 차터를 수립하자. 보통 다음과 같은 정찰 차터로 시작하는 것도 좋은 방법이다. "시스템이 어떻게 동작하는지 알아보기 위해 시스템 안으로 탐험을 떠나자."

지원자가 무엇인가를 제안하거나 궁금한 부분에 대해 질문하는 것으로 시작하도록 분위기를 이끌어 나가자.

뛰어난 지원자들은 아마도 다음과 같이 날카로운 질문들을 할 것이다. "이 부분은 무엇인가요? 이 부분은 어떻게 동작하죠? 이 부분과 저 부분은 어떻게 상호 연동하며 동작하죠? 만약 우리가 ~한다면 어떤 일이 발생하나요? 어떻게 하면 ~할 수 있나요?"

지원자 관찰하기

시스템을 탐험하면서 지원자가 의견을 이야기할 때, 지원자의 사고 패턴을 주의해서 살펴보자. 지원자가 확실한 근거를 기반으로 정보를 찾고 있는가? 지원자가 그들의 행동을 이끌어 내고 결정하기 위해 테스트 휴리스틱이나 테스트 설계 기술을 사용하고 있는가? 지원자가 특정한 형태의 버그를 찾아내기 위해 에러에 대한 가설을 세우고 탐험하고 있는가? 지원자들이 차터를 벗어나지 않고 있는가?

탐험을 하면서 지원자들이 원하는 곳이라면 어디든지 탐험할 수 있도록 재량권을 주자. 면접관이 탐험을 이끌어 나가면, 지원자가 홀로 탐험을 해야 할 때 어떤 결정을 내릴지 알 수가 없다.

보고받기

15분 정도 시간이 지나거나 지원자가 소프트웨어가 어떻게 동작하는지 파악을 마칠 때까지, 탐험을 계속 진행하자.

자, 이제 탐험을 잠깐 멈춰보자. 키보드에서 손을 떼고 지원자와 눈을 마주치며 "자, 이제 잠시 우리의 탐험을 멈추고, 지금까지 탐험을 통해 알게 된 것이 무엇인지 이야기를 나누어 봅시다"라고 이야기하자.

그런 후에 "지금까지 탐험을 기반으로 이 시스템에 대해 나에게 이야기해줄 만한 무엇인가를 발견했나요? 지금까지 살펴본 것들 중에서 흥미로운 것은 무엇이고 놀랄 만한 것은 무엇인가요?"라는 질문을 이어서 해 보자.

지원자의 답변을 주의 깊게 듣자. 이 답변은 지원자가 어떻게 효율적으로 의사소통을 하는지에 대해 많은 정보를 제공하고, 거기에 더불어 지원자가 무엇을 중요하게 생각하는지에 대해서도 많은 것을 알 수 있게 해 준다.

이 답변을 통해 얻고자 하는 목표는 버그를 찾는 것이 아니고, 또한 지원자도 자신이 테스트를 하고 있는 시스템이 어떻게 동작하는지에 대해 아마도 잘 알지는 못한다는 점을 기억하자. 따라서 이런 경우에는 지원자가 버그를 하나도 찾아내지 못해도 상관없다. 또는 발생 가능한 버그들을 아주 많이 찾아냈다고 해도 상관없다. 지금 상황에서는 버그가 중요한 것이 아니다.

이쯤 되면 아마도 면접을 여기에서 그만해야 하는지, 아니면 계속 더 진행해야 하는지 판단하기에는 충분할 것이다. 지원자가 이 정도에서 갈 길을 잃고 헤맨다면, 더 탐험을 한다 해도 면접관이 원하는 탐험으로 지원자가 다시 돌아올 수 있도록 도움을 주는 것은 아주 어려운 일이다.

조정하기

지원자가 여기까지 잘 따라왔다면, 또 다른 작은 세션을 진행해 보자. 이 작은 세션에서는 지원자가 시스템을 조사해서 특정한 형태의 정보를 찾을 수 있는지 없는지 확인할 수 있도록 만들어진 다른 차터를 골라서 활용하자.

예를 들어, 상태와 전이가 주로 발생하는 시스템을 탐험하고 있다면, 인터럽트나 타이밍과 관련 있는 취약점을 찾아주는 차터를 선택하는 것이 좋다. 주로 데이터를 다루는 시스템을 탐험한다면, 유효하지 않은 입력값과 관련 있는 취약점을 찾아주는 차터를 선택하자. 또는 그래픽 화면을 보여주는 시스템이라면, 렌더링과 관련 있는 문제들을 찾아낼 수 있는 차터를 선택할 수 있다.

무엇을 선택하든지 간에 무엇인가 구체적이고, 지원자가 채용되었을 때 실제로 담당하게 될 탐험들을 대표할 수 있는 것을 선택해야 한다.

지원자가 탐험을 계속 진행하도록 요청하면서, 지원자에게 제어권을 넘겨주자. 지원자가 탐험을 이끌어 나가면서 생각하는 것들을 모두 말로 이야기해 달라고 요청하자.

자, 이제 지원자가 탐험을 이끌어 나갈 때, 다음과 같은 세 가지 역량이 있는지 유심히 살펴보자. (1)체계적으로 탐험할 수 있는 능력 (2)탐험하면서 찾아낸 것들을 명확하고 논리 정연하게 표현할 수 있는 능력 (3) 요구하는 정보를 찾는 데 집중할 수 있는 능력.

아마도 두 번째 보고 또한 첫 번째 보고와 크게 다르지 않을 것이다. 지원자에게 지금까지 발견한 시스템의 기능들과 제약 사항들에 대해 물어보자.

아울러, 지원자에게 "계속해서 세 번째 세션을 진행하게 된다면, 무엇을 더 조사하고 싶은가요? 그리고 그 이유는 무엇인가요?"라고 질문해 보자. 이 질문에 대한 답변을 통해 지원자가 자신만의 탐험을 스스로 이끌어 나갈 수 있는 능력이 있는지 확인할 수 있을 것이다.

A1.2 지원자 평가하기

지원자가 호기심을 보이면서 좋은 질문을 던지고, 분석적이고 비판적 사고 능력을 발휘하면서 탐험 중에 찾아낸 것들을 명확하게 표현한다면, 아주 훌륭한 지원자가 찾아온 것이다. 이 지원자가 실제 프로젝트에 바로 참여할 수 있을 정도로 기술적 능력도 있는 상황이라면, 더할 나위 없이 좋은 기회다. 하지만 기술적 능력이 조금은 부족하더라도 호기심을 표현하고 습득 능력이 빠른 지원자라면, 프로젝트를 상세하게 이해하고 프로젝트에 적응하는 데 그리 긴 시간이 필요하지 않다는 사실도 기억하자.

부록 2

테스트 휴리스틱 치트 시트

부록 2에서는 이 책 여기저기에 흩어져 있는 모든 테스트 설계 휴리스틱을 모아 정리했다. 또한 이 책에서는 다루지 않았지만 더 깊은 곳으로 탐험을 떠날 때 유용하게 사용할 수 있는 휴리스틱들도 포함시켜서 함께 정리했다.

A2.1 일반적인 휴리스틱

여기에서 소개하는 휴리스틱들은 어떤 종류의 인터페이스를 가진 시스템이든지 상관없이 언제든지 적용할 수 있다.

추상화
모델에서 상세한 부분들을 없애보자. 상세하고 세세한 부분들을 없애서 단순화함으로써 모델이 상세한 것들보다는 개념과 구상에 더 집중할 수 있다.

예를 들어, 인터렉션 다이어그램interaction diagram의 경우 일련의 호출들에 대해 자세하게 모두 나열하는 대신 모든 호출을 대표할 수 있는 근본적인 상호 작용을 의미하는 하나의 이름으로 대체할 수 있다. 이메일 클라이언트 프로그램을 작성 중이라면, 이메일을 보내기 위해 서버와 연결하고, 인증하고, 데이터를 전송하는 일련의 단계를 밟아야 한다. 모델에서는 이 모든 단계 각각에 대해 언급하는 대신, 모든 클라이언트/서버 상호 작용을 간단히 '이메일 보내기'라고 이름 붙임으로써, 자세한 내용을 모두 언급하지 않아도 되고 더불어 추상화의 단계도 올릴 수 있다.

결코 일어나지 않거나 항상 일어나는 것

은행 계좌 잔액처럼 소프트웨어가 항상 입금과 출금 정보를 기반으로 정확하게 계산해서 항상 정확한 금액을 가지고 있어야 하는 것이나 사용자 데이터 삭제 같이 소프트웨어에서 결코 일어나서는 안 되는 것들을 의미한다. 시스템에서 결코 일어나서는 안 되는 것들이나 항상 지켜져야 하는 것들을 찾아내려면, 그 분야의 전문가 그리고 비즈니스 이해관계자들과 많은 이야기를 나누어야 한다.

처음, 중간, 끝

구성 요소의 위치를 바꾸어보자. 순서가 있는 여러 구성 요소를 가지는 경우에 각 요소의 순서를 바꾸거나, 특정 요소의 위치를 바꾸어서 실행해볼 수 있다. 이 휴리스틱을 적용한 예제는 다음과 같다.

- 목록의 처음, 중간 또는 끝에 있는 항목을 삭제해 보자.
- 한 라인의 처음, 중간, 끝에 복사한 다른 텍스트를 붙여넣기해 보자.
- 하나의 값의 처음, 중간 또는 끝에 특수 문자를 위치시켜 보자.
- 배열의 처음, 중간 또는 끝에서 특정 기능을 실행해 보자.

위치가 변경되었을 때 어떤 차이가 발생하는지, 나타나는 징후들을 유심히 살펴보자. 또한 끝 부분에 추가된 데이터가 잘려서 없어지거나, 처음이나 중간에 추가된 데이터로 인해 다른 내용이 잘리는 경우 같은 오동작을 주의를 집중해서 살펴보자.

한곳으로 집중시키기

만약 어떤 것들이 개별적인 저장소 여기저기에 흩어져 있거나, 세분화되어 있거나, 나뉘어 구성되어 있다면, 모든 것을 한곳으로 모아서 관리해 보자. 예를 들어 다음과 같다.

- 여러 항목이 여러 폴더에 나뉘어 관리되는 소프트웨어의 경우: 여러 폴더에서 따로 관리되는 모든 항목과 모든 폴더를 모아서, 한 개의 폴더나 하나의 하위 폴더만을 가지는 폴더로 옮겨보자.
- 여러 계정이 각 항목에 대한 소유권을 가지고 있고, 이 소유권이 이전될 수 있는 소프트웨어의 경우: 여러 계정에 나뉘어 관리되는 수많은 항목의 소유권을 하나의 계정으로 이전해서 관리해 보자.

모델 변경하기

테스트하고 있는 시스템을 표현하고 있는 모델을 다른 표현 방법을 가지는 다른 모델로 바꾸어 보자. 예를 들어 다음과 같다.

- 원과 화살표를 가지고 상태와 전이를 표현해주는 상태 다이어그램을 열에서는 상태를, 행에서는 이벤트를, 해당하는 셀에서는 결과 상태를 보여주는 테이블로 바꾸어 보자.
- 선형 구조를 마인드맵mindmap으로, 또는 마인드맵을 선형 구조로 바꾸어 보자.

CRUD

생성하기Create, 읽기Read, 변경하기Update, 삭제하기Delete, 이것들은 시스템에 있는 어떤 데이터 요소든지 상관없이 모두 가지고 있는 기본적인 동작이다. 다른 휴리스틱들과 함께 'CRUD 휴리스틱'을 사용하자. 예를 들어 다음과 같다.

- '처음, 중간, 끝 휴리스틱'과 함께 사용하는 경우: 목록의 처음, 목록의 중간, 목록의 끝에 요소를 생성해 보자.
- '골디락스 휴리스틱'과 함께 사용하는 경우: 아주 작은 값, 아주 큰 값, 적당한 값으로 요소들을 변경해 보자.
- '0, 1, 다수 휴리스틱'과 함께 사용하는 경우: 하위 데이터가 하나도 없거나, 한 개만 가지고 있거나, 여러 개를 가지고 있는 아이템을 삭제해 보자.

분산시키기

모든 것이 한곳에 모여 있다면, 그것들을 개별적인 저장소로 분산하거나, 세분화하거나, 나누어 구성하자. 또한 이렇게 분산된 시스템들은 서로 연결되어야 한다. 예를 들어 다음과 같다.

- 여러 항목이 폴더로 구성될 수 있는 소프트웨어의 경우: 각 폴더가 몇 개의 항목만을 가지게 하고, 이런 폴더를 여러 개 만들어 보자.
- 분산 환경에서도 실행될 수 있도록 설정이 가능한 소프트웨어의 경우: 소프트웨어의 여러 부분을 한 컴퓨터가 아닌 여러 컴퓨터로 나누어서 위치시키고, 서브넷이나 방화벽을 가지고 있는 다른 시스템과도 분리될 수 있도록 시스템을 설정해 보자.

데이터 따라가기

각 단계에서 데이터를 가져와서 데이터 무결성을 확인하기 위한 일련의 기능을 수행해 보자. 이 휴리스틱은 사용자가 입력하기, 검색하기, 보고하기, 가져오기, 내보내기, 변경하기, 확인하기 같이 데이터와 관련된 기능을 수행할 수 있는 시스템이라면 어떤 시스템이든지 상관없이 적용할 수 있다. 이 휴리스틱은 데이터와 관련 있는 다른 휴리스틱과 함께 결합해서 사용할 때 특히 더 유용하다. 예를 들어 다음과 같다.

- SQL 인젝션 공격이나 자바스크립트 인젝션 공격을 포함해서 데이터에 특수 문자가 포함되어 있는 경우: 데이터를 저장한 후에 검색을 통해 확인해 보자. 문제가 되는 데이터를 포함하는 보고서를 만들고 원하는 형식으로 저장해 보자.
- 특정 영역에 해당하는 규칙들을 위반하는 데이터를 만들어서 가져오기를 실행해 보자. 때로는 규칙에 어긋나는 데이터를 미리 확인하는 부분이, 시스템에서 직접 입력하는 부분에는 존재하지만, 일괄 가져오기 기능에는 이 부분이 빠져 있는 경우도 있다.
- '0, 1, 다수 휴리스틱'과 함께 사용하는 경우: 하위 데이터가 하나도 없거나, 하위 데이터가 한 개만 있거나, 여러 개의 하위 데이터를 가지고 있는 개체들을 포함하는 데이터들을 사용하여 보고서 기능이나 내보내기 기능 같은 데이터 중심의 기능들을 실행해 보자.

골디락스 Goldilocks[1]

아주 큰 것, 아주 작은 것, 또는 적당한 것, 날짜, 숫자 값, 문자열이나 텍스트 길이, 파일 크기 같이 유효 범위를 가지는 경우라면 언제든지 적용할 수 있다. 다음과 같은 상황을 주의해서 살펴보자.

- 스택 트레이스 stack trace가 함께 나오는 처리되지 않은 예외나 알 수 없는 에러 코드 같이, 도움이 되지 않는 에러 메시지인 경우

---

1 (옮긴이) 뜨겁지도 차갑지도 않은 호황을 의미하는 경제학 용어다(출처: 위키백과)

- 알지 못하는 사이에 크기가 큰 데이터가 잘려서 없어지는 경우
- 아무런 에러 메시지 없이 데이터를 저장하는 데 실패하는 경우

인터럽트

시스템에서 로그오프하기, 컴퓨터 종료하기, 컴퓨터 재시작하기, 운영 체제에서 프로세스 종료하기, 컴퓨터가 연결되어 있는 네트워크 연결 끊기, 컴퓨터 강제로 최대 절전 모드hibernation로 변경하기, 세션이 종료되도록 그냥 놔두기, 기능이 실행되는 중에 취소해 보기 등과 같이, 실행 중인 프로세스를 인터럽트하는 방법을 찾아보자. 다음과 같이 기능들이 제대로 동작하지 않는 경우를 주의 깊게 살펴보자.

- 스택 트레이스가 함께 나오는 처리되지 않은 예외나 알 수 없는 에러 코드 같이, 도움이 되지 않는 에러 메시지인 경우
- 프로세스를 다시 시작할 수 없는 경우
- 손실되거나 손상된 데이터를 복구하지 못하는 경우

리버스

기능들을 역순으로 실행하자. 실행했던 것들을 하나씩 실행취소undo 기능으로 취소해 보자. 마지막 단계로 건너뛴 후에 거꾸로 실행해 보기도 하자. 예를 들어 다음과 같다.

- 실행취소 기능을 지원하는 소프트웨어의 경우: 여러 기능을 다양하게 이것저것 실행한 후에, 실행했던 것들을 하나씩 실행취소해 보자.
- 이미 정의된 워크플로workflow를 가지는 소프트웨어의 경우: 우선 기본값들을 입력해서 워크플로의 마지막 단계까지 가 보자. 그런 후 뒤로 가기 버튼을 이용해서 각 단계의 화면으로 돌아간 후에, 입력했던 값

들을 변경해 보자.

일부, 없음, 모두

목록에 해당되는 항목들이 일부 있거나, 하나도 없거나, 모두 해당되는 경우다. '0, 1, 다수 휴리스틱'과 비슷하지만 권한 설정, 환경 설정, 태그, 다중 선택 필드, 체크 박스처럼 항목이나 속성의 목록이 이미 정의된 경우에 사용할 수 있다. 다음과 같은 경우들을 주의해서 살펴보자.

- 하나도 없는 경우에 모두 가진 것으로 간주하는 경우: 예를 들어, 시스템에 권한이 하나도 없는 사용자를 모든 권한을 가진 슈퍼 사용자로 간주하는 경우
- 0으로 나누는 에러divide-by-zero, 경곗값이 포함되느냐 포함되지 않으냐에 따라 발생하는 논리적인 에러off-by-one 같이 합계나 백분율 계산에서 발생하는 문제들
- 특히 하나도 해당되지 않거나 모두 해당될 때, 문제가 발생하는 경우
- 모두 해당될 때, 데이터가 잘려서 없어지는 경우

자원 고갈

프로그램이 실행되는 데 필요한 CPU, 메모리, 네트워크 대역폭, 디스크 공간 같은 자원이 충분하지 않아서 프로그램이 실행되지 못하는 경우다. 다음과 같은 상황들을 주의해서 살펴보자.

- 손실되거나 손상된 데이터를 복구하지 못하는 경우
- 스택 트레이스가 함께 나오는 처리되지 않은 예외나 알 수 없는 에러 코드 같이, 도움이 되지 않는 에러 메시지인 경우
- 예기치 않게 프로그램이나 세션이 종료되는 경우

극소수

무엇인가 셀 수 있는 것이 있을 때 적용할 수 있다. 소프트웨어가 필요로 하는 개수보다 더 적게 가지는 경우를 만들어 보자. 예를 들어, 목록을 만들기에는 항목 개수가 너무 적다거나, 또는 청구서를 만들기 위해 꼭 필요한 항목보다 더 적은 경우가 있다.

극대

무엇인가 셀 수 있는 것이 있을 때 적용할 수 있다. 사용 중인 세션이나 연결이 너무 많은 경우와 같이 무엇인가를 아주 많이 가지고 있는 경우를 만들어 보자.

실용적인 근삿값

특히 아주 까다롭고 복잡도가 높은 분야에서 사용되는 소프트웨어를 테스트하는 중이라면, 하나의 테스트에서 예상되는 결괏값이 무엇인지 정확하게 예측하는 것이 불가능할 것이다. 이러한 경우에 정확성을 판단하기 위해 근삿값을 사용할 수 있다. 결괏값이 주어진 범위 안에 존재하는 값인지 아닌지 확인하기 위해, 결과로 나올 수 있는 값들의 범위 안에 결괏값이 있는지 검토해 볼 수 있다. 또한 계산되어 나오는 값들이 증가하고 있는지 또는 감소하고 있는지 같은 고유한 특성에 대해 확인하는 것도 도움이 될 것이다.

데이터 형식이나 규칙 위반

소프트웨어는 기본적으로 규칙을 따르는 데이터가 입력되는 것을 기반으로 한다. 나이를 의미하는 데이터는 절대 마이너스가 되지 않는다. IP 주소 데이터는 항상 0에서 255 사이에 있는 숫자 네 개를 가지고 있다. 이메일 주소에서 사용자 이름은 @ 기호를 기준으로 도메인과 나뉘어 있다.

고객이 정의한 파일 형식은 자신만의 특별한 구조가 있다. 이러한 규칙을 따르지 않는 데이터로 테스트를 해서 소프트웨어가 형식에 어긋난 데이터를 어떻게 원활하게 처리하는지, 아니면 처리하지 못하는지 살펴보자.

0의 법칙

켐 카너의 0의 법칙에 따르면, 0이 있다면 무언가는 이 0으로 나누려고 시도한다는 것이다. 이 법칙은 소프트웨어에도 적용되는데, 소프트웨어가 무엇인가의 집합을 사용할 때 집합이 비어 있는 경우, 즉 0개의 요소를 가지는 집합을 제대로 처리하지 못하는 경우가 꽤 자주 발생한다.

0, 1, 다수

하나도 없거나, 한 개만 있거나, 여러 개가 있는 경우. 이렇게 셀 수 있는 것들에는 검색 결과, 문자열에서 문자, 데이터 스트림data stream에서 바이트, 계층 구조에서 하위 계층, 파일 개수, 파일의 행 수, 계정, 로그에서 활동 기록, 특정 분야에서 사용되는 객체나 속성 같은 것들이 있다. 다음과 같은 문제들이 있는 경우에 주의해서 살펴보자.

- 단수, 복수 형식이 일치하지 않는 문제들. 예를 들어, "0개의 레코드를 찾았습니다." 또는 "1개의 레코드들을 찾았습니다." 같은 경우
- 0으로 나누는 에러, 경곗값이 포함되느냐 포함되지 않으냐에 따라 발생하는 논리적인 에러 같이, 합계나 백분율 계산에서 발생하는 문제들
- 무언가의 개수가 증가함에 따라서 성능 관련 문제의 징조

줌

필요하다면 시야를 좁혀서 구체적인 세부 사항들에 초점을 맞춰보자.
　예를 들어, 상태 모델이 있다면, 이 상태 모델에서 이벤트를 하나 찾아

낸 후에, 소프트웨어가 한 상태에서 다른 상태로 전이할 때 밟는 단계들을 세세하게 나누어서 하위 상태들을 찾아낼 수 있다. 실제 예제로, 사용자가 항목을 생성하고 변경할 수 있는 소프트웨어에서, '저장하기'라는 이벤트를 찾아내서 살펴보면, '데이터 전송하기', '데이터 유효성 검사하기', '응답하기' 같이 조금 더 세세한 여러 단계로 나눌 수 있다. 이렇게 찾아낸 각각의 세세한 여러 단계도 그 단계 사이의 전이를 일으키는 이벤트를 가지는 상태들이라고 볼 수 있다.

A2.2 웹 휴리스틱

다음은 특별히 웹 기반 애플리케이션에 적용할 수 있는 휴리스틱이다.

뒤로 가기, 앞으로 가기, 히스토리

사용자들은 브라우저에 있는 '뒤로 가기' 버튼이나 '앞으로 가기' 버튼을 이용하거나 히스토리 기능을 사용해서, 웹 애플리케이션을 다양한 방법으로 사용할 수 있다. 하지만 리치 웹 애플리케이션rich web application들은 이 히스토리 기능을 제대로 지원하지 못하는 경우가 많다. 다음과 같은 상황들에 주의를 기울여 보자.

- 서버로 다시 보내진다는 POST 데이터에 대한 경고
- 동일한 트랜잭션 중복해서 실행하기
- 404 에러
- 데이터의 일부분만 보여주는 페이지
- 찾을 수 없는 이미지나 페이지에 대한 링크를 포함하는 에러들

북마크하기

사용자들은 모든 종류의 페이지를 모두 다 북마크한다. 심지어 설계할 때부터 북마크 기능을 지원하지 않는 페이지들도 북마크하려고 한다. 특히, 물건을 구매하려고 할 때 나오는 '결제하기' 페이지 같이, 일련의 단계들 사이에 보이는 페이지도 북마크하려고 시도한다. 비슷한 문제들이 뒤로 가기, 앞으로 가기, 히스토리 휴리스틱에서 발생하지는 않는지도 살펴보자.

참고 문헌

[Bei90]　Boris Beizer. 『Software Testing Techniques』. Van Nostrand Reinhold, New York, New York, 1990년.

[Coh05]　Mike Cohn. 『Agile Estimating and Planning』. Prentice Hall, Englewood Cliffs, NJ, 2005년.(『불확실성과 화해하는 프로젝트 추정과 계획』, 이병준 옮김, 인사이트 펴냄, 2008년)

[Coo99]　Alan Cooper. 『The Inmates Are Running the Asylum』. Sams Publishing, Indianapolis, IN, 1999년.(『정신병원에서 뛰쳐나온 디자인』, 이구형 옮김, 안그라픽스 펴냄, 2004년)

[Cop04]　Lee Copeland. 『A Practitioner's Guide to Software Test Design』. Artech House, Boston, Massachusetts, 2004년.

[Fey97]　Richard Feynman. 『Surely You're Joking, Mr. Feynman!』. W. W. Norton & Company, New York, NY, 1997년.(『파인만 씨 농담도 잘하시네』, 김희봉 옮김, 사이언스북스 펴냄, 2000년)

[KBP02]　Cem Kaner, James Bach, and Bret Pettichord. 『Lessons Learned in Software Testing: A Context-Driven Approach』. John Wiley & Sons, New York, NY, 2002년.(『소프트웨어 테스팅 법칙 293가지』, 이주호 옮김, 정보문화사 펴냄, 2004년)

[Kan88] Cem Kaner. 『Testing Computer Software, First Edition』. Tab Books, Blue Ridge Summit, PA, 1988년.

[Lev95] Nancy Leveson. 『Safeware』. Addison-Wesley Professional, Boston, MA, 1995년.

[Mye79] Glenford J. Myers. 『The Art of Software Testing』. John Wiley & Sons, New York, NY, 1979년.(『소프트웨어 테스팅의 정석』, 이공선·권원일 옮김, 에이콘출판 펴냄, 2012년)

[Sla89] Robert Slater. 『Portraits in Silicon』. MIT Press, Cambridge, MA, 1989년.

[Wir02] Rebecca Wirfs-Brock. 『Object Design: Roles, Responsibilities, and Collaborations』. Addison-Wesley Professional, Boston, MA, 2002년.(『오브젝트 디자인』, 김동혁 외 옮김, 인포북 펴냄, 2004년)

찾아보기

숫자
0, 1, 다수 휴리스틱 259
0의 법칙 휴리스틱 259

A-Z
API, 테스팅 60, 162-167
CI(지속적 통합) 223
CRUD(생성, 읽기, 변경, 삭제) 휴리스틱 116-121, 253-254
ERD(개체 관계 다이어그램) 114-116
GML(갤럭틱 모델링 언어) 145
HIPAA(건강 보험 이전 및 책임법) 88
OWASP(오픈 웹 애플리케이션 보안 프로젝트) 가이드라인 89
TDD(테스트 주도 개발) 222
URL 파라미터 변수 예제 60-62
W3C 표준 89
XML 웹 서비스 예제 170-173
XP(익스트림 프로그래밍) 220-224

ㄱ
간접적으로만 접근이 가능한 변수 62
개체 111-122
　　CRUD 휴리스틱 116-121
　　관계 114-116
　　데이터 따라가기 휴리스틱 121-122
　　속성 111-114
개체 사이의 관계 114-116

개체의 속성 111-114
갤럭틱 모델링 언어(GML) 145
건강 보험 이전 및 책임법(HIPAA) 88
결과의 정확성, 판단 81-95
결제 시스템 예제 186
결코 일어나지 않아야 하는 규칙 82-86
결코 일어나지 않거나 항상 일어나는 것 휴리스틱 252
골디락스 휴리스틱 255-256
관찰하는 능력, 중요성 42-50
교묘하게 숨어 있는 변수 60-62
　　예제 62-66
　　찾아내기 66-77
극대 휴리스틱 258
극소수 휴리스틱 258
기본 설정 정보, 사용자 직접 수정 62
기존 시스템, 테스팅 177-195
　　기술, 찾아내기 190
　　여러 테스터와 함께 182-185
　　이해관계자, 인터뷰하기 185-188
　　재현 불가능한 버그, 조사하기 191-195
　　정찰 세션 177-181
　　찾아낸 것들 문서화하기 190

ㄴ
난수 생성기 예제 93
내부 의존 관계 147-149
너무도 명백한 변수 59-60

네트워크 트래픽, 모니터링   51

ㄷ

다대다 관계   115-116
다중 투표   37
데이터 따라가기 휴리스틱   121-122, 156-157, 254-255
데이터 형식, 변경   71-73
데이터 형식이나 규칙 위반 휴리스틱   258-259
데이터베이스, 모니터링   51
동사와 명사, 무작위 동작 만들기   100-105
뒤로 가기, 앞으로 가기, 히스토리 휴리스틱   260

ㄹ

로그   52-54
로그인 화면 예제   127-128
루이스와 클라크의 탐험대   18
리버스 휴리스틱   256-257

ㅁ

만약 ~한다면? 게임   152-156, 207-209
명사와 동사, 무작위 동작 만들기   100-105
모니터링 네트워크 트래픽   51
    데이터베이스   51
    로그   52-54
    시스템 자원   50
    웹 서버 트래픽   51
    콘솔   52-54
    파일 시스템   51
모델 변경하기 휴리스틱   253
무주의 맹시   44
문워크하는 곰 예제   42-43
문자열 비교 예제   162-167

ㅂ

방사선 치료기 세락-25   63-64
배치 다이어그램   144
버그 재현 불가능함, 조사하기   191-195
    찾아내기   173-175
버그 데이터베이스, 차터를 위한 정보   32
북마크하기 휴리스틱   260-261
분산시키기 휴리스틱   254
빌드 자동화   223

ㅅ

사베인스-옥슬리 법   88
사용자 동작, 예측 불가능   99
    동작, 이벤트   129-130
    퍼소나   105-108
사용자 인터페이스 가이드라인   89
    무작위 사용 방법   104-105
    소프트웨어 생태계, 다이어그램 그리기   145-146
사용자 화면 입력 필드, 변경   59
상태   125-140
    모델   130-133, 217
    발견하기   126-128
    상태 기반 테스팅   133-137
    상태 전이를 발생시키는 이벤트   129-130, 133-134
    인터럽트하기   136
    재현 불가능한 버그, 찾아내기   194-195
    테이블   137-140
상태 전이, 이벤트가 발생시키는   129-130, 133-134
새의 비행 속도 예제   92-93
설치 프로그램 테스트 예제   45-46
소스 코드, 차터를 위한 정보   32
소프트웨어 개발 시스템적인 문제, 찾아내기   229-231

탐험적 테스팅　219-229
소프트웨어 생태계　143-157
　　내부 의존 관계　147-149
　　다이어그램　143-150, 217
　　데이터 따라가기 휴리스틱　156-157
　　사용자 화면　145-146
　　소프트웨어 생태계 기반 테스팅　152-156
　　신뢰 경계　151-152
　　외부 의존 관계　146-147
　　찾아내기, 정찰 세션에서　178
소프트웨어 요구 사항　199-217
　　결코 일어나지 않거나 항상 일어나는 규칙　82-86
　　기대치, 상반되는　209-212
　　내적 일관성　87-88
　　문서화, 분석하기　215-217
　　비교 가능한 소프트웨어　90-91
　　입력, 처리, 출력 모델　216
　　차터를 위한 정보　26, 212-214
　　테스터의 참여　199-212
　　표준, 준수　88-90
　　품질 요소　85-86
　　핵심 기능　84-85, 206-207
소프트웨어 품질 요소　85-86
소프트웨어 환경 → 소프트웨어 생태계 참고
소프트웨어, 기존 → 기존 시스템, 테스팅 참고
소프트웨어의 핵심 기능　84-85, 206-207
순서, 변경하기　99-105
스크래블 플래시 게임 예제　182
시간 추정하기　231-233
시간과 관련된 이벤트　129-130
시간대, 변경　70-71
시간이 정해진 세션　12-13

시스템 자원, 모니터링　50
시스템이 발생시키는 이벤트　129
신뢰 경계　151-152
신용 카드 결제 시스템 예제　145-149
실용적인 근삿값 휴리스틱　258

ㅇ

아리안 5호　64-65
악몽의 머리기사 게임　33-38
알람 시계 예제　137-140
애토믹 오브젝트 예제　220-222, 226
예기치 않은 하드 디스크 진동 예제　48-50
예상하지 못한 결과 관찰할 수 있는 능력　42-50
　　테스팅　50-54
오라클 문제　91-92
오픈 웹 애플리케이션 보안 프로젝트 (OWASP) 가이드라인　89
외부 의존 관계　146-147
외부에서 발생하는 이벤트　129
요구 사항, 소프트웨어 요구 사항 참고
운영 체제, 모니터링　50
웹 기반 시스템 모니터링　51
웹 기반 애플리케이션 사용 방법　99
　　신용 카드 결제 시스템 예제　145-149
　　표준　89
　　휴리스틱　260-261
웹 서비스 성능 예제　173-175
　　테스팅　170-173
위치, 테스팅 변수　68-69
위험 요소, 찾아내기　33-38, 86, 178
의사소통 기술　244
이메일 클라이언트 예제　100-105
이벤트　129-130, 133-134
이지 버튼 영상　180
이해관계자 기존 시스템을 탐험할 때의 역

할 185-188
    테스트 요구 사항 정리에서 역할 86
    테스트 요구 사항에서의 역할 25, 30-31
    테스팅 결과 보고하기 235-239
익스트림 프로그래밍(XP) 220-224
인터럽트 휴리스틱 256
일괄 처리 시스템 예제 161-162
일대다 관계 114-115
일부, 없음, 모두 휴리스틱 257
입력, 처리, 출력 모델 216

ㅈ

자동화 빌드 223
    회귀 테스트 222-223
자원 고갈 휴리스틱 257
재고 관리 시스템 예제 114-116
재현 불가능한 버그 191-195
정렬 함수 예제 167-170
정찰 세션 177-181
정찰 세션을 위한 차터 178-181
제곱근 함수 예제 93-94
줌 휴리스틱 259-260
지도에서 길 찾기 알고리즘 예제 94
지리적 위치, 변경 70-71
지속적 통합(CI) 223
짝 탐험 227-229

ㅊ

처음, 중간, 끝 휴리스틱 68-69, 252
추상화 휴리스틱 251-252
추정하기, 정확한 결괏값 91-95

ㅋ

콘솔 52-54
콘텍스트 다이어그램 144

콜 센터 통화 내역, 차터를 위한 정보 32
큐잉 이론 예제 94-95

ㅌ

탐험적 테스팅 4-13
    결과, 이해관계자들에게 보고하기 235-239
    소프트웨어 개발과 통합하기 219-229
    수행해야 하는 대상 226-229
    시간이 정해진 세션 12-13
    시작하기 10-11
    시작하는 시기 224-226
    완료하는 시기, 결정하기 233-234
    전략 4-6
    차터 17-39
    프로세스 8-12
    필요한 기술, 관찰 능력 42-50
    필요한 기술, 면접하기 243-249
    필요한 시간, 추정 231-233
    학습한 정보, 문서화하기 240-241
탐험적 테스팅 기술 면접하기 243-249
테스트 결과 평가하기 → 테스트를 통한 학습 참고
테스트 방향 조정하기 11-12, 247-248, 테스트를 통한 학습 참고
테스트 설계 → 테스트를 위한 차터 참고
    변수 57-77
    변화 10
    휴리스틱 251-261
테스트 수행하기 10-11, 224-226
테스트를 가능하게 도와주는 부분 추가 51
테스트를 위한 차터 17-39
    가지고 있는 산출물 32
    개정, 테스팅을 진행하는 동안 33, 38, 243-244, 247-248

소프트웨어 요구 사항 26, 212-214
양식 20-23
위험 요소 정보 33-38, 86, 178
이해관계자를 위한 정보 25, 30-31, 86
자기 자신도 모르는 기대치 29
특수성 23-25
테스트를 통한 학습 11
결과의 정확성, 판단 81-95
예상하지 못한 결과 관찰하기 42-50
이해관계자들에게 결과 보고하기 235-239
학습한 정보 문서화하기 240-241
테스트에서 변수 10, 57-77
CRUD 휴리스틱 118-121
간접적으로만 접근이 가능함 62
교묘하게 숨어 있는 변수 60-62
너무도 명백한 변수 59-60
모두 탐험할 수 없을 정도로 많음 57
상태 모델 137
상호 작용 순서 99-105
셀 수 없이 많음 77
재현 불가능한 버그, 찾아내기 194
찾아내기, 정찰 세션에서 178
사용자로서 페르소나 사용 105-108
테스팅 범위 6-7
종류 4, 6-8
탐험적 4-13
통신 프로토콜 표준 89

ㅍ

파일 위치, 변경 70
파일 시스템, 모니터링 51
페르소나 105-108
표준, 준수 88-90
프로그래밍 언어, 테스팅 167-170

프로세스 모니터 50
피보탈 랩 예제 221-222, 226

ㅎ

한곳으로 집중시키기 휴리스틱 253
항상 일어나야 하는 규칙 82-86
화성 탐사선 65-66
활성 상태 보기 50
회귀 테스트 자동화 222-223
휴리스틱 251-261
0, 1, 다수 259
0의 법칙 259
CRUD(생성, 읽기, 변경, 삭제) 116-121, 253-254
결코 일어나지 않거나 항상 일어나는 것 252
골디락스 255-256
극대 258
극소수 258
데이터 따라가기 121-122, 156-157, 254-255
데이터 형식이나 규칙 위반 258-259
뒤로 가기, 앞으로 가기, 히스토리 260
리버스 256-257
모델 변경하기 253
북마크하기 260-261
분산시키기 254
실용적인 근삿값 258
인터럽트 256
일부, 없음, 모두 257
자원 고갈 257
줌 259-260
처음, 중간, 끝 68-69, 252
추상화 251-252
한곳으로 집중시키기 253